Weyerer · München 1919–1933

Benedikt Weyerer

MÜNCHEN
1919–1933

Stadtrundgänge zur politischen Geschichte

Herausgegeben von der
Landeshauptstadt München

Buchendorfer Verlag

Bildnachweis

Archiv der Münchner Arbeiterbewegung 196
KZ-Gedenkstätte Dachau 23, 39, 107, 118
Monacensia – Sammlung der Stadtbibliothek München 35, 164, 202
Stadtarchiv München 9, 11, 13, 18, 26, 30, 32, 34, 42, 45, 57, 58, 59, 61, 62, 63, 66, 70, 73, 76, 78, 80, 90, 94, 96, 98, 100, 102, 103, 104, 111, 113, 115, 121, 122, 125, 127, 129, 130, 136, 138, 142, 144, 146, 147, 149, 154, 161, 167, 171, 174, 176, 177, 181, 184, 186, 187, 189, 197, 198, 200, 208, 209, 210
Benedikt Weyerer 128, 152, 155, 163, 165, 166

Kartengrundlage: Stadtkarte 1:10 000
Herausgegeben mit Genehmigung des
Städtischen Vermessungsamtes München,
Nr. 14/93

Die Deutsche Bibliothek – CIP-Einheitsaufnahme
Weyerer, Benedikt:
München 1919–1933: Stadtrundgänge zur politischen Geschichte / Benedikt Weyerer. – München: Buchendorfer, 1993
ISBN 3-927984-18-3

© Buchendorfer Verlag, München 1993
Alle Rechte vorbehalten

Produktion: Tillmann Roeder, München
Satz: Uhl+Massopust, Aalen
Reproduktion: Longo, Frangart
Druck und Bindung: Jos. C. Huber KG., Dießen
Printed in Germany

ISBN 3-927984-21-3

Vorwort

1935 erhielt München den zweifelhaften »Ehrentitel« *»Hauptstadt der Bewegung«*. Die Nationalsozialisten wollten damit an die zentrale Rolle erinnern, die diese Stadt für das Erstarken und für den Aufstieg der »Bewegung« gespielt hatte.
In München wurde die NSDAP gegründet, hier lebten in den 20er Jahren neben Hitler auch Himmler, Göring, Frick, Frank, Röhm und andere, die in der Geschichte des »Dritten Reichs« eine entscheidende Rolle spielten. In seinen Anfängen war der Nationalsozialismus vorwiegend ein Münchner Phänomen.
Die Landeshauptstadt München empfindet es deshalb als eine besondere Aufgabe und Verpflichtung, die öffentliche Auseinandersetzung mit dem sogenannten »Dritten Reich« zu fördern. 1993, 70 Jahre nach dem Hitlerputsch und 60 Jahre nach der sogenannten »Machtergreifung« der Nationalsozialisten, erinnern wir mit einer Reihe von Veranstaltungen an den Nationalsozialismus, seine Ursachen, Erscheinungsformen und seine Folgen für München.
Auch das vorliegende Buch, das mit Unterstützung des Kulturreferats der Landeshauptstadt München entstand, gehört in diesen thematischen Rahmen. Es beschäftigt sich mit der politischen Geschichte Münchens zwischen 1919 und 1933. Jene Zeit ist in vieler Hinsicht ein »dunkles« Kapitel in der Geschichte der bayerischen Hauptstadt. Dennoch gehört sie ebenso zu unserer Vergangenheit wie Zeiten, an die wir uns lieber erinnern. Wir hoffen deshalb, daß möglichst viele Münchnerinnen und Münchner, aber auch BesucherInnen und Freunde unserer Stadt diesen besonderen Stadtführer zur Hand nehmen.
Er bietet an, jene oft verdrängten Jahre im wahrsten Sinne des Wortes zu be-greifen. So können Häuser, Straßen und Plätze zugleich vertraute Umgebung und mahnende Erinnerung an die Vergangenheit sein.

Christian Ude
Oberbürgermeister

Siegfried Hummel
Kulturreferent

Inhalt

Einleitung

Das vorliegende Buch ist Stadtführer und Geschichtsbuch zugleich. Anläßlich des 60. Jahrestages der Machtübergabe an die Nationalsozialisten im Jahr 1933 erscheint mit ihm eine Darstellung der politischen Geschichte der Stadt zwischen 1919 und 1933.

Die Revolution vom November 1918 beendete nicht nur den für Deutschland bereits verlorenen Ersten Weltkrieg endgültig, sondern stellte auch das Ende der Monarchien dar. In Bayern fand damit die Regierungszeit der Wittelsbacher, die immerhin seit 1180 die Geschicke des Landes gelenkt hatten, ein abruptes, wenn auch nicht unerwartetes Ende.

Der unter unvorstellbaren Opfern geführte Weltkrieg erschütterte nicht nur die sogenannte Kriegsgeneration moralisch und psychisch aufs tiefste, sondern zerstörte in den Verliererstaaten auch die seit Jahrhunderten etablierten, aus dem Mittelalter stammenden Adelsregimes. Aus diesem Trümmerhaufen aus althergebrachten, aber morschen politischen und menschlichen Wertesystemen entstanden Massenbewegungen, deren ideologische Starrheit, Gewalttätigkeit und deren übersteigerte Feindbilder Ausdruck der Orientierungslosigkeit breiter Bevölkerungskreise waren:

Der Kommunismus und der Faschismus (mit seiner deutschen, nationalsozialistischen Variante) durchfieberten das zerrüttete Europa und stürzten es schließlich in den Abgrund.

München war die Geburtsstätte des Nationalsozialismus und die rechtsradikale »Ordnungszelle«, in der die »braune Bewegung« ihren Aufstieg zu politischer Macht antreten konnte. Durch die Protektion hoher staatlicher und privater Persönlichkeiten und infolge der tragischen Sympathie, die viele christlich-konservative Kräfte für ihre späteren Verfolger hegten, traten die Nationalsozialisten in München aus dem Nichts heraus in das Rampenlicht der Geschichte.

Der vorliegende Stadtführer zeichnet den politischen Weg nach, auf dem München zu seinem später verliehenen, zweifelhaften »Ehrentitel« der nationalsozialistischen »Hauptstadt der Bewegung« gelangte. Dabei wird das gesamte politische Spektrum von rechtsaußen bis linksaußen berücksichtigt. Die Tatsache nämlich, daß sich der Nationalsozialismus in München organisierte, ließ hier auch den Widerstand gegen ihn früher entstehen als anderswo. Dieser Widerstand gegen die »Unordnungszelle« erwies sich allerdings seinen überlegenen Feinden gegenüber als zu schwach.

Das Buch beschränkt sich auf den Zeitraum von 1919 bis 1933 und dabei auf die politische Geschichte Münchens. Eine Erweiterung des Themas auf die Zeit bis beispielsweise 1945 oder auf die Kultur- und Architekturgeschichte der Stadt hätte den Umfang eines Stadtführers gesprengt. So konzentriert er sich auf die Frage, wie es zur Machtübergabe an die Nationalsozialisten im Januar 1933 und endgültig im März 1933 kam und wie dieser Prozeß in München ablief.

Das Beschreiben dieses Kapitels Heimatkunde wird intensiviert durch die Verknüpfung der Darstellung der historischen Ereignisse mit den konkreten Örtlichkeiten, an denen sie sich abgespielt haben. Daher ist das Buch in Rundgänge

eingeteilt, auf denen die LeserInnen die politische Geschichte einzelner Stadtviertel er-gehen oder mit dem Rad er-fahren können.
Je nach der politischen Bedeutung der Stadtviertel fällt auch die Länge der Rundgänge aus. So ist der Weg z. B. durch die Maxvorstadt als politischem Zentrum sehr viel länger und umfangreicher als durch das Arbeiterviertel Sendling. Dies ist Ausdruck der Tatsache, daß München die rechtslastige »Ordnungszelle« und keine Hochburg der »Linken« war.
Einige Stadtviertel werden überhaupt nicht erwähnt. Zu diesen gehören die bis 1933 noch nicht eingemeindeten (z. B. Pasing, Allach) und diejenigen, die als Dörfer in der Stadt noch keine politische Geschichte erlebten (z. B. Ramersdorf). Eine Ausnahme stellt hier die Arbeitervorstadt Giesing dar, die schon seit 1854 zu München gehört, und in der sich ein vielschichtiges politisches Leben entfaltete. Für die Geschichte Gesamt-Münchens allerdings erlangten die Giesinger Vorkommnisse und Entwicklungen keine prägende Wirkung. Daher wird Giesing in diesem Buch nicht abgehandelt.
Eine weitere Ausnahme ist das Kapitel über den Hitler-Putsch vom November 1923. Er war der frühe Versuch, das »Dritte Reich« bereits 1923 zu errichten. Zwar wurde der Putsch von der bayerischen Regierung niedergeschlagen, seine Anführer später aber nicht entsprechend den geltenden Gesetzen bestraft. Damit schuf die bayerische Justiz eine wichtige Voraussetzung für die tatsächliche Etablierung des »Dritten Reiches« im Jahr 1933. Wegen des historischen Gewichtes des Hitler-Putsches ist ihm ein eigenes Kapitel gewidmet.
Dieser Stadtführer zur politischen Geschichte Münchens der Zeit 1919-1933 wendet sich an alle, die sich intensiver mit jener historisch einschneidenden Epoche deutscher Geschichte auseinandersetzen wollen. Daß München während jener Zeit eine zentrale politische Rolle spielte, ist für heimatkundlich Interessierte von besonderer Bedeutung. Da München als bayerische Landeshauptstadt über seine Stadtgrenzen hinaus Einfluß ausübte, bietet dieses Buch auch Besuchern Münchens wichtige Informationen zur bayerischen und deutschen Geschichte.
Ein Sachbuch kann nur entstehen, wenn einige Voraussetzungen »stimmen«. In erster Linie sei hier die Monacensia-Sammlung genannt, aus deren unerschöpflichen Beständen das Manuskript erwuchs. Den Mitarbeiterinnen und Mitarbeitern dieser einzigartigen kulturellen Einrichtung sei ganz besonders gedankt, insbesondere Herrn Radu Barbulescu, Herrn Günter Kiesel, Frau Irmtraud Stockinger, Frau Christine Wagner und Frau Barbara Weimann; ebenso dem Kulturreferat der Stadt München, das das Projekt finanziell ermöglichte, insbesondere Frau Dr. Angelika Baumann, die es fachlich begleitete, und Frau Antje Schuster, die das Manuskript ins Reine brachte. Am Schluß noch einen Dank an den Münchner Stadtanzeiger: Die Beiträge über Eduard Schmid, Ernst Pöhner, das Polizeipräsidium, das Begräbnis König Ludwigs III. sowie den Vater-Rhein-Brunnen beruhen zu großen Teilen auf Artikeln des Autors, die im Stadtanzeiger bereits erschienen sind.

Bogenhausen

Die Bewohner des Prominentenviertels Bogenhausen bewirkten von ihren einflußreichen Positionen aus mehr in Politik und Kultur als der »kleine Mann« in den Münchener Massenquartieren. Einige ausgewählte Persönlichkeiten der zwanziger Jahre werden in diesem Rundgang vorgestellt, wobei das politische Spektrum von rechtsaußen bis linkspazifistisch reicht.

Prinzregentenstraße 60

Franz von Stuck

Mary von Stuck

Im Jahr 1898 wurde die Stuck-Villa in der Prinzregentenstraße 60 (damals Äußere Prinzregentenstraße 4) eröffnet. Ihr Besitzer war der Maler Franz Stuck, dessen Auf- und Abstieg sinnbildhaft ist für das Schicksal Münchens als Kunst- und Kulturstadt.
Stuck war 1863 als Sohn eines niederbayerischen Müllerehepaares geboren worden. Seine ungewöhnliche künstlerische Begabung führte ihn als Studenten auf die Münchener Kunstakademie, wo er bereits 1895 zum Professor ernannt wurde. Als einer der Münchner »Malerfürsten« und als vielbewunderter und gutbezahlter Jugendstilstar konnte er sich den Bau der luxuriös ausgestatteten Villa in bester Lage über der Stadt leisten.
Die Stuckvilla wurde zu einer der ersten Adressen, wenn es um Kunst und Kultur ging und um die Selbstdarstellung ihrer Protagonisten aus dem In- und Ausland auf den rauschenden Festen und extravaganten Empfängen. Stucks Ansehen stieg noch, als er 1906 von Prinzregent Luitpold geadelt wurde. Von nun an hieß er Geheimer Rat Franz Ritter von Stuck.
Stuck als Mittelpunkt der Münchener Kunstwelt empfand sich selbst als Kunstwerk. Auf einem 1906 entstandenen Selbstbildnis idealisierte er sich als Prototypen des antiken römischen Jünglings, gewandet in die Kleidung der Jahrhundertwende. Zum Gesamtkunstwerk wurde er, wenn er sich zusammen mit seiner Frau Mary auf Faschingsfesten als Römerpaar zu präsentieren beliebte.
Spätestens mit dem Ersten Weltkrieg waren die Zeiten des Jugendstils und der Schwärmerei für die Antike und damit Münchens Rolle als Kunst- und Kulturmetropole vorbei. Die Revolution im November 1918 räumte mit den vergangenheitsbezogenen und abgehobenen Phantasien des Großbürgertums auf. Münchens anschließender Wandel zur rechtsradikalen »Ordnungszelle« machte die Stadt immer mehr zum kulturfreien Raum, da viele Künstler und Gelehrte ihr den Rücken kehrten.
Franz von Stuck blieb in der Stadt, in der er berühmt geworden war. Der Abstieg Münchens zur schwarz-braunen

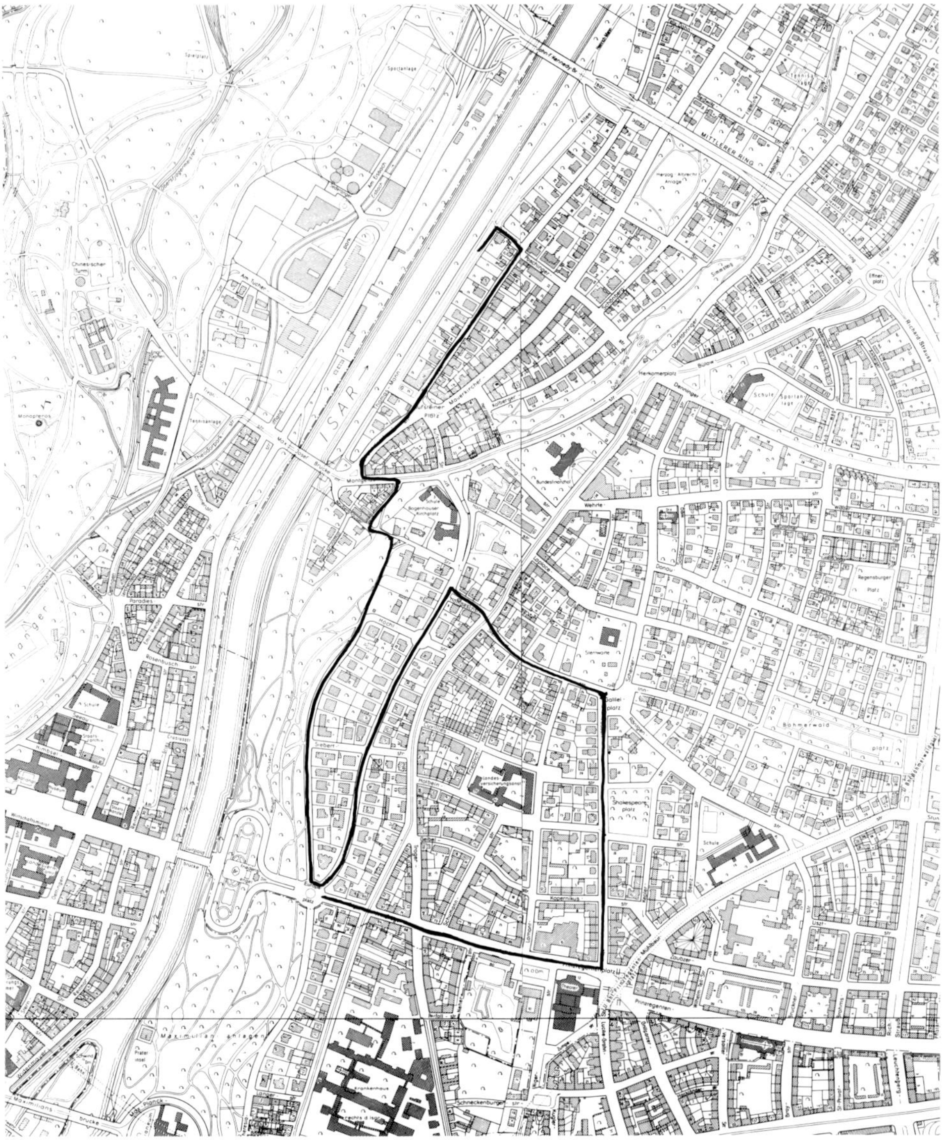

Spielplatz
Sportanlage
Chinesischer Turm
Monopteros
Tennisanlage
Theodorpark
Tivoli-
Am Tucher-
ISAR
Max-Joseph Brücke
Thomas-Mann-
Mauerkircher-
Kufsteiner Platz
Schule
Bogenhauser Kirchplatz
John-F.-Kennedy-Br.
MITTLERER RING
Herzog-Albrecht-Anlage
Tennisanlage
Effner-platz
Richard-Strauss-
Herkomerplatz
Bülow-
Denninger
Schule
Sportanlage
Bundesfinanzhof
Wehrle-
Donau-
Newton-
Regensburger Platz
Sternwarte
Galilei-platz
Böhmerwald
platz
Shakespeare-platz
Landesversicherungsanstalt
Kopernikus-
Schule
Liszt-
Zaubzer-
Prinzregenten-
Prinzregentenplatz
Theater
Schneckenburger-
Paradies-
Rosenbusch-
Siebert-
Höchl-
Holbein-
Schumann-
Staatsarchiv
Himbsel-
Seeau-
Wirtschaftsminist.
Luitpold-
brücke
Maximilian anlagen
Prater insel
Maximilians brücke
Max-Planck-
Krankenhaus
rechts d. Isar
Perfall-str

Provinz wurde begleitet vom körperlichen Altersprozeß des ehemals strahlenden Kunstheros. Am 30. August 1928 starb er an einem Herzinfarkt.
Der Kunsthistoriker Wilhelm Hausenstein schrieb in einem Nachruf im September 1928 über Stuck: *»Seine Geschichte, die Geschichte seines künstlerischen Vermögens, seines Talentes, seiner Irrtümer ist zu einem guten (oder bösen) Teil die Geschichte der Münchner Kunst des letzten Menschenalters; sein Verfall ist ein Kennzeichen und Hauptkapitel des Verfalls seiner Stadt.«*

Prinzregentenstraße 66

Franz Gürtner

Am 4. August 1922 trat Dr. Franz Gürtner (1881-1941) seine Stelle als Bayerischer Staatsminister der Justiz (→ Prielmayerstraße) an. Er lebte im Erdgeschoß der Prinzregentenstraße 66 (damals Äußere Prinzregentenstraße 10).
Gürtner gehörte der deutsch-nationalen Bayerischen Mittelpartei an, war ein persönlicher Freund und Förderer Hitlers und damit mitverantwortlich für den Aufstieg der Nationalsozialisten in der »Ordnungszelle« Bayern. Er, der die Hitleranhänger als »Fleisch von unserem Fleische« empfand, wollte den »anständigen« Teil dieser Bewegung zur »Rettung des Vaterlandes« einsetzen. Einige Beispiele sollen seine Bemühungen verdeutlichen.
Am 1. Mai 1923 planten die rechtsradikalen Kampfverbände (→ s. Themenkasten) einen Aufmarsch auf dem (→) Oberwiesenfeld, um die Maifeier der Gewerkschaften zu verhindern. Das bayerische Kabinett hatte juristische Bedenken gegen diese Aktion, ließ sich jedoch von Gürtner überzeugen, daß eine solche Demonstration anti-»marxistischer« Militanz nicht gegen die Gesetze verstoße. Im Verlauf der Veranstaltung kam es zum massenhaften, mit der Reichswehr offensichtlich vorher abgesprochenen »Diebstahl« von Waffen aus den benachbarten Kasernen. Die Justiz mußte ein Strafverfahren einleiten, ob sie wollte oder nicht. Auf Veranlassung Gürtners wurde dieses Verfahren im Mai 1924 eingestellt.
Inzwischen hatte der (→) Hitler-Putsch stattgefunden, der unter Gürtners Amtsführung milde abgehandelt wurde (→ Pappenheimstraße 14).
Nach seiner Haftentlassung erhielt Hitler am 4. Januar 1925 einen Termin beim Ministerpräsidenten Heinrich Held. Dieser ließ sich von Gürtner, der das Treffen vermittelt hatte, überzeugen, daß die verbotene NSDAP wieder erlaubt werden könne (→ Rosenheimer Straße 29).
Seit Ende 1929 schließlich bemühte sich der Österreicher Hitler um seine Einbürgerung ins Deutsche Reich, um als Reichskanzler kandidieren zu können. Auch hier erwies sich

Gürtner als hilfsbereit. In der Kabinettssitzung vom 21. Dezember 1929 gab er seinen Kollegen zu bedenken, eine Ablehnung eines solchen Antrages Hitlers sei problematisch, da jener sechs Jahre lang im bayerischen Heer gedient habe. Daraufhin empfahl die Staatsregierung den Befürwortern einer Einbürgerung Hitlers, keinen Antrag zu stellen, da ein Abwarten erfolgversprechender sei. Am 25. Februar 1932 ernannte dann der nationalsozialistische Braunschweiger Staatsminister, Dietrich Klagges, Hitler zum deutschen Staatsbürger.
Franz Gürtner gab sein Amt auf, um am 2. Juni 1932 den Posten des Reichsjustizministers in Berlin zu übernehmen. Er verstand es, dem Staatsterror gegen politisch oder sonstwie Unliebsame eine juristisch korrekte Form zu geben. So trägt das sogenannte Staatsnotwehrgesetz, mit dem die Morde vom Juni 1934 (→ Hohenzollernstraße 110) nachträglich für »rechtens« erklärt wurden, seine Unterschrift.

Prinzregentenplatz 16

Das 1901 am gleichnamigen Platz eröffnete Prinzregententheater war der repräsentative Mittelpunkt des Stadtviertels. Die Architektur lehnte sich stark an das Festspielhaus in Bayreuth an, da es demselben Zweck dienen sollte: der Aufführung der Werke Richard Wagners. Hier nahmen die »Münchener Festspiele« ihren Anfang, über die ein Stadtführer aus dem Jahr 1925 berichtet: *»Sie bringen meist Wagnersche Musikwerke zu erhöhten Preisen von 10 bis 25 RM.«*
An der Gebäudefront verkündet eine Aufschrift: »Der deutschen Kunst.«
Die »gute Adresse« und seine Neigung zur Wagnerschen Musik mögen Adolf Hitler bewogen haben, Anfang Oktober 1929 aus dem Lehel (→ Thierschstraße 41) in den zweiten Stock des Prinzregentenplatzes 16 zu ziehen. Der Holzkohlengroßhändler Hugo Schühle hatte ihm die 9-Zimmer-Wohnung, die seinem steigenden Repräsentationsbedürfnis entsprach, vermietet. Bis zu seinem Selbstmord am 30. April 1945 blieb dies die Privatadresse des »Führers«.
Eine Begebenheit aus dem Privatleben Hitlers: Am 18. September 1931 fand man Angelika (»Geli«) Raubal, Hitlers Nichte und zeitweilige Lebensgefährtin, erschossen in der Wohnung am Prinzregentenplatz. Tatwaffe war Hitlers Revolver. Raubals zunehmende Entfremdung von »Onkel Alf« beschreibt Ernst Hanfstaengl (→ Widenmayerstraße 18) anhand eigener Beobachtungen: Hitler unterstrich *»gelegentlich die eine oder andere Drohung an die Adresse seiner Gegner mit einem pfeifenden Durchzieher seiner Hundepeitsche, die er wie üblich bei sich trug. Ich gewahrte mit einigem Erschrecken den Ausdruck von Angst und Ekel, der beim*

*Lautwerden dieses pfeifenden Geräusches ihr [*Gelis, d.V.*] Gesicht verzerrte.«*
Mord, Unfall oder Selbsttötung – der gewaltsame Tod der Angelika Raubal wurde nie aufgeklärt, auch dank der Bemühungen des bayerischen Justizministers Franz Gürtner (→ Prinzregentenstraße 66), dieses *»behutsam aus dem Hintergrund operierenden Freundes der Hitlerbewegung«* (Hanfstaengl). Die Tote war heimlich auf dem Ostfriedhof in einen Bleisarg gebettet worden, ohne daß vorher eine amtliche Leichenschau oder eine gerichtsmedizinische Obduktion stattgefunden hätte. Gürtner unterband anschließend alle unbequemen Untersuchungen seitens der Polizei und der Staatsanwaltschaft. Die Überführung der Leiche in ihre Heimat Wien wurde umgehend genehmigt. Damit war der Fall Raubal erledigt.

Sternwartstraße 20

Gottfried Feder

Im Haus Sternwartstraße 20 lebte bis zu seinem Wegzug nach Murnau 1923 der Bauingenieur und Wirtschaftstheoretiker Gottfried Feder (1883-1941). Wie andere auch war er zu der Überzeugung gelangt, daß die kriegsbedingten wirtschaftlichen Schäden und überhaupt alle Wirtschaftskrisen überwunden werden könnten, wenn die Banken verstaatlicht und das Zinswesen abgeschafft würden. Als Drahtzieher des Kapitalmarktes hatte Feder das sogenannte »internationale Judentum« ermittelt. Es war nach seinen Erkenntnissen auch für den inneren und äußeren Zusammenbruch des Deutschen Kaiserreiches verantwortlich. Diese angebliche Gefahr für das deutsche Volk könnte nur abgewehrt werden durch die »Brechung der Zinsknechtschaft« – ein Schlagwort, durch das Feder Bekanntheit erlangte.
Anfang 1918 wurde der rechtsradikale, antisemitische Kampfbund der »Thule-Gesellschaft« gegründet (→ Maximilianstraße 17), gerichtet gegen den *»Todfeind Juda, gegen die Revolution, gemacht von Niederrassigen, um den Germanen zu verderben«* (Gründungsaufruf). Gottfried Feder war ihr Mitglied und trat hier erstmals mit seinen Theorien vor ein größeres Publikum. Er entfaltete eine rege publizistische Tätigkeit und trat als Referent bei Schulungskursen für heimgekehrte Soldaten auf.
Einer seiner Zuhörer war Adolf Hitler, der in »Mein Kampf« darüber berichtet: *»Den Unterschied dieses reinen Kapitals als letztes Ergebnis schaffender Arbeit gegenüber einem Kapital, dessen Existenz und Wesen ausschließlich auf Spekulation beruht, vermochte ich früher noch nicht mit der wünschenswerten Klarheit zu erkennen. Es fehlte mir hierzu die erste Anregung, die eben nicht an mich herankam. Dieses wurde nun auf das gründlichste besorgt von einem der verschiedenen*

in dem schon erwähnten Kurse vortragenden Herren: Gottfried Feder. (...) Die scharfe Scheidung des Börsenkapitals von der nationalen Wirtschaft bot die Möglichkeit, der Verinternationalisierung der deutschen Wirtschaft entgegenzutreten, ohne zugleich mit dem Kampf gegen das Kapital überhaupt die Grundlage einer unabhängigen völkischen Selbsterhaltung zu bedrohen.« Hitlers Antisemitismus fand in Feders Theorien seine pseudowissenschafliche Bestätigung (→ Lothstraße 29).
Feder trat als Redner auch bei der »Deutschen Arbeiterpartei« auf, beispielsweise mit dem Thema »Wie und womit ist der Kapitalismus abzuschaffen?« (→ Tal 38). Seine Forderung »Brechung der Zinsknechtschaft« ging später in das Parteiprogramm der NSDAP (→ Platzl 9) ein, als deren Wirtschaftsexperte er galt. Von 1924 bis 1936 vertrat er die Nationalsozialisten im Reichstag.

Maria-Theresia-Straße Möhlstraße

Die Maria-Theresia- und Möhlstraße gehörten zu den ersten Adressen in München. Etliche ihrer BewohnerInnen waren sehr wohlhabend und verfügten über weitreichende politische, kulturelle und wirtschaftliche Verbindungen, mit deren Hilfe sie Einfluß auf das öffentliche Leben nicht nur Münchens, sondern auch Deutschlands ausübten. Einige, die 1919-1933 hier lebten, seien vorgestellt:

Maria-Theresia-Straße 22: Griechisches Generalkonsulat, Generalkonsul Ernst von Bassermann-Jordan (1876-1932).

23: Dietrich von Hildebrand, Sohn des Bildhauers Adolf von Hildebrand (1847-1921) (→ Kalkinsel). Das Haus war ein Mittelpunkt des gesellschaftlichen Lebens.

24: Fritz und Klemens Steyrer, beide Direktoren der Bayerischen Handelsbank Bodenkreditanstalt.

25: Hans Knappertsbusch (1888-1965), seit 1922 Generalmusikdirektor und Direktor der Nationaloper (→ Friedhof Bogenhausen). Er wurde 1935 entlassen, weil dem Gauleiter Adolf Wagner seine werkgetreuen Interpretationen der Wagnerschen Kompositionen zu wenig »politisch« waren. Im Erdgeschoß des Anwesens befand sich das Konsulat der Republik Chile.

28: Familie Aufhäuser, Besitzer der gleichnamigen Bank. Martin Aufhäuser (1875-1944) leitete die Bank, bis sie im November 1938 »arisiert«, d.h. enteignet wurde, und er mit seiner Familie in die USA emigrieren mußte.

30: Familie Röchling, Besitzer des gleichnamigen Stahlkonzerns.

Möhlstraße 2: Brauereibesitzer August Pschorr (1862-1935).

3: Fabrikant und Kaufmann Hugo Kustermann (1864-1942).

14: Hermann Münzing, Besitzer der Bank Schneider und Münzing.

16: Brauereibesitzerin Mathilde Schneider.

20: Fritz Gutleben, Bankbesitzer.

23: Brauereibesitzer Georg Pschorr

27: Bankier August von Finck (1898-1980)

29: Richard Willstätter (1872-1942), Professor der Chemie und Nobelpreisträger (1915). Er mußte als Jude 1939 in die Schweiz emigrieren (→Universität).

Bogenhauser Friedhof

Auf dem Bogenhauser Friedhof ruhen einige Persönlichkeiten, die im München der zwanziger Jahre eine Rolle spielten: Ernst Hanfstaengl (→Widenmayerstraße 18), Wilhelm Hausenstein (→Prinzregentenstraße 60), die Volksschauspielerin Liesl Karlstadt, Oskar Maria Graf (→Barer Straße 37), Hans Knappertsbusch (Maria-Theresia-Straße 25).

Mauerkircherstraße 12

Das Haus Mauerkircherstraße 12 spielte seit 1919 eine wichtige Rolle als gesellschaftlicher und politischer Treffpunkt.
Ein Anlaufpunkt war die Wohnung des Historikers Karl Alexander von Müller (1882-1964) im vierten Stock. Dieser hielt seit 1919 an der (→) Universität Vorträge über Kriegsschuld, Soziologie, Revolution und die Weimarer Republik. Zu seinen Hörern gehörten Leute wie Adolf Hitler und Hermann Göring, auf die er starken Einfluß ausübte, ohne allerdings deren rechtsradikale Schlußfolgerungen zu ziehen. Müller, dessen Vater bayerischer Innenminister gewesen war, lebte auch nach der Revolution von 1918 geistig noch im Königreich. Die Demokratie blieb ihm zeitlebens fremd. Er neigte dazu, dieser Staatsform die Probleme anzulasten, die durch den verlorenen Krieg entstanden waren.
Karl Alexander von Müller fungierte als Mitherausgeber der reaktionären »Süddeutschen Monatshefte« (→Sendlinger Straße 8).
In Müllers großzügiger Wohnung ging die Münchner Gesellschaft ein und aus, er selbst unterhielt Kontakte zu den führenden Persönlichkeiten des deutschen Geisteslebens. Daneben ließ er es sich nicht nehmen, auch ab und zu Kommunisten einzuladen, um deren Standpunkte kennenzulernen. Über dieses überaus rege soziale und berufliche Leben und die Erfahrungen, die er dabei machen konnte, berichtet Karl Alexander von Müller in seinem Buch »Im Wandel einer Welt«.

Der andere Anlaufpunkt war die Wohnung von Erna Hanfstaengl im zweiten Stock. Sie war Mitbesitzerin des gleichnamigen Kunstverlages (→Widenmayerstraße 18) und von *»unbeschwerter Unternehmungslust, die man im alten Deutschland so selten antraf«* (Müller). In ihrer Wohnung *»umbrandete einen die vorwärtstreibende Gegenwart, manchmal mit heftigen Wogen«*. Konkret ausgedrückt: Personen wie Adolf Hitler und der Benediktinerabt Alban Schachleiter, der sich schon in den zwanziger Jahren öffentlich für den Nationalsozialismus einsetzte, waren gerngesehene Besucher in dieser Wohnung. Erna Hanfstaengl gehörte zu den zahlreichen Damen aus den höheren Gesellschaftskreisen, denen Hitler mit seinen Ideen und seinem Auftreten imponierte (→Karolinenplatz 5). Durch sie kam auch ihr Bruder Ernst mit Hitler in Kontakt. Erna Hanfstaengl bekehrte Hitler – nebenbei bemerkt – zum Antialkoholismus und Vegetariertum nach den Vorschriften des Schweizer Arztes Bircher-Benner.

Pienzenauerstraße 15

Constanze Hallgarten, um 1950 (aus: C. Hallgarten: »Als Pazifistin in Deutschland«)

Die radikale Pazifistin Constanze Hallgarten (1881-1969) lebte bis kurz vor ihrer Emigration 1933 in der Villa Pienzenauerstraße 15.

Im Mai 1919 wurde in Zürich die »Internationale Frauenliga für Frieden und Freiheit« gegründet. Constanze Hallgarten nahm als Mitglied der deutschen Delegation daran teil. In ihrem Buch »Als Pazifistin in Deutschland« beschreibt sie die Stimmung, die diesen ersten Weltkongreß der Frauen beherrschte: *»Da standen wir Seite an Seite und weinten um alle, die wir* [im Weltkrieg, d. V.] *verloren hatten, und wohl in keiner Stunde unseres Lebens empfanden wir so tief, daß das Muttergefühl nicht an Ländergrenzen gebunden ist, daß es keine Trennung kennt nach Nationen, auch nicht nach Volksstämmen und Rassen. Unser Leid verschmolz zu einem Leid und zu einem Gelöbnis, daß wir gemeinsam unser Leben weihen wollten dem Kampf gegen den Krieg – der Errichtung des Friedens auf Erden.«* So wandte sich der Kongreß nicht nur gegen Kriegsspielzeug als Verrohung des Nachwuchses, sondern auch gegen das »Versailler Friedensdiktat«, in dem die Teilnehmerinnen die Wurzeln eines neuen Weltkrieges sahen. Noch im Jahr 1919 begann die erneute Aufrüstung Deutschlands, anfangs noch unter dem Tarnmantel der »Einwohnerwehren«: *»Unterdessen ging man in München dazu über, die loyalen Einwohner zu bewaffnen. Es wurde die sogenannte Einwohnerwehr gebildet; mein Mann gehörte natürlich dazu.«* Dieser, Robert, war ein vermögender früherer Mitbesitzer der »Süddeutschen Monatshefte« (→Sendlinger Straße 8) und ein Deutschnationaler jüdischen Glaubens.

Von den deutschen Männern hielt Constanze Hallgarten wenig: *»Sie sind Militaristen wie keine andere Nation. Und sei es für den Moment nur zur Niederhaltung der revolutionierenden Arbeiter«.* Mehr Glück hatte sie da mit ihrem eigenen Sohn Wolfgang, der sich mit dem Argument, er schieße nicht auf Arbeiter, weigerte, der Einwohnerwehr beizutreten. *»Er war mein erster pazifistischer Erfolg«* – ein Erfolg allerdings, der die Familie politisch spaltete. Erst 1924 kehrte mit dem Tod des nationalistischen Vaters der Friede zurück.

Zusammen mit Anita Augspurg und Lida Gustava Heymann (→ Kaulbachstraße 12) organisierte Constanze Hallgarten pazifistische Gruppen und Veranstaltungen in München. Sie leitete die Ortsgruppe der »Deutschen Friedensgesellschaft« und saß im Vorstand der »Deutschen Liga für Völkerbund«. Bereits 1921 begannen die Nationalsozialisten, Versammlungen der »Friedensgesellschaft« zu stören und Mitglieder zu verprügeln, so daß seitdem sämtliche Veranstaltungen unter Polizeischutz standen. Auch im privaten Bereich sorgten die pazifistischen Ansichten für Spannungen. Etliche Bekannte aus der Münchner Oberschicht brachen die Kontakte zu den Hallgartens ab. So weigerte sich Thomas Manns Schwager, mit Constanze Hallgarten zusammen an einem Tisch zu sitzen. Das großzügige Haus an der Pienzenauerstraße war der Mittelpunkt der Pazifisten in München. Leute wie Professor Ludwig Quidde oder die Prinzessin Maria aus dem ehemaligen Königshaus gingen hier ein und aus. Auch äußerlich hob es sich von der vornehmen Umgebung ab – wenigstens an staatlichen Feiertagen: *»In den vornehmen Villenvierteln, wo die feinen konservativen Leute wohnten, ging man zu Anfang der dreißiger Jahre auch schon wieder zu der alten monarchischen schwarz-weiß-roten Fahne über. Ich, als Republikanerin, hatte mich mit einer besonders langen schwarz-rot-goldenen Fahne versehen – und an nationalen Feiertagen hing sie in ihrer ganzen schönen Länge als einzige in der ganzen Villenstraße von der größten Villa herab. Sie erregte Ärgernis. Die Kluft zwischen den Anschauungen wurde immer tiefer.«*

Die nationale Rechte schoß sich auf Constanze Hallgarten und ihren Pazifismus ein. Die »Münchner Neuesten Nachrichten« (→ Sendlinger Straße 8) behaupteten: *»Diese Leute sind nicht Deutschland.«*, der »Völkische Beobachter« sah *»Frauen als Vaterlandsverräter«* am Werk. Nachdem ihr die Warnung zugespielt worden war, die Nationalsozialisten würden die Pazifisten schlimmer verfolgen als die Kommunisten, flüchtete Constanze Hallgarten mit ihrem Sohn am 14. März 1933 in die Schweiz und später in die USA.

Im Jahr 1940 schrieb Constanze Hallgarten: *»Der Brandherd, aus dem immer wieder neue Flammen emporschlagen, muß ausgetreten und mit Stumpf und Stiel ausgerottet werden – er heißt: Deutscher Militarismus.«* Nach dem Krieg kehrte sie nach München zurück und setzte ihre Arbeit als radikale Pazifistin fort.
Constanze Hallgarten hatte noch einen zweiten Sohn, Richard (»Ricki«), von dem sie nach seinem Selbstmord im Mai 1932 nur noch ungern sprach. Umso ausführlicher berichtet Klaus Mann in »Der Wendepunkt« über den Jugendfreund: *»Wir kannten ihn seit frühester Kindheit, da seine Eltern auf gutnachbarlichem Fuße mit den unseren standen. (...) Er wollte malen. Dagegen hätten seine Eltern an sich nichts einzuwenden gehabt, wenn nur seine Bilder nicht alle so traurig und makaber gewesen wären! Immer gab es Krüppel auf Rickis Bildern, blinde Greise in unheimlich verödeter Landschaft, Bucklige mit hageren Katzen, großäugige, bleiche kleine Mädchen in starren Gruppen beieinanderstehend.«*

Thomas-Mann-Allee 10

Thomas Mann

Thomas und Katja Mann lebten seit 1914 mit ihren sechs Kindern in der Poschingerstraße 1 (heute Thomas-Mann-Allee 10). Von ihrem Haus ist nur noch das Erdgeschoß erhalten.
Im Jahr 1893 siedelten Thomas (1875-1955) und Heinrich Mann (→ Leopoldstraße 59) von Lübeck nach München über. Beide erlangten bald literarischen Ruhm und trugen ihre politischen Meinungsverschiedenheiten öffentlich aus. Während sich nämlich Heinrich Mann um die Jahrhundertwende demokratischen und pazifistischen Gedanken zuwandte, blieb Thomas Mann bei seiner Rechtfertigung des Krieges als »Heimsuchung« und »Reinigung« der Menschheit und bei seiner Verteidigung des angeblich »sozialen« deutschen Kaiserreiches. Seit dem Ende des Ersten Weltkrieges jedoch näherte er sich den republikanischen Ideen seines Bruders. Im Jahr 1923, als die Nationalsozialisten das politische Leben in München immer stärker beherrschten, schrieb er: *»München ist die Stadt Hitlers, des deutschen Faschistenführers, die Stadt des Hakenkreuzes, dieses Symbols völkischen Trotzes und eines ethnischen Aristokratismus, dessen Gebaren freilich nichts weniger als aristokratisch ist.«*
Am 30. November 1926 hielt Thomas Mann in der Münchener Tonhalle einen Vortrag, in dem er sich gegen den kulturellen Niedergang und die Fortschrittsfeindlichkeit der Stadt wandte, der er einst das Kompliment gemacht hatte: »München leuchtet«. Er führte unter anderem aus: *»Wir haben uns des renitenten Pessimismus geschämt, der von*

München aus der politischen Einsicht Berlins, der politischen Sehnsucht einer ganzen Welt entgegengesetzt wurde. Wir haben mit Kummer sein gesundes heiteres Blut vergiftet gesehen durch antisemitischen Nationalismus und Gott weiß welche finsteren Torheiten. Wir mußten es erleben, daß München in Deutschland und darüber hinaus als Hort der Reaktion, als Sitz aller Verstocktheit und Widerspenstigkeit gegen den Willen der Zeit verschrien war, mußten hören, daß man es eine dumme, die eigentlich dumme Stadt nannte.«

Am 12. November 1929 erfuhr Thomas Manns weltweiten Ruhm als Schriftsteller durch die Verleihung des Nobelpreises. Sein außerordentliches Ansehen setzte er ein, als er am 17. Oktober 1930 in Berlin eine »Deutsche Ansprache. Ein Appell an die Vernunft« hielt, in der er ein Zusammenwirken von Bürgertum und Sozialdemokratie zur Rettung Deutschlands beschwor.

Das Haus an der Poschingerstraße war ein Treffpunkt der künstlerischen Elite Deutschlands: Hermann Hesse, Hugo von Hofmannsthal, Gerhard Hauptmann, Gustav Mahler – die Liste ließe sich lange fortsetzten. Über alle Vorgänge im Hause Mann waren die Nationalsozialisten seit 1930 bestens informiert: Der Chauffeur erstattete regelmäßig Bericht über die hier herrschende Ablehnung der »nationalen Erhebung«.

Am 10. Februar 1933 hielt Thomas Mann in der Universität einen Vortrag über »Leiden und Größe Richard Wagners«, am nächsten Tag reiste er zu einer Vortragsreise über dieses Thema ins Ausland. Er kehrte auf Warnung seiner Familie, die ihm bald nachfolgte, nicht mehr nach Deutschland zurück und blieb bis zu seinem Tod im Exil.

Wie stark sich Thomas Mann mit seinen politischen Äußerungen von der Münchner »Gesellschaft« isoliert hatte, zeigte ein am 16. April 1933 veröffentlichter »Protest der Richard-Wagner-Stadt München« gegen seinen Wagnervortrag, der von einer Reihe einflußreicher Künstler unterzeichnet war.

»Nachdem die nationale Erhebung Deutschlands Gefüge angenommen hat, kann es nicht mehr als Ablenkung empfunden werden, wenn wir uns an die Öffentlichkeit wenden, um das Andenken an den großen deutschen Meister Richard Wagner vor Verunglimpfungen zu schützen. (...) Wir lassen uns eine solche Herabsetzung unseres großen deutschen Musikgenies von keinem Menschen gefallen, ganz sicher aber nicht von Herrn Thomas Mann. Wer sich selbst als derart unzuverlässig und unsachverständig in seinen Werken offenbart, hat kein Recht auf Kritik wertbeständiger deutscher Geistesriesen.«

Am 10. Mai 1933 wurden die Werke von Heinrich, Thomas und dessen Kindern Klaus und Erika Mann an der (→)

Universität verbrannt. Am 2. Dezember 1936 verlor Thomas Mann mit der Begründung, er sei nicht würdig, den Namen Deutscher zu tragen, die deutsche Staatsbürgerschaft. Im Jahre 1937 wurde sein Haus zugunsten des Deutschen Reiches enteignet.

Gärtnerplatz-/Glockenbachviertel

Das Glockenbach- und Gärtnerplatzviertel galt als Arme-Leute-Gegend. Da die Bausubstanz die Bomben des letzten Weltkrieges recht gut überdauerte, ist die Atmosphäre der zwanziger Jahre noch heute erlebbar. Enge Bebauung, Hinterhöfe und durchgängige Fassadenfluchten lassen die bedrängten Lebensverhältnisse von früher erahnen. Viele der historisch wichtigen Gebäude stehen noch, auch wenn sie heute einem anderen Zweck dienen. So läßt sich die Bedeutung des Viertels als Zentrum der Münchener Arbeiterbewegung und Wohnstätte der um die Jahrhundertwende aus Osteuropa zugewanderten Juden heute noch nachvollziehen.

Reisingerstraße 10

Im Jahr 1926 verkauften die Fabrikanten Leopold und Moritz Macholl das Grundstück Reisingerstraße 10 an den »Deutschen Gewerkschaftsbund« (DGB), die »christlichnationalen Arbeiternehmergewerkschaften« (nicht zu verwechseln mit dem heutigen DGB). 1927/28 entstand das auch jetzt noch imposante Gebäude des »Christlichen Gewerkschaftsheims München« mit den goldenen Symbolen des Handwerks und dem Bienenkorb als Zeichen emsigen Fleißes an der Fassade. Über dem Eingang sitzt eine in Stein gehauene vierköpfige Arbeiterfamilie.

Daheim im stillen Haus,
Dem Weltgetriebe fern,
Erblüht des Himmels Segen,
Erstrahlt des Glückes Stern.

Sinnspruch aus dem »Arbeiter-Familien-Kalender 1929« der christlichen Gewerkschaften

Die christlichen Gewerkschaften, die katholischen und protestantischen Mitgliedern offenstanden, wollten die sozialen Mißstände durch die Schaffung einer *»sittlichen Interessengemeinschaft von Arbeitgebern und Arbeitnehmern«* lösen (Sozialenzyklika Papst Leos XIII: »Rerum Novarum« 1891). Im Gegensatz zu den sozialistischen »freien« Gewerkschaften lehnten sie einen Klassenkampf oder das, was sie darunter verstanden, ab.

Wichtigstes Ziel war es für die christlichen Gewerkschaften, den familiären Bereich der Arbeiterfamilien abzusichern. Um dies zu erreichen, propagierte man den Gedanken eisernen Sparens, um das Ersparte in Wohnungsgenossenschaften (→ Welfenstraße) einzahlen zu können. So war das Geld zum einen inflationsgeschützt in Immobilien angelegt, zum anderen erwarb man sich dadurch das Wohnrecht. In München besaß der christliche »Verein für Volkswohnungen« große Wohnblocks in Sendling und Thalkirchen.

In der Reisingerstraße 10 befanden sich seit 1928 die Räume des Landesverbandes Bayern und des Ortsausschusses München des DGB mit seinen achtzehn Untergewerkschaften, dazu die Gaststätte »Christliches Gewerkschaftsheim« und die »öffentlich-volkstümliche Bibliothek«. Hier konnte Unterhaltungs- und Jugendliteratur ausgeliehen werden, aber auch Bücher zu politischen und religiösen Themen. Die

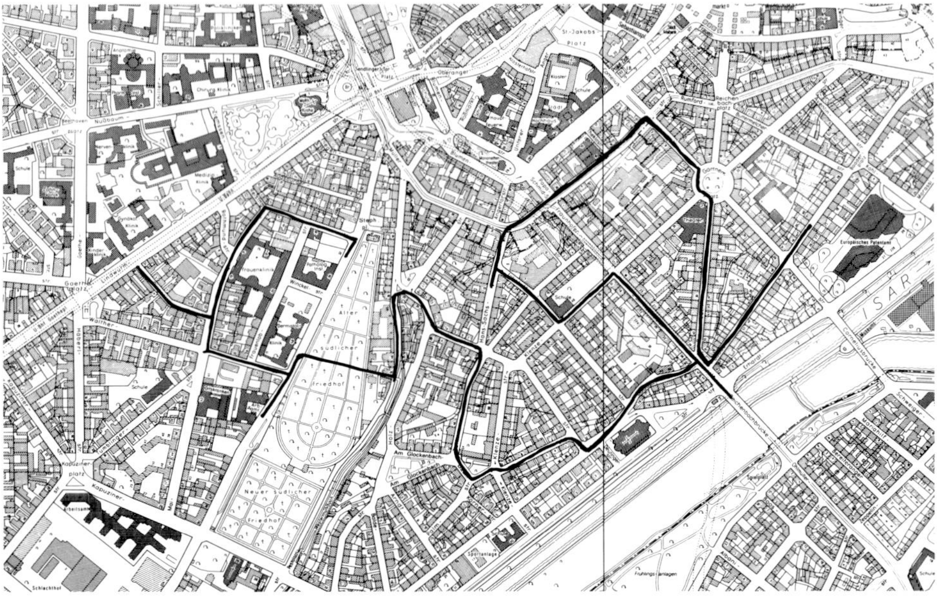
St.-Jakobs Platz
Reichenbach platz
Frauenklinik
Alter südlicher Friedhof
Neuer Südlicher Friedhof
Am Glockenbach
Kapuziner-platz
Schlachthof
Europäisches Patentamt
ISAR
Sportanlage

damals verfügbaren Buchtitel lassen Rückschlüsse auf die politische Orientierung der christlichen Gewerkschaften zu: national, rechtsstaatlich, parlamentarisch, antisozialistisch. Eine Abteilung mit 113 Titeln diente der »Aufklärung« gegen »Sozialismus und Kommunismus«.
Franz Fackler (1895-1963) war der 1. Vorsitzende des Ortsausschusses München. Er gehörte schon in den zwanziger Jahren zu den entschiedensten Gegnern der Nationalsozialisten, die ihn 1939-1945 inhaftierten. Am 28. Juni 1944 wurde er vom Volksgerichtshof zu 27 Monaten Gefängnis verurteilt, weil er *»vor dem Kriege einer monarchistischen Organisation angehört und durch Lügenhetze das Ansehen des deutschen Volkes schwer gefährdet«* haben soll. 1946 kam er für die CSU in den Münchener Stadtrat.
Am 2. Mai 1933 wurden alle Gewerkschaften verboten und in die »Deutsche Arbeitsfront« DAF (→ Pestalozzistraße 40/42) überführt. In das Gebäude des DGB zog der Reichsarbeitsdienst Bayern-Süd ein. Das Haus selbst wurde 1939 zugunsten der DAF enteignet und an die Stadtverwaltung München vermietet.

Ringseisstraße 11

Josef Doll, Mitglied der KPD München, 1933 im KZ Dachau ermordet

Im Rückgebäude des nicht mehr stehenden Hauses Ringseisstraße 11 befand sich das Büro des Ortsverbandes München der KPD. Eine tragende Rolle hatte die Partei während der kommunistischen Räterepublik im April 1919 gespielt, doch war diesem Experiment Anfang Mai 1919 von Regierungstruppen und Freikorps ein blutiges Ende bereitet worden.
An der Stadtratswahl vom 15. Juni 1919 nahm die KPD nicht teil, weil sie die parlamentarische Demokratie als Herrschaftssystem der bürgerlichen Kapitalistenklasse ansah. Als sich aber Ende 1920 die USPD aufzulösen begann, spalteten sich drei USPD-Stadträte von ihrer Rathausfraktion ab und bildeten fortan die Gruppe der KPD. An der Stadtratswahl vom 7. Dezember 1924 nahm die KPD dann aus taktischen Gründen teil und erhielt auch zwei Sitze, bei der Wahl am 8. Dezember 1929 drei Mandate.
Die Partei und ihre Stadträte standen stets vor dem Dilemma, pragmatische Politik und praxisnahe Arbeit im Stadtrat und in den Ausschüssen zu verbinden mit ihren dogmatischen Prinzipien. Alfred Andersch (→ Neustätterstraße 6), selbst Mitglied der KPD, beschreibt seine Partei in »Kirschen der Freiheit«: *« ... die kleine, versprengte Partei in der bayerischen Diaspora, fern von den Kämpfen in der Berliner Zentrale, war in sehr reiner Form eine Partei Lenins geblieben.«*
Ende 1932 war die KPD *»fast schon illegal«* (Andersch), ihre Organisation war nach außen hin aufgelöst, und ihr Besitz

»Neue Zeitung«, Mai 1929

und ihre schriftlichen Unterlagen in Sicherheit gebracht worden (→Baaderstraße 42). Dazu Alfred Andersch:
»Es wurde immer dunkler um uns. Der Schatten, den die Flügel der Niederlage warfen, hatte uns schon erreicht. Oft ergriff mich in den Sitzungen der Bezirksleitung tiefe Melancholie. Ich betrachtete die Männer, die, praktische Maßnahmen des Tages besprechend, immer wieder scharfsinnige und tiefe Definitionen der Lage entwickelten. So saßen wir auf den harten Stühlen des Parteibüros in einem elenden Hinterhaus in der Ringseisstraße in München und sprachen mit ruhigen, betont leidenschaftslosen Stimmen zueinander, in einem Jargon, den kaum sonst jemand verstand, der aber von der brennenden Kälte der Abstraktion förmlich barst.«
Am 5. März 1933 fand die letzte halbwegs freie Reichstagswahl statt. Die KPD wurde nach dem Berliner Reichstagsbrand vom 27. Februar 1933 polizeilich verfolgt, ihre Funktionäre wurden verhaftet oder mußten untertauchen. Da die Partei aber zu diesem Zeitpunkt noch nicht verboten war, hatte sie an der Reichstagswahl teilgenommen. In München wurde sie mit 55.000 Stimmen – das war jede achte abgegebene Stimme – zur viertstärksten Partei. In den Reichstag einziehen durfte die KPD aber nicht mehr.

Thalkirchner Straße 54

Das Arbeitsamt hatte seine Räume im großen Gebäude Thalkirchner Straße 54. Arbeitsvermittlung und Arbeitslosenversicherung wurden von hier aus abgewickelt.
Das Personal des Arbeitsamtes stand politisch mehrheitlich den freien Gewerkschaften und der SPD nahe. So arbeitete der Vorsitzende der Münchener SPD, Thomas Wimmer, vom November 1918 bis zu seiner Entlassung im März 1933 als Beamter in der Arbeitsvermittlung.
Im Jahr 1919 waren 34.000 Münchener ohne Arbeit (5% der arbeitsfähigen Gesamtbevölkerung), im September 1922 wurde der absolute Tiefstand der Arbeitslosenstatistik mit 305 Arbeitssuchenden erreicht. Seitdem jedoch spielte die Arbeitslosigkeit eine immer bestimmendere Rolle in der Kommunalpolitik und im täglichen Leben der Betroffenen und von ihr Bedrohten. 1927 waren durchschnittlich 48.000 (7%) Menschen ohne Arbeit, 1931 waren es bereits 73.000 (10%). Im Jahr 1932 waren in München durchschnittlich 85.000 Arbeitslose registriert. Dieser Zustand konnte für den Einzelnen durch freiwillige Arbeitsdienste, Notstandsarbeiten oder andere kurzfristige, schlechtbezahlte Vermittlungen zeitweilig aufgehoben werden, an der Gesamtzahl der Arbeitslosen änderte sich jedoch nichts. Die Wut und Verzweiflung der Arbeitslosen bekamen oft genug die Sachbearbeiter des Arbeitsamtes zu spüren. Diese trugen zwar selbst

Blick vom Arbeitsamt auf die Thalkirchner Straße (Titelblatt der »Münchner Illustrierten Presse«, 15. März 1931)

keine Schuld an der wirtschaftlichen Misere, waren aber die direkten Ansprechpartner. Da viele von ihnen als Sozialdemokraten bekannt waren, wurden sie und die Arbeitslosigkeit oft gleichgesetzt. Krawalle in und vor dem Arbeitsamt, das mit seiner öffentlichen Lesehalle und seiner öffentlichen Speiseanstalt ein Anziehungspunkt für Beschäftigungslose war, standen auf der Tagesordnung. Die SA lockte die Herumstehenden mit kostenloser Verpflegung und politischen Versprechungen, die sich gegen die an der Not vermeintlich Schuldigen richteten.

Am 11. März 1933 kehrte *»... der nationalsozialistische Besen im Arbeitsamt. Die marxistische Clique festgenommen. Im Rahmen der großen Säuberungsaktion in München wurde auch der marxistischen Bonzenherrlichkeit im Münchener Arbeitsamt ein jähes Ende bereitet. Die Aktion wurde im Auftrag der Polizeidirektion München durchgeführt.«* – so hetzte der »Völkische Beobachter« vom 13. März. Zwei Abteilungen der SA besetzten das Gebäude und nahmen alle *»marxistischen Funktionäre, Reichsbannerführer und solche*

Pestalozzistraße 40/42

(Auszug aus dem Jahresbericht 1926/27 des ADGB)

Leute fest, über die wegen ihres geradezu schändlichen Verhaltens eine große Anzahl von Beschwerden eingelaufen sind. Im Polizeipräsidium wurden die verhafteten Marxisten sämtlich in Schutzhaft gebracht.«

Das repräsentative, vierstöckige Gewerkschaftshaus in der Pestalozzistraße 40/42 wurde 1912 eröffnet und symbolisierte in seinen Ausmaßen die gesellschaftliche Anerkennung, die die freien, sozialistischen Gewerkschaften erreicht hatten oder noch zu erreichen suchten: *»Für das Viertel, in dem das Münchener Gewerkschaftshaus steht, ist es ein Schmuck. Den Arbeitern Münchens aber ist es ein sichtbares Zeichen dafür, was Solidarität vermag.«* (Jahresbericht der Gewerkschaften, 1912).

In dieser »Arbeiterburg«, wie das Gebäude teils stolz, teils trotzig genannt wurde, waren fast alle sozialistischen Organisationen untergebracht: Die Einzelgewerkschaften, der seit 1919 bestehende »Allgemeine Deutsche Gewerkschaftsbund« (ADGB), die Münchner SPD, die »Volksfürsorge«-Versicherung, daneben die Zentralbibliothek, Versammlungsräume und die »Gastwirtschaft zum Gewerkschaftshaus«, außerdem die Niederlassungen der gewerkschaftseigenen Betriebe »Lindcar«- Fahrradwerk, »Büropa« Bürobedarf sowie die »Bank der Arbeiter, Angestellten und Beamten«.

SPD und Gewerkschaften befanden sich im selben Gebäude – Zeichen ihrer Gemeinsamkeit in politischen und sozialen Fragen, oft auch sichtbar an einzelnen Lebensläufen. Thomas Wimmer (1887-1964) beispielsweise, von Beruf Schreiner, war Funktionär des im Hause ansässigen Deutschen Holzarbeiterverbandes und von 1919 bis 1933 Vorsitzender der Münchner SPD, für die er 1925-1933 im Stadtrat saß. Nach dem Ende des Nationalsozialismus amtierte er von 1948 bis 1960 als Oberbürgermeister. Oder Gustav Schiefer (1876-1956), ebenfalls Schreiner; er arbeitete 1918-1933 als geschäftsführender Vorsitzender der Münchner freien Gewerkschaften und amtierte 1923-1933 für die SPD als Stadtrat. Diese Tätigkeit übte er nach dem Krieg von 1945 bis 1952 wieder aus.

Die Revolution im November 1918 hatte den Sozialdemokraten gebracht, wofür sie lange gekämpft und gelitten hatten. Sie übernahmen die Regierungsverantwortung nicht nur im Deutschen Reich, sondern auch im Freistaat Bayern. Das allgemeine Wahlrecht, auch für Frauen, wurde eingeführt, und eine demokratisch-parlamentarische Verfassung inkraftgesetzt. Die Gewerkschaften konnten den 8-Stunden-Tag, verbindliche Tarifverträge und die Wahl von Betriebsräten und deren Rechte und Pflichten gesetzlich festschreiben

Thomas Wimmer, ca. 1930

Gustav Schiefer, ca. 1930

lassen. In München trat im Jahr 1919 als erster Sozialdemokrat Eduard Schmid – auch er ein Schreiner – das Amt des Stadtoberhauptes an (→ Marienplatz, → Jahnstraße 46). SPD und Gewerkschaften glaubten nun, ihre Politik der Integration der Arbeiter und Arbeiterinnen in die bestehende Gesellschaftsordnung endgültig durchsetzen zu können.
Aber »Der Kaiser ging, die Generäle blieben«, so ein Buchtitel von Theodor Plievier über jene Zeit. Die gesellschaftlichen und wirtschaftlichen Verhältnisse hatten sich nur scheinbar geändert, die alten Machteliten gewannen schon sehr bald wieder großen Einfluß. So wurde im Rahmen des Kapp-Putsches in Berlin (13. März 1920) der bayerische Ministerpräsident Johannes Hoffmann (SPD) von rechtsradikalen Kreisen gezwungen zurückzutreten (→ Maximilianstraße 39).
Für die Münchner Gewerkschaften (Mitglieder 1922: 111.000 Männer, 28.000 Frauen, 2.600 Jugendliche unter 21 Jahren) wurden die Zeiten immer härter. Der Staat, die christlichen Kirchen und die Wirtschaft standen ihnen feindlich gegenüber. Auch der aufkommende Nationalsozialismus machte sich bemerkbar, wie der folgende Drohbrief zeigt:

»An die Sozialistische Gewerkschaft,
M ü n c h e n, Pestalozzistraße 40/42
München, den 7.11.22.

Ihr Sozesaubande, Judengesindel.
Gründet nur Kampforganisationen, ihr Arbeitersaubande, dreckige. Wir freuen uns, Euch niederschießen zu können, wie die Hunde. Schützt nur Eure Judenführer, Ihr Saubande! Auf zum Arbeitermord! Die Polizei lacht Euch aus mit Eurem Gewinsel, Ihr Judensöldlinge!
Hoch Hitler! Hoch die Monarchie!
Am 9. werden wir Euch roter Saubande zeigen, wer Herr ist im Hause! Bald fliegt Eure Burg in die Luft!
Auf zum Arbeitermord! Hoch Erhardt!
Die Faschisten.«

Nach der Ermordung des deutschen Außenministers Walther Rathenau im Juni 1922 durch Nationalsozialisten, und nachdem sozialdemokratische Versammlungen in München immer wieder von nationalsozialistischen Schlägertrupps gestört worden waren, entschloß man sich, »Sicherheitsabteilungen der Sozialdemokratischen Partei« zu bilden. Eine ihrer Aufgaben beschreibt das damalige Vorstandsmitglied der Münchener SPD, Carl Landauer: *»Das Gewerkschaftshaus und das Gebäude der Münchener Post (→ Altheimer Eck 13) sollten gegen jeden nationalsozialistischen Besetzungs- oder Zerstörungsversuch verteidigt werden, was praktisch* *hieß, daß wir im Falle eines Hitler-Putsches versuchen wollten, eine oder zwei schwarz-rot-goldene Inseln in München zu halten, bis Entsatz vom Norden käme.«*

Im Jahr 1923 hatten diese Schutzabteilungen in München bereits rund 5.000 Mitglieder. Zeitweilig übertrafen sie die SA an Kopfzahl, nicht aber an Fanatismus und Kampfgeist. Wurde die SA finanziell unterstützt von einflußreichen Kreisen, denen die SPD und der ADGB ein Dorn im Auge waren, so litten die republikanischen Verbände gerade infolge der Inflation immer stärker an Geldmangel. Hier sprang eine Institution ein, die ebenfalls zu den Angriffszielen der Nationalsozialisten gehörte: die Münchener Ortsgruppe des »Centralvereins deutscher Staatsbürger jüdischen Glaubens«, deren Versammlungen von den Sozialdemokraten geschützt wurden.

Die Inflation der Jahre 1922 und 1923 hatte die Gewerkschafts- und Parteikassen geleert und bis 1924 zu einer Halbierung der Mitgliederzahl des Münchener ADGB geführt. Dieser Mitgliederschwund konnte nie mehr aufgeholt werden. So zählte man 1929 als Mitglieder 63.000 Männer, 15.000 Frauen und 3.000 Jugendliche. Gleichzeitig wurde die gewalttätige Bedrohung durch die Nationalsozialisten immer größer. Die Vorkommnisse am 1. Mai 1923 (→Theresienwiese, →Oberwiesenfeld) und der (→) Hitler-Putsch selbst waren direkt gegen die Sozialdemokratie gerichtet. Ein Flugblatt, das am 9. November 1923 verteilt wurde und von der SPD und ADGB unterzeichnet war, wandte sich an *»Die werktätige Bevölkerung. Arbeiter, Angestellte und Beamte stehen auf dem Boden der Verfassung. Sie stehen hinter denen, die den Willen haben, Deutschland vor der Herrschaft wüster Prätorianerhorden zu schützen. Wir verteidigen die Republik, die Rechts- und Reichseinheit in Deutschland. Seid bereit, für die Erhaltung der Republik und Verfassung alles einzusetzen, zeigt, daß ihr auch einen entschlossenen Willen dazu habt! Harrt der Stunde, die Euch ruft!«*

Die politischen und wirtschaftlichen Verhältnisse beruhigten sich seit 1924. Die Sozialdemokraten (SPD und ADGB) setzten nun einen Schwerpunkt ihrer Arbeit auf die Aufklärung nicht nur ihrer eigenen Mitglieder, sondern breiter Bevölkerungsschichten über die Gefahr von Rechts. Eine sehr wichtige Rolle spielte dabei die »öffentlich-volkstümliche Bücherei« im Erdgeschoß des Gewerkschafthauses, die unter dem Motto »Wissen ist Macht!« und »Nicht in der Faust, im Gehirn liegt die welterobernde Macht!« 36.000 Bücher (1928) aus allen Sachgebieten für die Ausleihe zur Verfügung stellte. Zu dieser »gewerkschaftlichen Kulturar-

beit« gehörten auch die Veranstaltungen der Münchener Gewerkschaftsschule: Filmvorführungen, Bücherschauen, die Treffen des Arbeitersänger-, Arbeitersport- und Arbeiterkulturkartells München. Wichtig erschien auch die häufige Aufforderung: »*Kolleginnen und Kollegen! Meidet bürgerliche Zeitungen! Publikationsorgane und Interessenvertreter der freien Gewerkschaften sind: Münchener Post und Der freie Gewerkschafter!*«
Kurz vor der großen Wirtschaftskrise zeigte sich der »Bericht der Geschäftsleitung« des ADGB aus dem Jahr 1929 noch optimistisch: »*Es wäre in der Tat um die Arbeiterschaft traurig bestellt, wenn nicht die Macht der Gewerkschaftsbewegung korrigierend eingegriffen und den nach materiellen und geistigen Gütern hungernden Arbeitern Lebensinhalt und -zweck gegeben hätte (...) Heute stehen wir als die Erben der Begründer der freien Gewerkschaften vor einer machtvollen Organisation, die den arbeitenden Menschen, einst der Paria der Gesellschaft, in den Mittelpunkt des gesellschaftlichen, wirtschaftlichen und sozialen Geschehens gerückt hat.*«
Andererseits aber wird die drohende Niederlage der Sozialdemokratie bereits angesprochen: »*Um so verbrecherischer ist das Treiben jener Aucharbeiter, die in bornierter Verblendung als sogenannte Opposition auf Befehl der Kommunistischen Partei die Gewerkschaften, den einzigen Schutz des arbeitenden Menschen, zerstören wollen. So gewiß es ist, daß es nie gelingen wird, die Gewerkschaften zu zertrümmern, so ist doch nicht zu übersehen, daß die wahnsinnige Parolenschusterei der Ostfaschisten die Entwicklung der Gewerkschaften hemmt. Die Versuche der Nationalsozialisten, ihrer bankrotten Parteibewegung frisches Blut durch die Gründung eigener Gewerkschaften zuzuführen, sind erwartungsgemäß Versuche geblieben. Die Arbeiterschaft lehnt es vernünftigerweise ab, diesen politischen Strauchrittern einen Turnierplatz abzugeben.*«
Am Ende der großen Wirtschaftskrise und nach der Ernennung Adolf Hitlers zum Reichskanzler war das Schicksal von SPD und ADGB besiegelt. Als die NSDAP am 9. März 1933 in München die Macht übernahm – insbesondere in Person des neuen Polizeipräsidenten Heinrich Himmler (→Ettstraße) –, saßen die bayerische und die Münchner SPD-Spitze zusammen mit dem Parteivorsitzenden der deutschen SPD, Otto Wels, im Künstlerhaus und berieten die Lage. Aus dem Gewerkschaftshaus kamen Meldungen, daß eine Besetzung durch die SA bevorstünde. Die SPD-Führung bat um Polizeischutz, der nicht gewährt wurde. Die »Arbeiterburg« in der Pestalozzistraße konnte von den Nationalsozialisten gestürmt werden. Alfred Andersch beschreibt die gespensti-

SA besetzt am 9. März 1933 das Gewerkschaftshaus

Reichsbanner Schwarz-Rot-Gold, Gauleitung Oberbayern Schwaben, Sekretariat: Pestalozzistraße 40 I, Zi. 22 — — Ortsgruppe München. Sekretar. Pestalozzistr. 40/42, Zimmer 21 F 55452. Vors.: G. Friedl, Destouchesstr. 56 a. F 82908.

Auszug aus dem Adreßbuch 1932

schen Vorgänge in seinem Buch »Die Kirschen der Freiheit«: *»Als an jenem Märztag des Jahrs 1933 das Gewerkschaftshaus von der SA besetzt wurde, standen die Arbeiter in den Straßen um das Gebäude. Ich weiß nicht, wer sie aufgerufen hatte zu kommen: die Betriebsräte vielleicht oder das Gerücht, das an den Stempelstellen von Mund zu Mund ging. Sie standen vollständig schweigend bis zum Rande des Trottoirs, während auf der Straße, die sie freigelassen hatten, manchmal eine SA-Kolonne vorbeimarschierte. Es kam wirklich kein Laut aus den Reihen der Menschen, die auf irgend etwas zu warten schienen. Als die Stunden vergingen, wurden die Bewegungen des Feindes immer geringer, ein grauer Nachmittag zog herauf, in dessen Märzlicht wir auf die leere Fahrbahn blickten. Dann näherte sich vom Gewerkschaftshaus her ein Motorradfahrer der SA. Er trug ein braunes Hemd, schwarze Breeches und einen schwarzen Sturzhelm. Aus irgendeinem Grund verlor er plötzlich die Herrschaft über das Motorrad, er rutschte und schmetterte mit der Maschine zu Boden.*
Dies wäre der Augenblick des Aufstandes gewesen, der Deutschland vielleicht ein anderes Gesicht gegeben hätte. Ich stand, die Arme an den Körper gepreßt, und fühlte, wie sich meine Hände zu Fäusten ballten. Jetzt eine kleine Bewegung nur, ein einziger Schrei, und alles käme in Gang: der pras-

selnde Regen von hundert Fäusten auf den Mann, der Sturmlauf zum besetzten Haus, das Knattern von Gewehrsalven, zusammenbrechende Körper, aber das Klirren von Fensterscheiben, die Eroberung, der Sieg, die Tat. Sicherlich, es wäre nur ein kleiner Sieg gewesen, eine rasch verwehende Tat, morgen ausgelöscht im Orkan der Niederlage – aber er hätte genügt, hätte den Staatsstreich in ein für alle sichtbares Blutbad verwandelt und den Schein der »Ordnung« zerstört. Aber ich stieß den Schrei nicht aus. Niemand. Der Fahrer stand auf, klopfte sich den Staub ab und richtete die Maschine wieder auf. Er untersuchte sie; sie funktionierte. Er setzte sich auf den Sattel, trat den Anlasser, der Motor sprang an, langsam fuhr er die Straße hinab. Sein Gesicht verriet nicht, ob er etwas von der Bedrohung ahnte, die ihn für Augenblicke umgeben hatte. Und dies war das Zeichen; wir gingen auseinander. Jeder für sich war wieder allein. Es gab keine Massen.« Auch Oskar Maria Grafs Buch »Der Abgrund« handelt vom Schicksal der Münchner Sozialdemokraten in jener Zeit.

Der »Völkische Beobachter« beschreibt die weiteren Vorgänge um das Gewerkschaftshaus aus seiner Sicht: *»Wir freuen uns, daß wir Abrechnung halten können. Auf dem roten Gewerkschaftshaus mußte die Fahne des neuen Deutschlands gehißt werden. Freude blitzt in allen Augen. Jeder sehnt sich nach dem Augenblick, wo der rote Fetzen des parteigewordenen Arbeiterverrates hinuntergeholt ist und an seiner Stelle unsere stolze Hakenkreuzfahne weht, als sichtbares Zeichen, daß es nun endlich Schluß ist mit dem jahrelangen Verrat am deutschen schaffenden Menschen.«*

Das Gebäude erhielt sofort eine neue Funktion. Wilhelm Hoegner (→ Römerstraße 4) schreibt in seinen Erinnerungen: *»In München wurde das Geschrei der im Keller des Gewerkschaftshauses Gefolterten weit herum in der Nachbarschaft gehört. Niemand wagte, sich zu beschweren.«* Am 2. Mai 1933 wurden die Gewerkschaften zugunsten der am 10. Mai 1933 gegründeten »Deutschen Arbeitsfront« (DAF) enteignet. Sinn und Zweck der DAF waren es, Arbeiter und Unternehmer in einer Organisation zusammenzufassen, damit die deutsche Aufrüstung ohne Streiks oder störende Tarifauseinandersetzungen durchgeführt werden konnte.

Das Vermögen der DAF basierte auf der Enteignung der Gewerkschaften. So ging das Haus Pestalozzistraße 40/42 in DAF-Besitz über, einschließlich der Büroeinrichtungen und den unteren Angestellten, die keine Verdienstalternativen hatten. Die höheren Funktionäre fanden sich in »Schutzhaft« wieder und wurden durch Nationalsozialisten ersetzt. Die »öffentliche, volkstümliche Bücherei des ADGB« hieß nach

einer »Säuberung« des Buchbestandes nun »Zentralbücherei München der DAF«, aus der »Gaststätte zum Gewerkschaftshaus« wurde die »Gaststätte Deutsche Arbeitsfront«, die »Bank der Arbeiter, Angestellten und Beamten« firmierte künftig als »Bank der Deutschen Arbeit« und die »Volksfürsorge« nannte sich jetzt »Versicherungsring der Deutschen Arbeit«.
Im Jahr 1944 wurde das Gebäude durch Bomben zerstört. Eine Gedenktafel erinnert an das Gewerkschaftshaus.

Jahnstraße 46

Eduard Schmid, 1919

Am 15. Juni 1919 fanden im jungen Freistaat Bayern Kommunalwahlen statt. In München (→Marienplatz) konnte die SPD nur die dritte Position in der Gunst der Wählerstimmen erhalten, dennoch wurde – infolge einer USPD-SPD Mehrheitskoalition – der Stadtrat Eduard Schmid zum neuen 1. Bürgermeister. Er war das erste sozialdemokratische Stadtoberhaupt von München.
Die Zeit des Wahlkampfes war politisch und sozial aufs äußerste angespannt gewesen. Gerade erst waren bei den erbitterten Straßenkämpfen zwischen »Roten« und »Weißen« Hunderte von Menschen zu Tode gekommen, und im Gefängnis Stadelheim wurden immer noch Revolutionäre standrechtlich erschossen. Die politischen Standpunkte hatten sich extrem polarisiert.
Die SPD und ihr Spitzenkandidat Schmid hatten den Wahlkampf im Sinne eines Aufrufs ihres Parteiblattes »Münchener Post« vom 14. Juni 1919 bestritten: *»Auf zur Wahl! Wähler und Wählerinnen! Die Mehrheits-Sozialdemokraten haben bisher überall eine ersprießliche, positive Tätigkeit entfaltet. Ihnen mögen die Wahlberechtigten ihr Vertrauen schenken. Sie wahren dadurch ihre eigenen Interessen, wie die Interessen der Allgemeinheit. Sie schützen Freiheit und Selbstverwaltungsrecht gegen das drohende Chaos von der äußersten Linken, gegen die schleichende Reaktion des Blocks von Rechts. Die Unabhängigen und die Bürgerlichen kokettieren mit der Militärmacht, um die Sozialdemokratische Mehrheitspartei an die Wand zu drücken. Setzt Eure ganze Kraft ein zum Kampf für wahre Volksfreiheit!«*
Eduard Schmid war am 15. Oktober 1861 in Ostrach/Hohenzollern geboren worden, hatte das Schreinerhandwerk erlernt und während seiner Wanderjahre enge Kontakte zu August Bebel, Wilhelm Liebknecht, Georg von Vollmar und anderen führenden Sozialdemokraten geknüpft, die während der Sozialistenverfolgungen des Kaiserreiches im Schweizer Exil leben mußten. Als er 1887 in München seßhaft wurde, war er wegen seiner Verbindungen zur Parteiführung ein ausgesprochener Gewinn für die hiesigen Genossen.

Im Jahr 1899 zog Schmid als erster sozialdemokratischer Magistrats-(=Stadt) Rat in das Rathaus ein, im Jahr 1907 wurde er in den Landtag gewählt, und schließlich amtierte er vom 26. Juni 1919 bis zum 31. Dezember 1924 als 1. Bürgermeister der Landeshauptstadt München.
Von 1914 bis zu seinem Tod 1933 lebte Eduard Schmid im zweiten Stock der Jahnstraße 46.
Schmid übernahm das Amt des Stadtoberhauptes in einer für das Gemeinwesen äußerst schwierigen Zeit. In seiner Grundsatzerklärung am 3. Juli 1919 beschrieb er die Finanzlage der Stadt als *»tieftraurig«*, München stehe *»leider im Zeichen des Niedergangs.«* Er verwies auf *»die zerfahrenen politischen Zustände, auf die schrecklichen Nachwirkungen des verlorenen Weltkrieges, die mehrfachen Unruhen in unserer Stadt, die furchtbaren Friedensbedingungen eines siegesberauschten Feindes, der uns zu Bettlern und Sklaven herunterdrücken will.«*
Eduard Schmids Amtszeit war geprägt von der katastrophalen finanziellen, sozialen und politischen Lage der Stadt. Dennoch gelang es der Stadtverwaltung unter seiner Führung, die Elektrifizierung Münchens mit Hilfe der Wasserkraft der Isar voranzutreiben. Auch wurde die Trinkwasserversorgung durch den Ankauf großer Grundstücke auf dem Taubenberg langfristig sichergestellt. Die finanziellen Schwierigkeiten, die sich dabei wegen der galoppierenden Inflation ergaben, erschienen fast unüberwindlich.
Für die NSDAP war das sozialistische Stadtoberhaupt Ziel ständiger Angriffe. Diese gipfelten während des (→) Hitler-Putsches am 9. November 1923 darin, daß Schmid von einem SA-Schlägertrupp aus dem Rathaus in den Höhenkirchener Forst verschleppt wurde. Dort hatte man für ihn bereits einen Baum ausgewählt, an dem er erhängt werden sollte. Plötzlich traf jedoch die Nachricht vom Scheitern des Putsches ein. Der Schlägertrupp verschwand im Wald, und Eduard Schmid kehrte auf direktem Wege ins Rathaus zurück.
Zu seinem 70. Geburtstag wurde er durch seinen Nachfolger Karl Scharnagl zum Ehrenbürger der Stadt München ernannt.
Am 8. Juni 1933, drei Monate nachdem das Gewerkschaftshaus von der SA gestürmt und nachdem die Gewerkschaften und die SPD enteignet worden waren, starb Eduard Schmid. Er mußte das endgültige Verbot seiner Partei vom 22. Juni 1933 nicht mehr miterleben.

Reichenbachbrücke

Am 1. / 2. Juni 1929 fand in München der »Stahlhelmtag« statt (→ Hofgarten, → Dantestraße 14). Angeblich 100.000 Teilnehmer aus Deutschland und Österreich waren in die Stadt geströmt, um der Ge- und Entschlossenheit ihres Verbandes

Blick von der Reichenbachbrücke am 2. Juni 1929. Im Hintergrund Corneliusbrücke und Deutsches Museum.

Ausdruck zu verleihen. Am 2. Juni fand an der Isar der demonstrative »Aufmarsch der 100.000« statt. Südlich der Reichenbachbrücke bot sich ein ideales Veranstaltungsgelände zwischen den Arbeitervierteln Au und Glockenbach an. Das Ziel des Stahlhelmtages ist im Grußwort seines Führers Theodor Duesterberg enthalten: *»Heer und Flotte bildeten einst die stärksten Klammern des Reiches! Der Stahlhelm, Bund der Frontsoldaten, als geistiger Erbe der alten Kaiserlichen Wehrmacht, hat auch diese verantwortungsvolle Aufgabe übernommen und Rumpfdeutschland mit einem dichten Organisationsnetz überspannt. Nord und Süd, Ost und West, im Stahlhelm fest geeint, reichen am 10. Reichsfrontsoldatentag in München den österreichischen Kameraden die Bruderhand.*
Die Deutschen stehen nicht am Ende ihrer Geschichte, sondern der große Tag der Deutschen beginnt erst mit der Heimkehr aller geschlossen lebenden Deutschen in das gemeinsame Vaterhaus! Deutscher Wille bestimmt deutsches Schicksal! Diesen zähen, trotzigen Freiheitswillen lebendig zu erhalten und zu verbreiten, ist Aufgabe des Stahlhelms. Frontheil!«
Die sozialdemokratische »Münchener Post« berichtete über den »Stahlhelmrummel«: *»Die Mehrheit wird der beiden Tage mit schweren Köpfen gedenken. Denn der Aufmarsch war gekennzeichnet durch ungeheuren Alkoholkonsum. (...) Die Beflaggung in den Wohnvierteln war auffallend, ja*

überraschend bescheiden. In den ausgesprochenen Arbeitervierteln war von Flaggen überhaupt nichts zu sehen. Von einem Hunderttausend-Mann-Aufmarsch konnte keine Rede sein. An dem großen Paradeaufmarsch [an der Isar, d. V.] *haben zwischen 35 und 40.000 Mann teilgenommen. (...) Ein gutes Geschäft für einen Teil der Münchener Geschäftswelt. Das wird der nachhaltigste Eindruck bleiben.«*

Hans-Sachs-Straße 8
Ickstattstraße 11
Klenzestraße 34

In der Hans-Sachs-Straße 8 befand sich ein Betsaal des ostjüdischen Vereins »Beis Jakob«, in der Ickstattstraße 11 einer des Vereins »Machsike Hadas«. In der Fraunhoferstraße 27 lagen die Räume des »Unterstützungsvereins in Erkrankungs- und Sterbefällen Bikur Cholim« und in der Klenzestraße 34 die des Vereins »Schomre Schabbos«. In diesem Haus erhielten außerdem ostjüdische Schüler Religionsunterricht durch Religionslehrer der Israelitischen Kultusgemeinde in der Talmud-Thora-Schule. (→ Reichenbachstraße 27)

Corneliusstraße 12

Ende des Jahres 1919 verzeichnete die sich noch »Deutsche Arbeiterpartei« nennende NSDAP bereits einen Zuwachs an Mitgliedern. Deren Organisation konnte nicht mehr von den beengten Räumlichkeiten im Sterneckerbräu (→ Tal 38) aus durchgeführt werden. Deshalb mietete sich die Partei im Januar 1920 in den Nebenräumen des »Gasthaus Cornelius« in der Corneliusstraße 12 ein. Die 2. Geschäftsstelle der DAP schildert Adolf Hitler in »Mein Kampf«: *»Es erfolgte der Umzug in das neue Lokal an der Corneliusstraße. Wieder war es eine Wirtschaft, in die wir zogen, allein wir besaßen nun*

Parteizentrale der NSDAP 1920–1923

nicht mehr bloß einen Raum, sondern bereits drei Räume und einen großen Schalterraum dazu. Damals kam uns das schon als viel vor. Hier blieben wir bis November 1923.«
Die Lage der Geschäftsstelle mußte provozierend auf die vielen jüdischen und sozialistisch denkenden Bewohner des Stadtviertels wirken. Eine ähnliche Wirkung hatten die zahllosen Aufmärsche und Gewalttaten, die von der Gaststätte ausgingen. Reaktionen der Polizei waren nicht zu befürchten. Die SPD-Zeitung »Münchener Post« beschäftigte sich am 28. August 1922 mit dem Treiben in der Corneliusstraße 12: *»Die bisherigen Erfahrungen haben gelehrt, daß die Nationalsozialistische Arbeiterpartei weder national noch sozialistisch, erst recht aber keine Arbeiterpartei ist. Ihr Kampf richtet sich gegen die Juden als Alleinschuldige an allem Elend und darüber hinaus gegen die Arbeiterbewegung und ihre Führer. Jede Veranstaltung der freiorganisierten Arbeiterschaft findet in diesen Arbeiterfreunden den schärfsten Gegner. Wir sehen sie als Schutztruppe der Gegner der Arbeiterbewegung bei militärischen Aufzügen und nationalistischen Radauszenen, immer die Faust am Gummiknüppel, bereit, Arbeiter niederzuschlagen. Wer bezahlt diese Leute, woher kommen die Mittel, um einen so großen Stab an bezahlten Nichtstuern zu unterhalten, wie sie sich täglich im Parteiheim in der Corneliusstraße aufhalten? Doch nur jene, die ein Interesse an der Niederhaltung der Arbeiterbewegung haben.«*
Mit dem Verbot der NSDAP nach dem Hitler-Putsch am 9. November 1923 wurde auch die Geschäftsstelle der Partei aufgelöst (→Thierschstraße 11/15).

Reichenbachstraße 27

Zwischen 1895 und 1910 mußten viele Juden ihre Heimat im russischen Zarenreich verlassen, weil sie von Staat und orthodoxer Staatskirche für die katastrophalen innenpolitischen Zustände verantwortlich gemacht und mit staatlich gelenkten Pogromen terrorisiert wurden. Etwa 2.300 dieser sogenannten Ostjuden ließen sich in München nieder, hauptsächlich im Gärtnerplatzviertel.
Die Ostjuden galten in mehrfacher Hinsicht als Außenseiter. Ihre Armut – sie hatten ihren gesamten Besitz zurücklassen müssen – unterstrich noch ihre Fremdartigkeit, die sie aus dem zurückgebliebenen Zarenreich mitbrachten. Gleichzeitig stießen sie auf die Abneigung der eingesessenen Münchner Juden, die einem völlig anderen Kulturkreis angehörten. Das gemeinsame Band der Religion war insofern nicht vorhanden, als die Münchener Juden als westeuropäisch-aufgeklärt galten, während die Ostjuden das alte Erbe der jüdischen Überlieferungen mitbrachten. Ein großes Zusammengehörigkeitsgefühl untereinander und gleichzeitig ihre gesell-

Der Chor der Synagoge (aus: Zum 50jährigen Bestehen der Synagoge an der Reichenbachstraße, München 1981)

schaftliche Isolation kennzeichneten die Ostjuden in ihrer neuen Umgebung als eine geschlossene Gruppe.
Der latent und bald offen auftretende Antisemitismus, der sich anfangs gegen die Ostjuden richtete, bedrohte die langerkämpfte Anerkennung der einheimischen Juden.
Das Besondere an der ostjüdischen Münchener Bevölkerung war, daß ihr religiöses Bewußtsein eng verbunden war mit einem religiös bestimmten Alltagsleben. Da beispielsweise in den Gemeindeausschuß der Israelitischen Kultusgemeinde (→ Herzog-Max-Straße 3-7) keine »Ausländer« gewählt werden durften, gründeten die Ostjuden einen »Gesamtausschuß der Ostjuden«, der das gesamte Leben seiner Mitglieder bestimmte. Als Dachverband der verschiedenen Vereine und anderer Organisationen regelte er nicht nur Streitigkeiten, soziale und andere Probleme, sondern schützte seine einzelnen Mitglieder auch gegen die immer militanter auftretenden Antisemiten.
Zwei ostjüdische Vereine, »Linath Hazedek« und »Agudas Achim«, hatten 1921 das Anwesen Reichenbachstraße 27 von der Schwabinger Brauerei AG erworben. Während man das

Das Jüdische Echo

Nummer 36 | 4. September 1931 | 18. Jahrgang

Eine neue Münchener Synagoge

Zur Einweihung des Betsaals Reichenbachstraße 27

Wenn am Samstag, dem 5. September, in einer Notzeit ohnegleichen die Tore einer neuen Synagoge, eines schönen und würdigen Gotteshauses sich öffnen für viele unter uns, denen es bisher versagt war, ihren Gottesdienst in einer angemessenen Umgebung abzuhalten, so darf dieses Ereignis mit besonders herzlicher Freude begrüßt werden — ist es doch Ausdruck eines jüdischen Lebenswillens und einer jüdischen Lebenskraft, die selbst unter widrigsten Verhältnissen sich die Bedingungen schafft, die das jüdische Leben braucht um voll und ganz zu sein und die allein ein Aufblühen und Gedeihen gewährleisten. Daß dieses neue Haus nicht von der Israelitischen Kultusgemeinde München — obwohl mit ihrer tatkräftigen Hilfe — sondern von 2 Vereinen gebaut wurde, die trotz großer Autorität in ihrem Kreise nicht die Möglichkeit zwangsmäßiger Einhebung von Geldern haben, daß es also seine Entstehung zum größten Teil freiwilligen Beiträgen verdankt, muß mit restloser Bewunderung erfüllen und es muß gleicherweise höchste Bewunderung erregen, zu sehen und zu hören, mit welch innerem Anteil und mit welcher Liebe alle Angehörigen der ostjüdischen Gemeinschaft das Planen, Werden und Wachsen, die Fertigstellung und die Ausschmükkung des neuen Hauses verfolgt haben. Diese Synagoge wird nicht leer stehen, in ihr werden die Beter wirklich zu Hause sein, am Werktag wie am Sabbath und am Feiertag und in ihr, so darf man hoffen, wird auch eine neue Jugend heranwachsen, die durch sie in einer fremden, gehässigen und selbst da dem Judentum abträglichen Umwelt, wo sie ihm nicht direkt feindlich gegenübersteht, stärker an jüdische Religion, an jüdische Lehre und Sitte, an jüdisches Leben schlechthin gebunden und geknüpft wird.

Die neue Synagoge ist Ausdruck auch neuer Tatsachen im Gesamtbild der Israelitischen Kultusgemeinde München. Sie tritt würdig den hier bereits vorhandenen jüdischen Gotteshäusern an die Seite und sie ist damit ein Sinnbild der endgültigen Anerkennung der Gleichberechtigung unserer ostjüdischen Brüder und ihrer aktiven Mitwirkung an der Ausgestaltung und Pflege des jüdischen Lebens innerhalb der Kultusgemeinde.

So seien die Erbauer der neuen Synagoge, die Synagogenvereine Linath-Hazedek und Agudath-Achim von ganzem Herzen beglückwünscht und ihr Werk begrüßt als ein Zeichen jüdischer Lebenskraft in schwerster Zeit, als ein Zeichen des jüdischen Willens zur jüdischen Zukunft und als ein Zeichen des Fortschritts der ganzen jüdischen Gemeinde in München.

Vorderhaus (ein Wohnhaus) aus Geldmangel erst *»in einer späteren, besseren Zeit«* (»Das Jüdische Echo«, 4.9.1931) zu einem Gemeindehaus umbauen wollte, konnte am 5. September 1931 im Hof die Synagoge für alle Ostjuden eingeweiht werden, zu der – als Zeichen der Verbundenheit – auch die alteingesessene Gemeinde einen größeren Zuschuß gewährte. Der neuen Synagoge mit ihren 850 Plätzen wies ihr Rabbiner Dr. Ernst Ehrentreu in seiner Weiherede folgende Bestimmung zu: *»Dieses neue Haus soll der Erhaltung der jüdischen Tradition gewidmet sein. Nur wer mit leidenschaftlicher Beharrung am Alten festhält, der entspricht den Forderungen der jüdischen Gesetze. Im Kampf gegen die entjudenden Einflüsse der Umgebung muß jeder Jude an jüdischer Tradition und jüdischem Gesetz sich immer wieder neu aufrichten.«* Einen Tag vor der Feierlichkeit hatte »Das Jüdische Echo« bereits von einer *»fremden, gehässigen und selbst da dem Judentum abträglichen Umwelt, wo sie ihm nicht direkt feindlich gegenübersteht«*, gesprochen. Am 9. November 1938 wurde das Innere der Synagoge zerstört und das Gebäude angezündet. Die Feuerwehr rettete die Bausub-

stanz, um die Nachbarhäuser zu schützen. Im Bombenkrieg wurden die Reste vernichtet.
Am 20. Mai 1947 konnte der Neubau der nunmehrigen Hauptsynagoge eingeweiht werden. Bei einem Brandanschlag am 13. Februar 1970 kamen sieben Menschen ums Leben.

Baaderstraße 42

»Neue Zeitung«, Mai 1929

Josef Götz, Mitglied des Landtages (KPD), im März 1933 im KZ Dachau ermordet

Im Rückgebäude der Baaderstraße 42 richtete der Reichstagsabgeordnete der KPD für Oberbayern-Schwaben, Albert Buchmann, 1929 sein Büro ein. Seit 1924 hatte er seine Wahlkreisgeschäfte von seiner Giesinger Wohnung in der Raintaler Straße 9 aus erledigt. Der steigende Stimmenanteil der KPD in Südbayern (Reichstagswahl am 20. Mai 1928: 29.495, am 14. September 1930: 40.169) machte nun die Anmietung der Räume notwendig.
Albert Buchmann (geb. am 28. Oktober 1894 in Pirmasens) zog zum ersten Mal 1924 für die KPD in den Berliner Reichstag ein. Bei der Wahl vom 31. Juli 1932 kandidierte er in Württemberg, in Südbayern erzielte Hans Beimler (→ Arnulfstraße 61) 60.680 Stimmen für seine Partei. Buchmann wurde am 1. April 1933 verhaftet und ins KZ Sachsenhausen gebracht, wo er bis April 1945 gefangen blieb. Nach seiner Befreiung arbeitete er als SED-Funktionär in Ost-Berlin.
Am 26. und 27. November 1932 fand der letzte Bezirksparteitag der KPD Südbayern statt. Da die Partei bereits staatlich verfolgt wurde, wurde der Parteitag an einem geheimgehaltenen Ort in München durchgeführt. 213 Delegierte und 350 Gastdelegierte waren gekommen, um sich den Erfolgsbericht der Parteileitung anzuhören.
Die Parteizeitung »Bayerisches Echo« schrieb über die Konferenz: *»Der 14. Parteitag der KPD Südbayern spiegelte den stürmischen Vormarsch der Kommunistischen Partei in Südbayern wider. Er war getragen von dem Kraftbewußtsein der Delegierten, die Bilanz zogen über die 2 1/2 Jahre, in denen sich unsere Aufwärtsentwicklung in gewaltigem Tempo vollzog. Das erfüllte alle mit Stolz, daß es uns in dieser Zeit gelungen ist, an die Massen heranzukommen und sie in entscheidende Kämpfe zu führen.«*
Bereits Anfang Dezember 1932 wurden die Büroräume ausgeräumt und verlassen. Die KPD bereitete sich auf ihre Illegalität und Verfolgung vor.

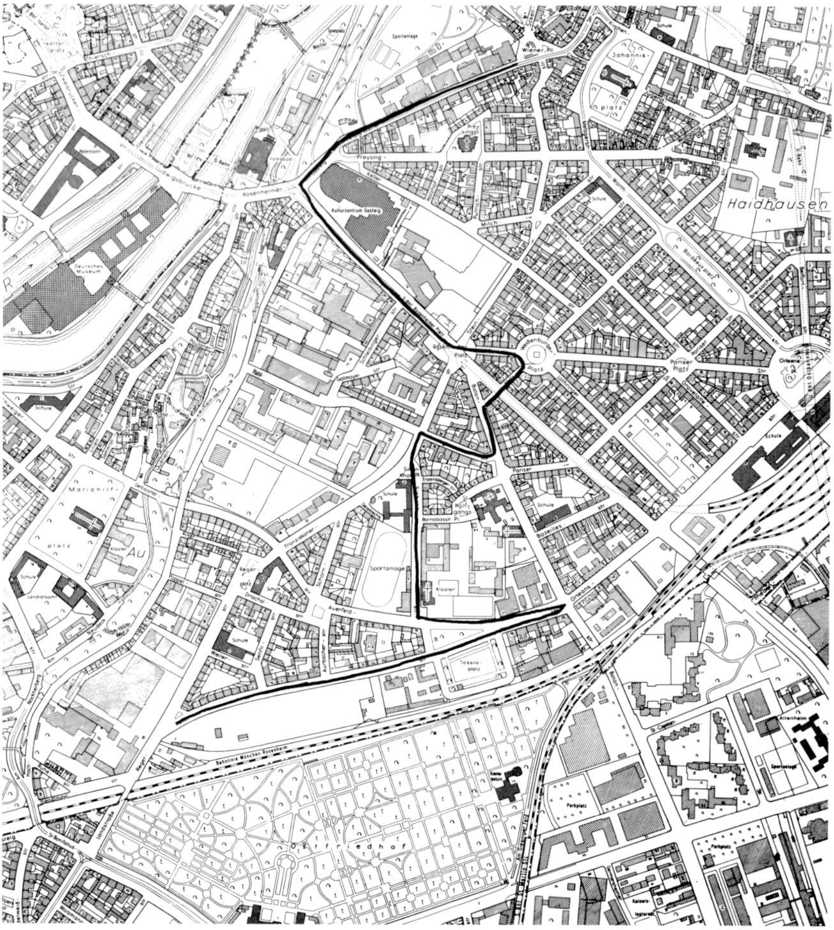
Haidhausen
Johannis-
platz
Kulturzentrum Gasteig
Deutsches Museum
Mariahilf-
platz
Au
Sportanlage
Tassilo-
platz
Ostfriedhof

Haidhausen/Au

Die großen Bierkeller am westlichen Rand Haidhausens dienten den Parteien als Versammlungsräume. Diese für München typische Mischung aus Bier und Politik fand ihren häufigsten Niederschlag in den Veranstaltungen der NSDAP. Wichtige Teile ihrer Parteigeschichte wurden hier geschrieben. Trotzdem hatte die Bevölkerung dieses Arbeiterviertels mit den »Braunen« nur wenig zu tun. Bis zu den Reichstagswahlen im März 1933 erhielten die Linksparteien hier die absolute Mehrheit.

Innere Wiener Straße 19

Wie der benachbarte Bürgerbräukeller und der Münchner-Kindl-Keller spielte der Hofbräukeller an der Inneren Wiener Straße 19 eine wichtige Rolle beim Aufstieg der NSDAP.
Am 5. Mai 1919 wurden zwölf Arbeiter aus Perlach vom dortigen evangelischen Pastor als »Kommunisten« denunziert. Mitglieder des »Freikorps Lützow«, das an der Niederwerfung der Münchner Räterepublik beteiligt war, brachten sie nach schweren Mißhandlungen in den Hofbräukeller, wo sie ermordet wurden. Das für das Vorgehen der gegenrevolutionären Truppen typische Vorkommnis beschreibt Lion Feuchtwanger in seinem Roman »Erfolg«: *»Als die Truppen des konservativen Freikorps Lützow in den kleinen Ort Perlach bei München einrückten, verhafteten sie zwölf Arbeiter aus den Betten heraus, teils Parteilose, teils Rechtssozialisten. Keiner hatte sich an den Kämpfen beteiligt, bei keinem wurden Waffen gefunden. Die Gefangenen, nachdem sie sehr um ihr Leben gebeten hatten, wurden auf einem Kohlenhaufen des Hofbräukellers zu Zweien und Dreien in Abständen erschossen und ihrer Wertgegenstände und Papiere beraubt. Verhandelt wurde gegen die Täter nicht. Die Ansprüche der zwölf Frauen und fünfunddreißig Kinder, die sie hinterließen, wurden vom Reichswirtschaftsgericht abgewiesen.«* Die Münchner Justiz sprach die beiden Verantwortlichen dieses Massakers frei (→Prielmayerstraße).
Fünf Monate später, am 16. Oktober 1919, fand im Hofbräukeller die erste größere Veranstaltung der sich noch »Deutsche Arbeiter Partei« (→Tal 38) nennenden Nationalsozialisten statt. Ein bislang in München Unbekannter trat vor den rund 100 Zuhörern zum ersten Mal als Redner auf. In seinem Buch »Mein Kampf« erinnert er sich: *»Ich sprach dreißig Minuten, und was ich früher, ohne es irgendwie zu wissen, einfach innerlich gefühlt hatte, wurde nun durch die Wirklichkeit bewiesen: Ich konnte reden! Nach dreißig Minuten waren die Menschen in dem kleinen Raum elektrisiert, und die Begeisterung äußerte sich zunächst darin, daß mein Appell*

an die Opferwilligkeit der Anwesenden zur Spende von dreihundert Mark führte.«
Der Hofbräukeller war oft Schauplatz politisch rechter Veranstaltungen. Auch sein trinkendes Publikum war mehrheitlich rechts außen angesiedelt. Diese stadtbekannte Tatsache fand in einem »Lustigen Stadtführer« aus dem Jahr 1922 Eingang: *»Diese Gasträume und der kastanienbeschattete Garten sind Treff- und Sammelpunkte kernig-konservativer Eingeborener, Bürger und Beamten, die hier gern unter sich sein wollen und erworbene Stammgast- und Stammtischrechte gegen Eindringlinge energisch halten und verteidigen. Bollwerk gegen alles allzu Neuzeitliche.«*
In »Mein Kampf« hatte Hitler seine eigene weltgeschichtliche Sendung formuliert: *»So glaube ich heute im Sinne des allmächtigen Schöpfers zu handeln: Indem ich mich des Juden erwehre, kämpfe ich für das Werk des Herrn.«* Diese Auffassung führte er in einer Rede, die er im Hofbräukeller am 18. Dezember 1926 während der Weihnachtsfeier der NSDAP-Sektion Haidhausen hielt, aus. Christus sei der größte Vorkämpfer im Kampf gegen den jüdischen Weltfeind gewesen. Der Kampf gegen die Macht des Kapitals sei sein Lebenswerk und Inhalt seiner Lehre, für die er von seinem Erzfeind, dem Juden, an das Kreuz geschlagen worden sei. Der Nationalsozialismus werde jene Machtgruppe werden, welche die Ideale von Christus zur Tat werden lasse. Das Werk, welches Christus angefangen habe, werde er – Hitler – zu Ende führen.

Innere Wiener Straße 42

Karl Scharnagl

Fast sein ganzes Leben verbrachte der 1881 in München geborene und 1963 in München gestorbene Bäckermeister Karl Scharnagl in der Inneren Wiener Straße 42. Ihm gehörte das Anwesen, im ersten Stock wohnte er selbst, im Erdgeschoß lag die elterliche Bäckerei, die er 1905 übernahm. Bei all seiner Bodenständigkeit blieb er nicht engstirnig auf seine nähere Heimat beschränkt. Schon als Bäckergeselle hatte er zur beruflichen Weiterbildung längere Zeit in Frankfurt/Main, Wien, Budapest, Belgien, Holland und Norddeutschland verbracht.
Der katholisch geprägte Mann engagierte sich schon früh politisch. Von 1911 bis 1918 vertrat er als Abgeordneter der Zentrumspartei den Wahlkreis Rosenheim im Landtag, 1920-1924 seinen Münchener Wahlkreis für die aus dem Zentrum hervorgegangene Bayerische Volkspartei, BVP (→Maffeistraße 4). Zugleich gehörte er 1919-1924 dem Münchener Stadtrat an, wo er der Fraktionsführer der BVP war. Gleichzeitig amtierte er als 2. Vorsitzender des Münchener Grund- und Hausbesitzervereins.

Bei der Kommunalwahl vom 7. Dezember 1924 erhielt eine von der BVP geführte Koalition die Mehrheit der Stimmen, so daß Bürgermeister Eduard Schmid von der SPD (→Jahnstraße 46) zurücktrat, und Scharnagl als Kandidat der Konservativen dessen Amt übernahm. Seine politischen und religiösen Ansichten waren reaktionär – klerikal gefärbt, ohne direkt antidemokratisch zu sein. Als Pragmatiker kam er mit allen »verständigen Gegnern«, wie er es nannte, aus. Dazu zählte er nicht die KPD und die Nationalsozialisten, wohl aber die SPD. In seiner Antrittsrede, die er am 8. Januar 1925 im Stadtrat hielt, legte Scharnagl seine Vorstellungen von Kommunalpolitik und das Weltbild der in Bayern regierenden katholisch-konservativen BVP dar: *»Der Dienstantritt des neuen Stadtrates fällt in eine überaus schwierige Zeit. Politisch machtlos, militärisch wehrlos, wirtschaftlich ausgebeutet, finanziell verdammt, moralisch geschwächt und in seiner Einheit aufs schwerste gefährdet steht das deutsche Volk vor einer Welt von gehässig-rachsüchtigen Gegnern.«* Die Reichsregierung in Berlin untergrabe die Selbstverwaltung der Gemeinden, indem sie deren Verwaltungen übergehe und finanziell ausblute. Er verlangte von allen Fraktionen, sich auf das Mögliche und Erreichbare zu konzentrieren, anstatt *»utopische Ideale und schön aufgezäumte Steckenpferde«* zu pflegen. *»Ich erwarte vom Stadtrat ein Verantwortungsgefühl, das ihn niemals auch nur einen Augenblick vergessen läßt, daß wir alle bestellt sind, ausschließlich Diener der Gesamtheit zu sein, nicht aber Herren mißverstandener Befugnisse oder gar Diener einseitiger Parteiprogramme.«* Mit allem Nachdruck werde er *»jede parteipolitische Störung oder Beeinflussung unserer ruhigen Verwaltungsarbeit«* verhindern, und er erwarte, *»daß der Stadtrat nicht zum Tummelplatz agitatorischer Leidenschaften gemacht wird.«*

Als Schwerpunkt *»dieser unserer gemeinsamen Verwaltungsarbeit«*, die *»nur im Sinne echt christlichen, deutschen Gemeinschaftsgeistes«* durchgeführt werden könne, nannte Scharnagl als erstes die Wiederbelebung des Münchener Wirtschaftslebens, insbesondere die Schaffung von Arbeitsplätzen in kleineren und mittleren Betrieben. Darüber hinaus müßten der Handel, der Fremdenverkehr und das Bauwesen gefördert werden. Letzteres stünde in engem Zusammenhang mit dem größten sozialen Problem, dem Wohnungselend. Ihm könne nur *»durch großzügigste Produktion neuer Wohnungen«* abgeholfen werden, so Scharnagl.

Alle wirtschaftliche und soziale Gesundung bedürfe allerdings einer kulturellen Grundlage: *»Die Fortführung edler, hochstehender Äußerungen des Volkslebens für alle Kreise der Bevölkerung, die Hochhaltung alter Bräuche und Gewohn-*

heiten, die Verdrängung neumodischer, undeutscher und demoralisierender Gewohnheiten und Lebensäußerungen durch Pflege bodenständiger, wahrhaft volkstümlicher Überlieferungen ist eine Kulturaufgabe, an der die Verwaltung der Landeshauptstadt nicht vorübergehen darf.«

Das katholisch-konservative Milieu, aus dem Karl Scharnagl stammte und das in München starken Einfluß ausübte, prägte auch den Bruder Anton (1877-1955). Dieser wurde 1901 zum Priester geweiht, lehrte seit 1911 als Professor für Kirchenrecht am Lyzeum in Freising und war von 1920-1933 Landtagsabgeordneter der BVP. Er wirkte maßgeblich an der Abfassung des Bayerischen Konkordates von 1924 (→ Brienner Straße 15) mit und verfaßte zahlreiche staatskirchenrechtliche Bücher. Im Juni 1933 wurde er von der NSDAP für drei Wochen in »Schutzhaft« genommen. Als er 1943 Weihbischof geworden war, stieß er über Karl Goerdeler zu den Widerstandsgruppen gegen den Nationalsozialismus.

Während Scharnagls Amtszeit gelang es, wichtige städtische Vorhaben in die Wege zu leiten. Ermöglicht wurde dies durch den allgemeinen Wirtschaftsaufschwung im Deutschen Reich, der in München 1925 durch die Eröffnung des Deutschen Museums symbolisiert wurde. In New York gelang es Scharnagl, der Stadt eine 8-Millionen-Dollar-Anleihe zu sichern, mit der die städtische Wasser- und Elektrizitätsversorgung aufgebaut wurde. Auch konnte die städtische Wohnungsgesellschaft GEWOFAG gegründet werden, die Tausende von Wohnungen errichtete (→ Stupfstraße 17).

Die zweite Amtszeit Scharnagls war geprägt vom wirtschaftlichen und politischen Zusammenbruch der Weimarer Republik. Am 20. März 1933 (*»Ich weiche der Gewalt.«*) mußte er zurücktreten, um dem Nationalsozialisten Karl Fiehler Platz zu machen. Er hatte jahrelange Schikanen zu erdulden, die 1944 in der Einlieferung in das KZ Dachau gipfelten. Sofort nach der Befreiung vom Nationalsozialismus berief ihn die US-Armee zum Oberbürgermeister. Dieses Amt hatte er bis 1948 inne.

Innere Wiener Straße 2

Das »Kaffee- und Gasthaus Gasteig« (Innere Wiener Straße 2) war ein Lokal wie viele andere auch. Unbeachtet von der Öffentlichkeit traf sich hier im Jahr 1919 der Kern einer Bewegung, die bald unter dem Namen NSDAP für Aufsehen sorgen sollte. Adolf Hitler schrieb dazu in »Mein Kampf«: *»Als ich im Herbst 1919 zur damaligen Sechsmännerpartei kam, hatte diese weder eine Geschäftsstelle noch einen Angestellten, ja nicht einmal Formulare oder Stempel, nichts Gedrucktes war vorhanden. Ausschußlokal war ein Café am Gasteig. Das war ein unmöglicher Zustand. (...) Da die*

Kaffee- und Gasthaus Gasteig – der erste Treffpunkt der Nationalsozialisten, um 1910

gesamte Mitgliedschaft der »Bewegung« zunächst im Ausschuß vertreten war, waren die Personen natürlich immer dieselben. Es mußte sich jetzt darum handeln, endlich den kleinen Zirkel zu sprengen, neue Anhänger zu gewinnen, vor allem aber den Namen der Bewegung um jeden Preis bekanntzumachen.« Bereits am 16. Oktober 1919 trat die sich noch »Deutsche Arbeiterpartei« nennende Gruppe im benachbarten Hofbräukeller vor eine größere Öffentlichkeit.

Rosenheimer Straße 29

Der Bürgerbräukeller an der Rosenheimer Straße 29 (heute GEMA und Hilton), der Platz für 1.830 Personen bot, war der Versammlungsort der NSDAP schlechthin. Hier fanden in kurzen Zeitabständen die Veranstaltungen der Partei statt. Adolf Hitler, Joseph Goebbels, Julius Streicher – jeder, der Rang und Namen in der »Bewegung« hatte, sprach hier zu den begeisterten Anhängern, von denen sich – trotz feuerpolizeilicher Auflagen – regelmäßig etwa 4.000 zusammenfanden. Für die Löwenbrauerei als Hausherrin und den Wirt Korbinian Reindl war dies ein großes Geschäft. Reindl fuhr eines der teuersten Automobile in München.
Der Bürgerbräukeller war der Schauplatz von Ereignissen, die in der offiziellen Parteigeschichte eine wichtige Rolle spielten. Seit 1924 wallfahrteten Besucher aus dem In- und Ausland hierher. Seit 1933 fand sich der Bürgerbräukeller in Reiseführern wie dem Baedeker wieder.

Der (→) Hitler-Putsch hatte am 8. November 1923 vom Bürgerbräukeller seinen Ausgang genommen. Nach seinem Scheitern mußten sich die Verantwortlichen für kurze Zeit nach Landsberg ins Gefängnis begeben (→ Pappenheimstraße 14). Die Partei wurde verboten.

Als am 16. Februar 1925 die NSDAP wieder zugelassen wurde, kündigte der »Völkische Beobachter« bereits für den 27. Februar die Wiederbegründung der Partei im Bürgerbräukeller am.

4.000 Menschen hörten die Rede, die Hitler über *»Deutschlands Zukunft und unsere Bewegung«* hielt. *»Juden ist der Zutritt verboten«*, hatte es – wie üblich – in der Ankündigung geheißen.

Hitlers Rede unterschied sich in ihren Androhungen von Gewalt gegen Menschen, die er zu seinen Feinden erklärt hatte, nicht von seinen Ausfällen vor dem Putschversuch. Er kündigte den Bürgerkrieg an und bemerkte, dabei ginge entweder der Feind über seine Leiche oder er über die des Feindes. Pathetisch schrie er: *»Es ist mein Wunsch, daß das Hakenkreuzbanner, wenn der Kampf mich das nächste Mal niederstreckt, mein Leichentuch werden soll.«* Hitlers Rede zur Wiederbegründung der NSDAP weckte bei der bayerischen Staatsregierung Zweifel an seinen Legalitätsbeteuerungen, so daß sie gegen ihn ein Redeverbot in öffentlichen Versammlungen verhängte. Bis zur Aufhebung dieses Verbotes am 5. März 1927 hielt die Partei nur noch »geschlossene« Veranstaltungen ab.

Welche Atmosphäre auf den Versammlungen der NSDAP herrschte, beschrieb die sozialdemokratische »Münchener Post« am 20. November 1922 unter der Überschrift »Ein Kulturbild aus der Ordnungszelle«: *»Eine Versammlung der Hitlergarde im Bürgerbräukeller. Durch die Reihen schiebt sich ein Hakenkreuzjüngling mit einer Pappschachtel unterm Arm: »Spendet für Judenmassaker!« Ein junger Mensch, den* *dieses Beispiel hakenkreuzlerischer »Kultur« empört, erlaubt sich die Bemerkung: »Das wäre noch schöner!« Sofort stürzt eine Rotte von Burschen über den jungen Mann her und schlägt derart mit Gummiknütteln auf ihn ein, daß er blutüberströmt und bewußtlos aus dem Saale getragen werden muß. Kein Schutzmann, kein Polizeiorgan griff ein, die Hitlergarde darf unbehelligt von den Organen der Ordnung und Sicherheit Lynchjustiz üben. Dafür leben wir aber auch in der weißblauen Ordnungszelle, von der die deutsche Wiedergesundung ausgeht.«*

Es sei noch kurz angefügt, daß später – am 8. November 1939 – ein Bombenanschlag auf Hitlers Leben im Bürgerbräukeller sein Ziel verfehlte.

Rosenheimer Straße 18-22

Gegenüber dem Bürgerbräu befand sich der Münchner-Kindl-Keller an der Rosenheimer Straße 18-22 (heute Motorama). Dieser viertgrößte Saal in Deutschland mit seinen 6.000 Plätzen wurde 1923 geschlossen.

Seit Sommer 1920 trat die NSDAP im Kindl-Keller an die Öffentlichkeit. Die Themen der Veranstaltungen lauteten beispielsweise »Dummheit oder Verbrechen«, »Der Jude als Arbeiterführer« und »Reichszertrümmerer und Französlinge«. Von einer solchen Rede Hitlers vor 3.000 Zuhörern am 5. September 1920 wurde ein Kurzprotokoll angefertigt: Deutschland sei zwar geknebelt und wehrlos, aber es dürfe einen Krieg gegen Frankreich nicht scheuen. Es werde verschwiegen, daß hinter Deutschlands Elend die Juden stecken. Habe man erst die Macht, werde man den Fetzen von einem Friedensvertrag zerreißen. Man kenne die Deutschen nicht. Der Redner schloß mit den Worten von Schiller: *»Wir wollen sein ein einig Volk von Brüdern, nicht trennen uns in Not und Gefahr.«* Am 25. August 1922 fanden in und um den Kindl-Keller Ereignisse statt, die die politischen Verhältnisse in München schlaglichtartig beleuchteten. Ministerpräsident Hugo von Lerchenfeld (BVP) hatte eine »Riesenkundgebung« verschiedener rechtsradikaler Verbände auf dem Königsplatz verboten. Diese wollten für ein militärisch starkes Deutschland demonstrieren, was für die regierenden separatistischen »Ultrabayern« (»Münchener Post«) einer massiven Störung der öffentlichen Ruhe und Ordnung gleichkam. Die NSDAP verfügte über derart umfangreiche Geldmittel, daß sie binnen kürzester Zeit von 44 Automobilen aus – damals ein großer Fuhrpark – Flugblätter in der Stadt verteilen konnte, die zu einer Ersatzveranstaltung in den Münchner-Kindl-Keller am selben Tag einluden.

Hermann Esser, Redakteur des »Völkischen Beobachters«, hielt eine Rede, in der er Lerchenfeld in unflätiger Weise

beschimpfte: Es sei notwendig, daß auch die Familienverhältnisse des bayerischen Repräsentanten sauber seien. Die Landesmutter dürfe keine Hure und keine getaufte Jüdin sein. Daß Graf Lerchenfeld, der an der Spitze des Landes stehe, mit dieser Frau noch in einer Wohnung beisammen wohne, sei unerhört. Wenn er so schwach sei, daß er nicht einmal seine Frau regieren könne, wie soll er dann ein ganzes Volk regieren? Die NSDAP werde dafür sorgen, daß ein solcher Mann von seinem Posten verschwinde. Tatsächlich mußte Lerchenfeld am 2. November 1922 infolge der von Esser verbreiteten Gerüchte zurücktreten.
Nach der Schmährede zogen unter Marschmusik einige Hunderte von Trachtlern aus dem Oberland in den Saal, in dem sich mittlerweile etwa 5.000 Zuhörer befanden.
Inzwischen hatten sich auf der Rosenheimer Straße rund 1.000 Andersdenkende, meist Kommunisten, eingefunden, um gegen das Spektakel zu protestieren. Die Landespolizei, die die Versammlung der NSDAP im Auge behielt, sich aber für eine Hinhaltetaktik entschieden hatte, griff nun die linken Demonstranten an und zerstreute sie mit Gummiknüppeln.
Gegen 23 Uhr trat Hitler auf. Er rief in den brodelnden Saal: Es gelte, noch einige Tage bereit zu sein, dann habe man gesiegt. Wenn man sich die Schutzgesetze gefallen lasse, sei man Hundsfötter, nichts weiter. Bereit sein, sei alles. Durch polizeiliche Pfiffigkeit (Zurufe: Polizeihunde! Sauhunde!) sei die heutige Demonstration verhindert worden. Aber der Zeitpunkt werde kommen, an dem die gewaltige Mehrheit des Volkes ihren Willen zum Ausdruck bringen werde, dann werde der Königsplatz zu klein sein, dann werden Zehntausende von Behörden nicht imstande sein, die Demonstration zu verhindern.
Gegen halb zwölf löste sich die Veranstaltung auf. Am Ostbahnhof kam es noch zu einer Schießerei zwischen heimfahrenden Chiemgauern und Kommunisten. Dann kehrte Ruhe in Haidhausen ein.

Die großen Biersäle am Westrand Haidhausens dienten natürlich auch den leiblichen Bedürfnissen der hier Wohnenden. Die politischen Veranstaltungen der NSDAP fanden im Stadtviertel selbst nur geringe Resonanz; im Gegenteil – sie stießen auf massive Ablehnung.

Weißenburger Platz

Der Weißenburger Platz ist und war eines der Zentren Haidhausens. Von ihm führen Straßen sternförmig in das Stadtviertel hinein – ein Zeichen für die planmäßige Gestaltung des Stadtteils. Nach dem deutsch-französischen Krieg flossen umfangreiche »Reparationsleistungen« aus Frankreich in das neugegründete Deutsche Kaiserreich, die soge-

nannte Gründerzeit brach an. Auf den noch unbebauten Feldern zwischen Alt-Haidhausen und der Eisenbahnlinie im Osten wurden symmetrisch Straßen angelegt, die Grundstücke parzelliert. Auf ihnen errichteten Spekulanten Mietshäuser, die von Anfang an für schlechterverdienende Bevölkerungsschichten gedacht waren.
Zwischen den einzelnen Häusern gibt es nicht überall eine Durchfahrt, die Hinterhöfe sind bebaut und deshalb eng und dunkel. Die Stadtverwaltung benannte die Straßen und Plätze nach siegreichen Schlachten, die die bayerische Armee in Frankreich geschlagen hatte.

Weißenburger Platz 4

Das Anwesen Weißenburger Platz 4 ist einen näheren Blick wert. Es gehörte den Kaufleuten Betty und Hans Mößbauer, die in der Weißenburger Straße 10 ein Einrichtungsgeschäft besaßen. Im Vorderhaus wohnten 1931 die »besseren« Mieter: ein Bankbeamter, ein Gastwirt, eine Verkäuferin, eine Hauptlehrerin, ein Metzger, ein Schneider etc., im fünften Stock ein Nachtwächter, alle mit Familienangehörigen. Im Rückgebäude lebten ein Handelsmann, ein Maschinist, eine Taglöhnerswitwe, ein Lampenwächter, ein Hafner, eine Rentnerswitwe usw.
Im Erdgeschoß des Vorderhauses lag das Gasthaus »Alt-Münchner Hof«, das auch als Wahllokal diente. Bei der Reichstagswahl am 5. März 1933, bei der die NSDAP mit 45% stärkste Partei wurde, erreichten die Parteien hier – ähnlich wie in anderen Wahllokalen im Viertel – folgendes Stimmenergebnis: SPD (328), KPD (248), BVP (216), NSDAP (216). Die Linksparteien verfügten über die absolute Mehrheit in Haidhausen.

Rablstraße 43

Das politisch links orientierte Milieu umfaßte viele Lebensbereiche, die unpolitisch schienen. So fand man sich in Volkschören und im Arbeitersängerverbund zusammen, wo nicht nur Wanderlieder und Volksweisen gesungen wurden, sondern auch die »Internationale« oder »Brüder zur Sonne, zur Freiheit«. Die Geschäftsstelle des Gaues Südbayern des Deutschen Arbeitersängerbundes befand sich in der Rablstraße 43.

Auerfeldstraße 22-28

In München konkurrierten zwei Konsumvereine miteinander: der gewerkschaftlich orientierte »Konsumverein Sendling-München« (→ Lindwurmstraße 124) und der »Konsumverein München von 1864« in der Auerfeldstraße 22-28, dessen rund 25.000 Mitglieder meist aus kleinbürgerlichen Kreisen stammten. Die Grundidee aller Konsumvereine wurde auch hier realisiert: Die Mitglieder trugen durch ihre Einlagen (pro Person 50 Mark) zum Grundkapital bei, auf

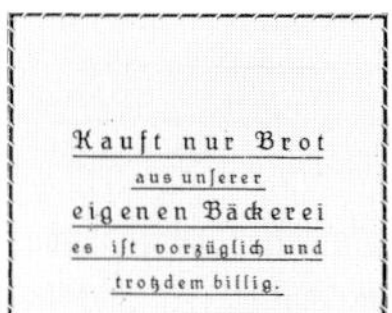

(aus: 60 Jahre Konsumverein München von 1864, München 1924)

dessen Basis die Waren selber hergestellt oder im Großeinkauf billiger erworben werden konnten. Dafür konnte man dann in den Filialgeschäften günstiger einkaufen.
Seit 1902 befand sich die Zentrale in der Auerfeldstraße, wo ein Gleisanschluß vorhanden war. Im Haus Nr. 22 und in dessen Rückgebäuden waren die Bäckerei, die Kaffeebrennerei, der Kohle- und Holzlagerplatz und die Lagerräume für die per Bahn angelieferten Waren untergebracht. Von hier aus wurden die 31 Filialen per Lastwagen versorgt. Der Konsumverein beschäftigte etwa 300 Angestellte und besaß als finanzielles Fundament 103 Wohnungen in der Auerfeldstraße. Infolge der Weltwirtschaftskrise am 26. November 1932 mußte er seinen Konkurs anmelden. Bei der NSDAP stießen die Konsumvereine und auch die großen Warenhäuser nicht auf Gefallen, da beides in Verbindung mit Marxisten und Juden gebracht wurde. Die neue Besitzerin der Gebäude in der Auerfeldstraße wurde 1935 die »Schutzgemeinschaft Bayerischer Bäcker und Müller.«
Die Verwaltungs- und Lagergebäude Auerfeldstraße 22 sind fast originalgetreu erhalten geblieben.

Welfenstraße

Die katastrophalen Wohnverhältnisse in den Vorstädten rechts der Isar waren seit langem ein Problem. Bereits im Jahr 1904 ergab eine großangelegte Untersuchung, daß *»die dichteste Belegung und die ungünstigsten wohnungstechnischen und wohnungsgesundheitlichen Zustände in den Vierteln zwischen Ostbahnhof und Isar« vorhanden waren.*

Diese Probleme wurden hauptsächlich von der katholischen Kirche aufgegriffen. Von der Pfarrei St. Wolfgang (Balanstraße 20) ging die Gründung des Bauvereins München-Haidhausen aus. Am 3. Februar 1919 fand die Gründungsveranstaltung in der Pfarrei St. Wolfgang statt.

Der Bauverein war als Genossenschaft konzipiert. Wer eine Bauanlage von 500 Mark in die Genossenschaftskasse einzahlte, erhielt das Recht auf eine der noch zu bauenden Wohnungen. Man verstand sich als Teil der »christlich-nationalen Arbeiterbewegung«, *»einer Kulturbewegung, die nicht nur Fragen des Lohnes und der Lohnverwertung behandelt, sondern darüber hinaus den ganzen Menschen erfassen will.«* Im Münchener Osten müsse *»hier unbedingt etwas geschehen, um eine Entspannung der durch die Revolutionswirren erhitzten Gemüter herbeizuführen.«* Die drei genossenschaftlichen »S«: Selbsthilfe, Selbstverwaltung und Selbstverantwortung sollten dabei gute Dienste leisten.

Mit Hilfe der Einlagen der anfangs 128 Genossen konnte im September 1921 mit dem Bau der Wohnblocks zwischen Welfen- und Auerfeldstraße begonnen werden. Bis 1929 entstanden 526 Wohnungen, die mittlerweile 508 Mitgliedern

Spare in der Zeit, so hast du in der Not!

Jedes Mitglied des Bauvereins legt seine Sparpfennige beim

Bauverein München-Haidhausen

ein. Es unterstützt dadurch nicht nur seine Genossenschaft, sondern auch die Bewegung, auf deren Boden der Bauverein steht.

Einlagen am 1. Januar 1924: (Aufwertung 50 Prozent) 3811 Reichs-Mark.

Einlagen am 1. Januar 1929: 65730.63 Reichs-Mark.

Einer für alle, alle für einen. Einigkeit macht stark.

gehörten. Die für damalige Verhältnisse komfortablen Wohnungen gruppierten sich um große und ruhige Innenhöfe. Im Innenhof der Schornstraße 13 stand das Katholische Vereinshaus St. Wolfgang, in welchem große Veranstaltungen abgehalten werden konnten. Zur Abrundung dieser kleinen christlich-sozialen Welt in Haidhausen wurde ein Sterbe-Unterstützungsverein für die Mitglieder des Bauvereins eingerichtet. Die Genossenschaft konnte das Dritte Reich unbeschadet überstehen.

Lehel

Das Lehel war im ersten Drittel unseres Jahrhunderts ein Stadtviertel der Gegensätze. Seine stadtnahe und doch Erholung bringende Lage zwischen Isar und Englischen Garten machte es seit dem Ende des 19. Jahrhunderts zu einem bevorzugtem Wohnort der sozial gehobenen Schichten. Gleichzeitig dienten die ebenfalls vorhandenen ärmlichen Gebäude als Behausungen für die Unterschicht. In ähnlich gegensätzlicher Weise zeigte sich im Lehel der Übergang vom königlich-bayerischen, liberalen 19. Jahrhundert zum frühen 20. Jahrhundert mit seinen dogmatischen Massenbewegungen. Im Lehel lebten für Münchner Verhältnisse viele Bürger jüdischen Glaubens – meist wohlsituiert und alteingesessen. In den zwanziger Jahren drangen dann die Nationalsozialisten in das Viertel ein. Mit ihnen kam die Zerstörung der gewohnten sozialen Strukturen. Adolf Hitlers Wohnsituation steht exemplarisch dafür.

Thierschstraße 11/15

Verlagsgebäude an der Thierschstraße, 1933 (aus: Adolf Dresler, Geschichte des Völkischen Beobachters und des Zentralverlags der NSDAP, München 1937)

Einflußreiche und vermögende Gönner der Thule-Gesellschaft (→Maximilianstraße 17) hatten der jungen NSDAP 60.000 Mark vermittelt, mit denen die Partei im Dezember 1920 den »Völkischen Beobachter« und den Franz-Eher-Verlag erwerben konnte. Ende 1920 zog der Verlag in das Erdgeschoß des Hauses Thierschstraße 15.
Eine maßgebliche Rolle bei der Finanzierung und inhaltlichen Gestaltung des neuen Parteiblattes spielte Dietrich Eckart, dem Hitler später sein Buch »Mein Kampf« widmete. Schon früh forderte er in seiner Zeitschrift »Auf gut Deutsch« ein Verbot »rassischer Mischehen«, die Sowjetunion kam ihm vor als »die christenschächterische Diktatur des jüdischen Weltheilands Lenin«, und er selbst wollte »am liebsten sämtliche Juden in einen Eisenbahnzug verladen und ins Rote Meer damit fahren.«
1919 hatte er bereits die Ankunft eines nationalen Retters prophezeit: *»Am besten wäre ein Arbeiter, der das Maul auf dem rechten Fleck hat. Verstand braucht er nicht viel, die Politik ist das dümmste Geschäft auf der Welt. Es muß ein Junggeselle sein! Dann kriegen wir die Weiber.«* In Hitler sah er die Verkörperung seines Ideals und bezeichnete ihn schon im August 1921 im »Völkischen Beobachter«, dessen Chefredakteur er 1921-1923 war, als »Führer«.
Im Eher-Verlag kamen 1925/1927 die beiden Bände von »Mein Kampf« heraus. Die wachsenden Aktivitäten des Verlages machten nun einen Umzug notwendig. Die Münchner Rückversicherungsgesellschaft (→Lindwurmstraße 203) vermietete dem NSDAP-Verlag 1927 das Nachbargebäude Thierschstraße 11, das noch im damaligen Zustand erhalten ist. Im Jahr 1932 wurde es vom Verlag selber erworben.

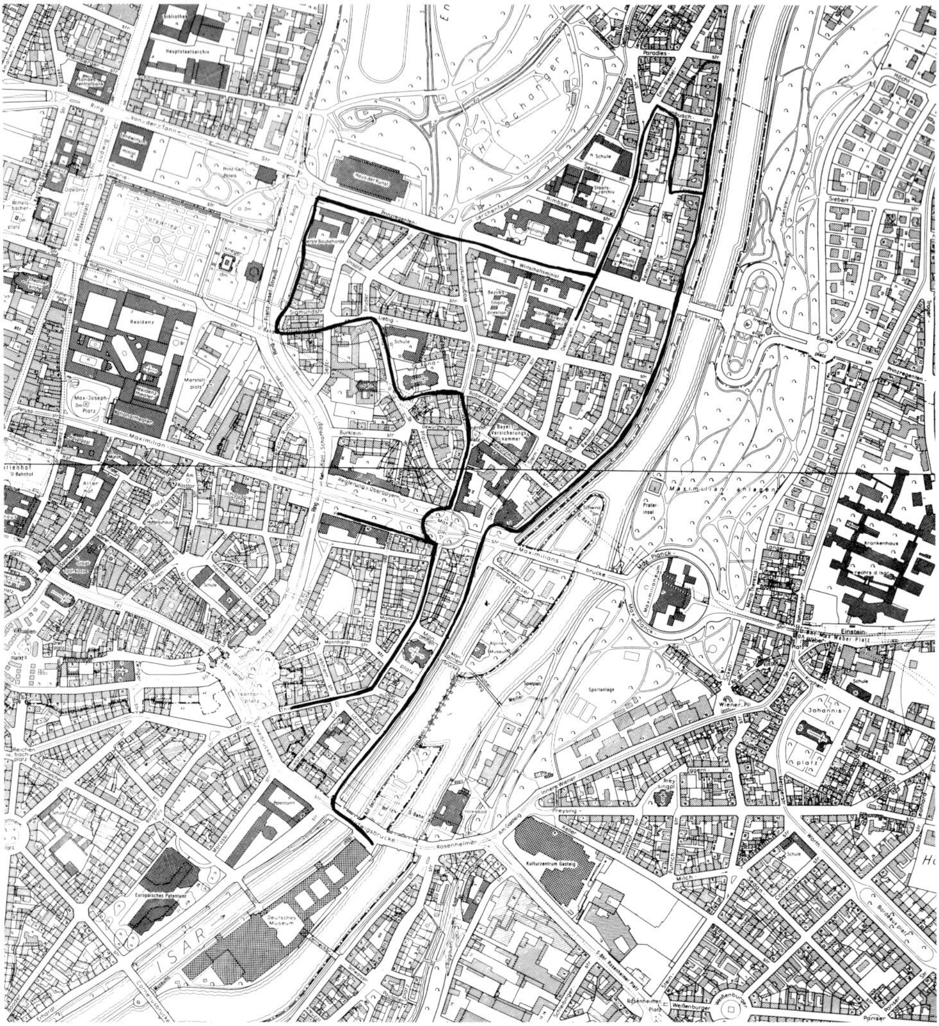
Residenz
Max-Joseph-Platz
Haus der Kunst
Maximilian-anlagen
Maximilians-brücke
Maximilianeum
Krankenhaus
Johannis-platz
Sportanlage
Wiener Pl.
Kulturzentrum Gasteig
Deutsches Museum
Europäisches Patentamt
ISAR
Rosenheimer Platz
Mariannen-platz
Isartor-platz

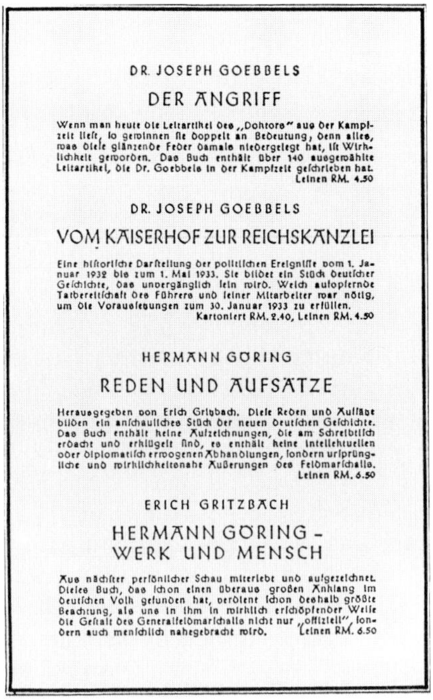

DR. JOSEPH GOEBBELS

DER ANGRIFF

Wenn man heute die Leitartikel des „Doktors" aus der Kampfzeit liest, so gewinnen sie doppelt an Bedeutung, denn alles, was diese glänzende Feder damals niedergelegt hat, ist Wirklichkeit geworden. Das Buch enthält über 140 ausgewählte Leitartikel, die Dr. Goebbels in der Kampfzeit geschrieben hat.
Leinen RM. 4.50

DR. JOSEPH GOEBBELS

VOM KAISERHOF ZUR REICHSKANZLEI

Eine historische Darstellung der politischen Ereignisse vom 1. Januar 1932 bis zum 1. Mai 1933. Sie bildet ein Stück deutscher Geschichte, das unvergänglich sein wird. Welch aufopfernde Tatbereitschaft des Führers und seiner Mitarbeiter war nötig, um die Voraussetzungen zum 30. Januar 1933 zu erfüllen.
Kartoniert RM. 2.40, Leinen RM. 4.50

HERMANN GÖRING

REDEN UND AUFSÄTZE

Herausgegeben von Erich Gritzbach. Diese Reden und Aufsätze bilden ein anschauliches Stück der neuen deutschen Geschichte. Das Buch enthält keine Aufzeichnungen, die am Schreibtisch erdacht und erklügelt sind, es enthält keine intellektuellen oder diplomatisch erwogenen Abhandlungen, sondern ursprüngliche und wirklichkeitsnahe Äußerungen des Feldmarschalls.
Leinen RM. 6.50

ERICH GRITZBACH

HERMANN GÖRING – WERK UND MENSCH

Aus nächster persönlicher Schau miterlebt und aufgezeichnet. Dieses Buch, das schon einen überaus großen Anklang im deutschen Volk gefunden hat, verdient schon deshalb größte Beachtung, als uns in ihm in wirklich erschöpfender Weise die Gestalt des Generalfeldmarschalls nicht nur „offiziell", sondern auch menschlich nahegebracht wird.
Leinen RM. 6.50

EUGEN HADAMOVSKY

WELTGESCHICHTE IM STURMSCHRITT

Hitlers Marsch nach Wien, Prag und Memel, vom Reichssendeleiter in atemraubendem Tempo erzählt. Ein Buch, spannend wie ein Roman und in einem Zuge zu lesen. Mit einer Zeittafel Großdeutschlands mit den 200 wichtigsten historischen Daten und einer Karte Großdeutschlands mit dem Reichsprotektorat Böhmen und Mähren, dem Schutzstaat Slowakei und dem Memelland.
Leinen RM. 4.50

RUDOLF HESS

REDEN

Von jeher waren die Reden des Stellvertreters des Führers ebenso politische Dokumente unserer Zeit als auch bleibende Beiträge zum nationalsozialistischen Denken. Diese Sammlung von Reden gehört zu den wenigen Büchern jener Art, die man nicht nur „durchblättern" kann, sondern die man Wort für Wort lesen muß.
Leinen RM. 4.50

HANNES KREMER

GOTTES RUNE

Hier hat ein Dichter und Künstler mit der Kraft ungewöhnlicher Einfühlung und den Mitteln einer ebenso ungewöhnlichen Darstellungskunst das Erlebnis einzelner, Männer, unbekannter Streiter für die Idee Adolf Hitlers, zum überragenden Symbol von allgemeiner Gültigkeit erhoben.
Leinen RM. 4.80

JOSEF H. KRUMBACH

FRANZ RITTER VON EPP

Ein Leben für Deutschland. - Zum ersten Male werden in diesem Werk die Tagebücher Ritter von Epps ausführlich als Quelle benützt und auszugsweise wiedergegeben. Aus dem Inhalt: Sippe und Jugend / 36 Soldatenjahre / Epp an der Front / Der Nationalsozialist / Der Kolonialsoldat.
Leinen RM. 4.80

Aus dem Verlagsprogramm des Eher-Verlages

Hier erschien also bis zum 27. April 1945 das Zentralorgan der NSDAP, als dessen Herausgeber Adolf Hitler fungierte und dessen Chefredakteur bis 1938 Alfred Rosenberg (→ Schellingstraße 39-41) war. Sein Hauptwerk ist »Der Mythos des 20. Jahrhunderts«, in dem die Rassentheorien der Nationalsozialisten niedergelegt sind. Auch dieses Buch erschien im »Zentralverlag der NSDAP, Franz Eher Nachfolger«.

Nach dem (→) Hitler-Putsch wurde die NSDAP verboten. Bei ihre Neugründung im Februar 1925 entstand in der Thierschstraße 15 das neue Parteibüro (→ Corneliusstraße 12), das hier bis zum März 1925 seinen Sitz hatte (→ Schellingstraße 50).

Thierschstraße 22

Im Lehel wohnten für Münchner Verhältnisse sehr viele Menschen jüdischen Glaubens. In der Regel machten sie nur zwei Prozent der Gesamtbevölkerung aus. Das Haus Thierschstraße 22, dessen großbürgerliche Fassade seine Umgebung prägt, ist in dieser Hinsicht einen näheren Blick wert. Seine Besitzer waren der damals sehr bekannte praktische Arzt Dr. August Feuchtwanger (→ Sankt-Anna-Platz 2) und der Rechtsanwalt Dr. Emil Fränkel. Von den dreizehn Mietparteien bekannten sich 1919 zehn zum jüdischen Glauben. Daran änderte sich in den nächsten 14 Jahren nicht viel. Erst als 1934 das Metzgerehepaar Brunninger das Anwesen kaufte, löste sich die alte Hausgemeinschaft nach und nach auf. Bis Ende 1938 war das Haus »judenfrei« gemacht. Es steht als Beispiel für viele andere Lebensbereiche, aus denen jüdische BürgerInnen vertrieben wurden.

Thierschstraße 41

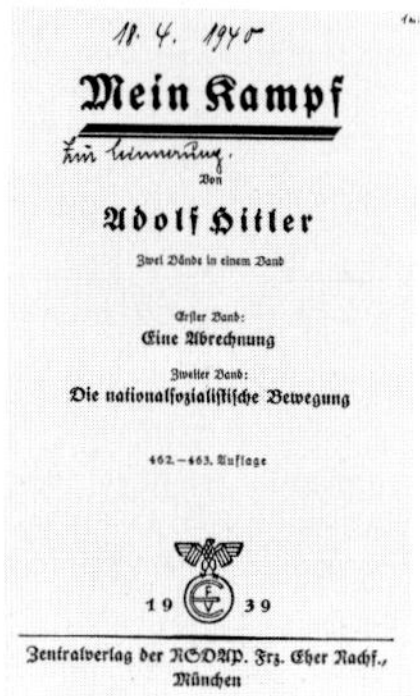
Mein Kampf
Von
Adolf Hitler
Zwei Bände in einem Band
Erster Band:
Eine Abrechnung
Zweiter Band:
Die nationalsozialistische Bewegung
462.–463. Auflage
19 39
Zentralverlag der NSDAP. Frz. Eher Nachf., München

Innere Titelseite von »Mein Kampf«

Am 1. April 1920 zog Hitler von der Kaserne in der (→) Lothstraße 29 in den 1. Stock des Hauses Thierschstraße 41. Ein Blick in das Stadtadreßbuch von 1921 gibt eine Vorstellung von den Menschen, mit denen er hier zusammenlebte: Besitzerin war die »Kupferschmiedmeisterswitwe« Anna Schweyer, die selber im Erdgeschoß des Rückgebäudes wohnte. Deren Mieter waren u.a. ein Schuhmachermeister, ein Kammerdiener, eine Regierungsratswitwe, ein Kupferschmied, ein Schutzmann a.D. und eben der sich »Schriftsteller« nennende, berufslose Agitator Adolf Hitler.
Im Jahr 1922 erwarb der jüdische Textilkaufmann Hugo Erlanger das Anwesen. Nach der Machtübergabe an die Nationalsozialisten »kaufte« die »Hauptstadt der Bewegung« 1935 Erlanger das Haus ab, er selber wurde nach der Pogromnacht vom 9./10. November 1938 aus seiner Wohnung vertrieben, der SS-Führer Bruno Rach zog ein.
Ernst Hanfstaengl (→ Widenmayerstraße 18) schreibt über Hitler und seine Wohnung:
»Das Zimmer, das er als Untermieter einer Frau Reichert bewohnte, war sauber und nett, wenn auch verhältnismäßig schmal und nicht gerade üppig möbliert. Auf dem Boden lag billiges, abgetretenes Linoleum sowie einige fadenscheinige kleine Teppiche. An der Wand gegenüber dem Bett, das mit seinen Pfosten teilweise noch in das Fenster hineinragte, standen ein Stuhl und ein Tisch sowie ein rohgezimmertes Regal mit Hitlers Bücherschätzen. In den oberen Fächern standen die Bände, auf die er seine Besucher vor allem hinwies: Hermann Stegemanns »Geschichte des Ersten Weltkrieges« neben Ludendorffs Werk über diese Zeit, dann Treitschkes »Deutsche Geschichte«, Spamers »Illustrierte Weltgeschichte«, Clausewitz‹ Standardwerk »Vom Kriege«, die Geschichte Friedrichs des Großen von Kugler, die Wagner-Biographie von Houston Stewart Chamberlain und eine Weltgeschichte von Maximilian Graf von Wartenburg; außerdem noch die »Geographischen Charakterbilder« von August Wilhelm Grube, die »Schönsten Sagen des klassischen Altertums« von Gustav Schwab und Sven Hedins Kriegserinnerungen. Das waren, neben einigen anderen Werken, deren Titel mir entfallen sind, sozusagen die Bücher der Paradegarnitur, die sich mit Hitlers Vorstellungen als Politiker deckten.

Thierschstraße 41, seit 1933 mit Gedenktafel: »In diesem Hause wohnte ADOLF HITLER vom 1. Mai 1920 bis 5. Oktober 1929«

Dann aber begann gleich ein steiler Abstieg vom Mars zur Venus: Wenn man die Reihe der darunter stehenden Unterhaltungsromane und Krimis ein wenig auseinanderschob, um dahinter der literarischen Intimsphäre Hitlers etwas näherzukommen, lagen dort nämlich in schöner Geschlossenheit, wenn auch stark abgegriffen, die »entsittlichenden« Werke des talentierten Juden Eduard Fuchs – »geeignet«, wie es später hieß, »das Normalempfinden des arischen Menschen zu vergiften«; nämlich die »Geschichte der erotischen Kunst« sowie die diversen, reich und gewagt »Illustrierten Sittengeschichten« aus der Feder des gleichen Autors.«

Maximilianstraße 39

Gustav von Kahr, 1922

In dem repräsentativen, in der zweiten Hälfte des 19. Jahrhunderts errichteten Gebäude Maximilianstraße 39 (damals 14) amtierte die Regierung von Oberbayern. Im Jahre 1917 wurde Gustav Ritter von Kahr (1862-1934) zu ihrem Präsidenten ernannt und zog in die für ihn bereitstehende Dienstwohnung ein, in der er bis 1925 blieb. Von Kahr, ein glühender Monarchist und Vertreter der bayerischen Eigenständigkeit, konnte die Revolution vom November 1918 nie verschmerzen. Stets war er bemüht, wenigstens in Bayern die alte Ordnung wiederherzustellen, zumindest jedoch das Land zu einer nationalen, diktatorisch regierten »Ordnungszelle« gegenüber dem »marxistisch-demokratischen« Berlin zu machen.
Als beispielsweise am 13. März 1920 in Berlin der rechtsradikale Kapp-Putsch gegen die Regierung Müller (SPD) stattfand, suchten Gustav von Kahr, der Wehrkreiskommandeur Arnold von Möhl sowie Polizeipräsident Ernst Pöhner (→ Ettstraße, → Reitmorstraße 54) den bayerischen Ministerpräsidenten Hoffmann (SPD) auf und forderten ultimativ seinen Rücktritt. Hoffmann mußte nachgeben, und von Kahr bildete eine neue, rechtsgerichtete Regierung, der auch die Bayerische Volkspartei BVP (→ Maffeistraße 4) angehörte. Diese Regierung gewährte allen extremen Rechtsgruppen, militanten Organisationen und Verbänden Schutz und Förderung in reichem Maße.

Kapp-Putsch

Als die Reichsregierung im Februar 1920 die Auflösung des Freikorps »Brigade Ehrhardt« befahl, widersetzte sich diese der Anordnung und inszenierte einen Putsch gegen die Berliner Regierung unter Hermann Müller (SPD). Unter der politischen Führung des ehemaligen ostpreußischen Generallandschaftsdirektors Wolfgang Kapp (1858-1922) besetzte man am 13. März 1920 des Regierungsviertel, konnte aber der nach Stuttgart geflohenen Reichsregierung nicht habhaft werden. Die Aktion brach bereits am 17. März 1920 zusammen, da die Gewerkschaften mit einem Generalstreik antworteten, die Bürokratie passiven Widerstand leistete und die Reichswehr sich wider Erwarten passiv zurückhielt. In München hingegen verlief die lokale Variante des Kapp-Putsches im Sinne seiner Erfinder. Am 13. März 1920 zwangen der Regierungspräsident von Oberbayern Gustav von Kahr, der Polizeipräsident Ernst Pöhner und der Wehrkreiskommandeur Arnold von Möhl den Ministerpräsidenten Johannes Hoffmann (SPD) zum Rücktritt.
Die neue Regierung unter Kahr bemühte sich, Bayern zu einer »Ordnungszelle« im Deutschen Reich und zum einzigen nationalen Machtfaktor in Deutschland zu machen.

In dieser Zeit lernte von Kahr Hitler kennen, den er als »Trommler« für die nationale Sache einspannen wollte. Mit seiner Hilfe sollte der »Kommunismus« und »Marxismus« abgewehrt und die »gestörte Ordnung« in Deutschland wieder ins Lot gebracht werden. Die rechtsradikalen Kampfverbände bereiteten dabei von Bayern aus den ideellen Boden vor.

1921 trat von Kahr als Ministerpräsident zurück und übernahm wieder das Amt des Regierungspräsidenten. Im September 1923 wurde er von der bayerischen Regierung unter Eugen von Knilling (BVP) zum Generalstaatskommissar berufen.

Von Kahr war die Integrationsfigur derjenigen Kräfte in Bayern, die durch einen Staatsstreich die parlamentarische Demokratie abschaffen und die staatliche Unabhängigkeit von Berlin vorbereiten wollten. Diesen ständisch-monarchistischen Plänen kam jedoch die NSDAP zuvor (→Hitler-Putsch), die einen diktatorisch regierten Nationalstaat mit dem Zentrum Berlin anstrebte.

Der Generalstaatskommissar ließ den unwillkommen konkurrierenden Putschversuch auf dem Odeonsplatz von der Landespolizei gewaltsam beenden. Diesen »Verrat« vergaß ihm die NSDAP nicht. Am 30. Juni 1934 wurde er im Rahmen des »Röhmputsches« verschleppt und im KZ Dachau ermordet. Die Stadt München benannte nach dem Krieg in Untermenzing eine Straße nach diesem »Opfer des Nationalsozialismus«, wie es im Stadtadreßbuch heißt.

Thierschstraße 46

Das Wilhelmsgymnasium wurde 1559 gegründet und ist die älteste höhere Schule in München. Seit 1877 befindet es sich im Lehel. Die Büsten von 33 Abiturienten dieser humanistischen Hochburg stehen in der Ruhmeshalle über der Theresienwiese aufgereiht. Zwei weitere später berühmt gewordene Schüler waren vor dem 1. Weltkrieg Lion Feuchtwanger (→Sankt-Anna-Platz 2) und Johannes Robert Becher, der nachmalige Kulturminister der DDR und Dichter deren Nationalhymne.
Nach der Revolution 1918 blieb die königlich-bayerische Atmosphäre im Lehrerzimmer und in den Köpfen in der Lehreinrichtung noch länger bestehen:
»In dem so unvermutet zum ›Freistaat‹ gewordenen Bayern verschwanden mehr oder minder schnell die Hoheitszeichen der Königsherrschaft. Dieses Schicksal ereilte auch die Krone über unserem Portal an der Thierschstraße. Wesentlich länger erhielt sich im Lehrerzimmer, geraume Zeit unbehelligt, das Bildnis des letzten Bayernkönigs, dessen Enkel, der damalige Erbprinz Albrecht, an unserem Gymnasium die Reifeprüfung ablegte (1924). Noch dauerhafter erwies sich in aller Stille der wuchtige Metallstempel der Lehrerbücherei. Bis 1945 lautete der Eigentumsvermerk in den Büchern: ›Bibliothek des K. Wilhelmsgymnasiums München‹« (Festschrift 1959).
Diesem altbayerisch-konservativ-liberalen Selbstverständnis und der Herkunft der Schüler entsprechend unterrichteten mehr jüdische als evangelische Religionslehrer. Der bekannteste von ihnen war der Oberrabbiner Dr. Leo Baerwald, der von 1910 bis 1936 als Lehrer am Wilhelmsgymnasium arbeitete.

Sankt-Anna-Platz 2

Eine Gedenktafel am Haus Sankt-Anna-Platz 2 erinnert daran, daß hier der Schriftsteller Lion Feuchtwanger seine Jugend verbrachte. Er selber wohnte zwar von 1917 bis zu seinem Wegzug nach Berlin 1925 in der (→) Georgenstraße 24, doch seine weitverzweigte Familie kam aus dem Lehel. So lebten 1927 mit ihren Familien der Bankier Angelo Feuchtwanger in der Liebigstraße 37, ebenfalls dort der Bankier Dr. Leo Feuchtwanger und der Bankier Theodor Feuchtwanger; in der Lerchenfeldstraße 11 die Bankierswitwe Anna und der Arzt Dr. Erich Feuchtwanger; in der Thierschstraße 19 die Ärzte Dr. August und Dr. Heinrich Feuchtwanger; in der Rosenbuschstraße 6 der Fabrikdirektor Louis und der Chemiker Siegmund Feuchtwanger; schließlich in der Reitmorstraße 26 der Rechtsanwalt Dr. Max Feuchtwanger.
In dieser gut- bis großbürgerlichen, alteingesessenen, jüdischen Münchner Familie galt Lion, der schriftstellernde Bohèmien und bissige Theaterkritiker, als das schwarze

Schaf. 1930 wurde er mit seinem Roman »Erfolg« schlagartig berühmt. Dieses in geographischer und zeitlicher Entfernung in Berlin geschriebene Buch beschreibt die nationalistisch-antisemitische »Ordnungszelle« München Anfang der zwanziger Jahre. Es ist der Schlüsselroman über den Aufstieg der NSDAP und ihre Hintermänner schlechthin.

Seitz-/Prinzregentenstraße

Wilhelm Frick

Eduard Thöny: »Ehrenmänner« (aus: »So ein Saustall. Altbaierisches aus den finstersten Zeiten des Systems«)

Auf dem Grundstück der DAS-Versicherung an der Seitzstraße befand sich früher das Anwesen Herzog-Rudolf-Straße 36. In ihm wohnte 1926-1933 Dr. Wilhelm Frick. Geboren 1877 in der Saarpfalz, arbeitete er 1917-1923 als Regierungsassessor und Oberamtmann bei der Polizeidirektion München (→ Ettstraße). Hier wirkten zahlreiche Anhänger Hitlers, insbesonderes der Polizeipräsident Ernst Pöhner (→ Reitmorstraße 54) und eben Frick als Ressortchef der Politischen Polizei. Gemeinsam unterdrückten sie Anzeigen gegen die NSDAP und setzten deren Führung über geplante Aktionen der Behörden in Kenntnis. Später, im Hitler-Prozeß 1924, (→ Pappenheimstraße 14), erklärte Frick: *»Wir hielten unsere schützende Hand über die NSDAP und Herrn Hitler.«* So war es nicht weiter verwunderlich, daß Frick am Hitlerputsch teilnahm, um in der geplanten »nationalen Regierung« ein hohes Amt zu übernehmen. In »Mein Kampf« wird Frick gelobt: *»Der damalige Polizeipräsident Ernst Pöhner und sein treuer Berater, Oberamtmann Frick, waren die einzigen höheren Staatsbeamten, die schon damals den Mut besaßen, erst Deutsche und dann Beamte zu sein. (...) Sie sind in meinen Augen die einzigen, die von Männern in staatlicher Stellung das Recht besitzen, als Mithersteller eines nationalen Bayerns zu gelten.«*
1924 zog Frick für die Nationalsozialistische Freiheitspartei in den Reichstag ein, 1928 wurde er Fraktionsvorsitzender der inzwischen wieder erlaubten NSDAP. Als erster Nationalsozialist bekleidete er ein Ministeramt: 1930-1931 das für Inneres und Volksbildung in Thüringen. 1933 schließlich stieg er zum Reichsinnenminister auf. 1943-1945 leitete er als Nachfolger des von Partisanen ermordeten Reinhard Heydrich und als Reichsprotektor für Böhmen und Mähren das dortige deutsche Besatzungsregime. Als einer der Hauptverantwortlichen für die Innenpolitik im nationalsozialistischen Deutschland wurde er 1946 vom Internationalen Militärgerichtshof in Nürnberg zum Tode verurteilt und hingerichtet.
Im selben Haus im Lehel lebte der Kunstmaler und Professor an der Akademie der Bildenden Künste, Eduard Thöny (1866-1950). In seinem Schaffen spiegelt sich die Entwicklung Münchens vom liberalen »Isarathen« zur »Hauptstadt der Bewegung« wider. Hatte er sich vor dem Ersten Weltkrieg im

»Simplicissimus« vor allem über das Militär lustig gemacht, so stellen seine Zeichnungen nach der Revolution technisch gekonnt und inhaltlich hämisch politische Redner, bewaffnete Rotgardisten und Volksaufläufe dar. Bis 1933 hatte sich Thöny dann endgültig zum antisemitischen Eiferer entwikkelt. So illustrierte er mit sicherer Feder beispielsweise das 1938 erschienene Buch »So ein Saustall. Altbaierisches aus den finstersten Zeiten des Systems.«

Oettingenstraße 6

Die wachsende Konfrontation zwischen den beiden totalitären Parteien NSDAP und KPD gegen Ende der Weimarer Republik spielte sich im Kleinen in dem Mietshaus Oettingenstraße 6 ab, das heute nicht mehr steht. Das Besitzerehepaar Rosine und Gottlob Jakobus – wohnhaft im 1. Stock – gehörte der NSDAP an, während ihre Mieter – von Beruf Taglöhner, Heizer, Handschuhmacherin, Dienstmann, etc. – politisch links standen. Diese brisante Hausgemeinschaft wurde von der KPD ausgewählt, um ab dem 1. November 1932 einen exemplarischen Mieterstreik durchzuführen.

»Wiesenwirt« Gottlob Jakobus vor seinem heruntergewirtschafteten Wohnhaus, dessen Wasseranschluß und Latrine im Hof lagen (8. Juni 1923)

Das kommunistische »Bayerische Echo« vom 12.11.1932 berichtete über diesen »Mieterkampf am Unteren Lehel«: *»Durch Beschluß der Mieterversammlung legten die werktätigen Mieter fest, am 1. November nur 75 Prozent der Miete zu zahlen. (...) Besonders rühmlich zeichnete sich die Besitzerin Jakobus des Hauses Oettingenstraße 6 aus. Die begeisterte Angehörige der nationalsozialistischen »Arbeiterpartei« erklärte den Hausinwohnern, wenn nicht bis am nächsten*

Morgen bezahlt würde, erhalte jeder einen Zahlungsbefehl! (...) Wir Mieter sagen nur eins: Bei uns kommt zuerst der Magen, dann die Miete! Bravo, ihr Mieter vom unteren Lehel, Tausende andere Mieter werden erkennen, daß euer Weg der einzig richtige ist, und den Kampf genauso führen.«
Nach der sogenannten Machtergreifung versandete dieser Mieterstreik ebenso wie andere politisch linken Aktionen ohne Resultat.

Oettingenstraße 23

Im ersten Stock links des Anwesens Oettingenstraße 23 lebte Fritz Rosenthal (geboren 1913), der in einer alteingesessenen bayerisch-jüdischen Familie aufwuchs. Er schloß sich früh der zionistischen Jugendbewegung an und wanderte 1935 nach Palästina aus. Dort nahm er den Namen Schalom Ben-Chorin an, unter dem er als Schriftsteller und Religionsphilosoph bekannt geworden ist. In seinem Erinnerungsbuch »Jugend an der Isar« berichtet er über seine als schön empfundenen Kinderjahre, aber auch über den aufkommenden Antisemitismus. Er kannte Hitler vom Sehen und mußte im Februar 1933 im Polizeipräsidium Demütigungen und Prügel erdulden. Ben-Chorin beschreibt, wie ihn seine Heimatstadt und Muttersprache immer begleitet haben, trotz – oder gerade wegen – Auswanderung, Namenswechsel und Holocaust.

Reitmorstraße 54

Ernst Pöhner

Im München der frühen zwanziger Jahre – damals die »Ordnungszelle« des Deutschen Reiches – erfreuten sich die völkischen, antisemitischen Kräfte eines erstaunlich sicheren und angenehmen Daseins. Finanziert von zahlreichen einflußreichen Persönlichkeiten des öffentlichen Lebens, gedeckt und geschützt von der Polizei, in Ruhe gelassen von der bayerischen Justiz, sammelte sich in München eine große Anzahl rechtsradikaler Verbrecher und Agitatoren, die im übrigen Reich belangt worden wären.
Offiziell abgesegneter und gedeckter Mord, Terror gegen politisch Andersdenkende, systematische Verletzung der elementarsten Rechtsgrundsätze – all dies war in München von Mai 1919 bis zum November 1923 gang und gäbe. Die zentrale Figur dieser Aktivitäten war der Polizeipräsident von München, Dr. Ernst Pöhner (→Ettstraße). Er wohnte 1912-1925 in der Reitmorstraße 54.
Anfang Mai 1919 schlugen gegenrevolutionäre Truppen im Auftrag der nach Bamberg geflohenen Regierung Hoffmann (SPD) die kommunistische Münchner Räterepublik brutal nieder. Unmittelbar nach den Kämpfen ernannte Hoffmann den Oberlandesgerichtsrat Pöhner zum Polizeipräsidenten von München.

Ordnungszelle
Der staatsstreichartige Übergang zur Regierung Kahr am 13. März 1920 steht als Beginn der Politik der bayerischen Regierungen, Bayern und insbesondere München zu einer rechtsradikalen, autoritären, völkischen »Ordnungszelle« zu gestalten. Hier genossen die reaktionären, restaurativen, nationalistischen und offen antidemokratischen Kräfte aus dem gesamten Deutschen Reich den Schutz und die Billigung von Polizei und Justiz sowie finanzielle und ideelle Unterstützung aus gesellschaftlich führenden Kreisen. Der krasseste Fall staatlich verordneten Rechtsbruches war die Verhandlung des Hitler-Putsches vom 8./9. November 1923. Die bayerische Regierung hatte sich geweigert, den Prozeß vor dem Staatsgerichtshof in Leipzig stattfinden zu lassen (wo er nach Gesetzeslage hingehört hätte), sondern hatte den Fall dem Landgericht München übergeben. Hier fällte die Justiz ein rechtsbrecherisch mildes Urteil, das zum Beispiel die zwingende Ausweisung des bereits vorbestraften Ausländers Hitler in seine Heimat Österreich verhinderte. Die SPD bezeichnete die in Bayern herrschenden Zustände als »Unordnungszelle«, und der Schriftsteller Joseph Roth prophezeite bereits damals: »In München öffnen sich die Gräber der Weltgeschichte.«

Am 25. November 1919 kam es auf dem Odeonsplatz zu einer unangemeldeten Kundgebung nationalistischer Studenten, die sich für die Freilassung des Mörders des Ministerpräsidenten Kurt Eisner – Graf Anton von Arco auf Valley – einsetzten und Rufe wie »Nieder mit Eisner! Nieder mit den Juden!« skandierten. Nicht nur daß die Polizei nicht einschritt, ganz im Gegenteil: Pöhner bat anschließend je fünf ausgesuchte Studenten der Universität und der Technischen Hochschule sowie die beiden Rektoren in das Polizeipräsidium, wo er verständnisvolle Worte an sie richtete: *»Meine Herren! Ich spreche jetzt nicht zu Ihnen als Polizeipräsident, sondern als Kommilitone. Ich rechne dabei auf Ihre Diskretion. Machen Sie keine weiteren Dummheiten, sondern warten Sie ab, bis die Zeit gekommen ist«*. Mit anwesend war der Leiter der politischen Abteilung der Polizei, Dr. Wilhelm Frick. (→ Seitz-/Prinzregentenstraße).
Im Juni 1921 erhielt das Innenministerium ein Protestschreiben einer pazifistischen Gruppe: *»Eine unerhörte Hetzpropaganda rechtsradikaler Kreise und Zeitungen ist vom Polizeipräsidenten allzulange ohne Widerspruch geduldet worden, mit dem Erfolg, daß die Stadt München zu einem Tummelplatz ungebändigten Rowdytums und zügelloser Gewalttaten vor der gesamten gesitteten Welt herabgewürdigt worden ist.«*
Dies störte Pöhner jedoch wenig. Auf den Hinweis eines Besuchers, daß es politische Mordorganisationen in Bayern gäbe, erwiderte Pöhner: *»Soo – aber zu wenig.«*

Im August 1921 beschwerte sich der 1. Bürgermeister Eduard Schmid (SPD) (→Jahnstraße 46) darüber, daß ein Stadtratsmitglied der SPD auf einer Veranstaltung der NSDAP von der Polizei mißhandelt worden sei. Als Antwort schickte ihm Pöhner das Plakat, auf dem diese Veranstaltung angekündigt worden war, mit dem lakonischen Vermerk, daß der Stadtrat selber wissen müsse, wohin er gehe.

Am 28. September 1921 trat Pöhner von seinem Amt zurück. Begründung:

»Die bayerische Regierung hat dem Verlangen der Reichsregierung nachgebend, in die Aufhebung des bayerischen Ausnahmezustandes eingewilligt. Damit ist erschwert das Verbot von Straßenkundgebungen, ist Verzicht geleistet auf Schutzhaft, Ausweisung und Aufenthaltserlaubnis sicherheitsgefährlicher Elemente. Unter diesen Umständen sehe ich mich außerstande, die Verantwortung der Aufrechterhaltung von Ruhe und Ordnung zu übernehmen.«

Seitdem arbeitete Pöhner wieder im Justizpalast (→Prielmayerstraße) und beteiligte sich an der Vorbereitung des (→) Hitler-Putsches. Wäre dieser geglückt, so wäre er bayerischer Ministerpräsident geworden.

Sein unermüdlicher Einsatz für die Nationalsozialisten brachte ihm dann auch Anerkennung in »Mein Kampf« ein:

»An verantwortlicher Stelle war Ernst Pöhner der einzige, der nicht um die Gunst der Massen buhlte, sondern sich seinem Volkstum verantwortlich fühlte und bereit war, für die Wiederauferstehung des von ihm über alles geliebten deutschen Volkes alles, auch wenn nötig, seine persönliche Existenz auf das Spiel zu setzen und zu opfern. Der Haß von Juden und Marxisten, ihr ganzer Kampf voll Lüge und Verleumdung waren für ihn das einzige Glück inmitten des Elends unseres Volkes.«

Im April 1924 wurde Pöhner im Hitler-Prozeß (→Pappenheimstraße 14) wegen Hochverrates verurteilt. Obwohl er Rat am Obersten Bayerischen Landesgericht und damit Beamter war, hatte er ganz offen den Staatsanwälten erklärt: *»Wenn das, was Sie mir da vorwerfen, Hochverrat ist – das Geschäft treibe ich schon seit fünf Jahren!«* Seine Strafe trat er nie an. Im Juli 1924 sollte Pöhner als Verdächtigter und *»als Zeuge in dem aus Anlaß der Ermordung des Dienstmädchens Sandmeier (Oktober 1920)* (→Ettstraße), *ferner des Zusammordes (Frühjahr 1921), des Gareismordes (Juni 1921)* (→Freystraße 1) *und des Erzbergermordes (August 1921) anhängigen Strafverfahrens"* aussagen. Pöhner kam aber nicht mehr in die Verlegenheit, Meineide leisten zu müssen. Er verunglückte am 11. April 1925 auf mysteriöse Weise tödlich, nachdem sich ein Vorderrad seines Autos gelöst hatte.

Widenmayerstraße 38

Das großbürgerliche Haus Widenmayerstraße 38 mit der Inschrift: »*Dem Herde zum Schutz / Dem Wetter zum Trutz / Mich gebar / Das Eiserne Jahr / 1914.*« gehörte dem jüdischen, pensionierten Chemiker Dr. Lippa Goldstern. Dieser akzeptierte 1922 als neuen Mieter einen Dr. Max Erwin von Scheubner-Richter, von Beruf angeblich Diplom-Ingenieur, in Wirklichkeit jedoch Geldbeschaffer der NSDAP. Er zog in den 2. Stock. Sein Nachbar war der jüdische Kaufmann Adolf Neustätter.

Max Erwin von Scheubner-Richter

Scheubner-Richter wurde 1884 im Baltikum, das damals zum Zarenreich gehörte, geboren, »*ein Mann von unzweifelhafter Begabung, doch recht zweifelhafter Vergangenheit*", wie Ernst Hanfstaengl in seinen Erinnerungen (→ Widenmayerstraße 18) schreibt.

»*Erwiesen ist, daß Scheubner-Richter im Ersten Weltkrieg in Konstantinopel als russischer Agent gearbeitet hat, dann auf die Seite der Mittelmächte überwechselte, um schließlich in den Aktionszentren der völkisch und rechtsradikal orientierten Bewegungen sein Talent für lukrative politische Hintergrundgeschäfte erneut unter Beweis zu stellen. So plädierte er als »Balte« beziehungsweise als Vertrauter von Ludendorff und Rosenberg für eine Annexion westrussischer Gebiete als unentbehrliche Kornkammer Deutschlands, war andrerseits jedoch auch ein Wortführer in weißrussischen und nationalukrainischen Emigrationsorganisationen. Ein vielseitiger Akteur im politischen Untergrund, der die erforderlichen Hilfsgelder für seine abenteuerlichen Umtriebe aus den Kassen der Herzogin von Sachsen-Coburg, einer Verwandten der Zarenfamilie, und des Großfürsten Cyrill bezog. Und je nach der landsmannschaftlichen Zugehörigkeit seiner Zuhörer hatte er seine angeblichen soldatischen Lorbeeren im Weltkrieg bald als Kosakenführer und bald als Offizier eines Berliner Garderegiments oder bei den Münchner Schweren Reitern erworben – ein Mann, dessen Gabe zur Selbstilluminierung ebenso entwickelt war wie sein Talent im Entwerfen von Putschplänen.*«

Das Erlebnis der russischen Revolution hatte ihm ein Weltbild vermittelt, das sowohl antibolschewistisch als auch antisemitisch geprägt war. Hitlers Gleichsetzung von »Kommunismus« und »Weltjudentum« stammte in wesentlichen Zügen von Scheubner-Richter, dessen eleganten und weltmännischen Redeschwällen Hitler fasziniert lauschte. Hier fand sein dumpfer Antisemitismus die glänzende Hülle und den pseudo-argumentativen Halt, nach denen er lange vergeblich gesucht hatte, auf die er aber von selbst nicht gestoßen war. Nur ein Jahr lang lebte der Drahtzieher der Nazis in dieser Wohnumgebung. Am 9. November 1923 wurde er auf dem

Odeonsplatz als einer der Anführer des (→) Hitler-Putsches von der Polizei erschossen. *»Alle sind ersetzbar, nur einer nicht, Scheubner-Richter"*, äußerte sich später Hitler über seinen Kampfgefährten, der zum »Blutzeugen der Bewegung« ernannt wurde.

Widenmayerstraße 26

Ein schmuckloser Neubau ersetzt heute das großbürgerliche Wohnhaus Widenmayerstraße 26, in dem von 1925 bis zu seinem Tod 1936 der Kultur- und Geschichtsphilosoph Oswald Spengler lebte. Seine These war, daß die Geschichte in immergleichen Zyklen von Blüte, Reife und Zerfall verlaufe, wobei auch das Recht des Stärkeren bzw. das Unrecht des Schwächeren eine Rolle spielen. Obwohl von Menschen geschaffen, seien Kulturen überindividuelle Wesenheiten, eine Art von Organismus, in dem die einzelnen Zellen ihre Rolle zu spielen hätten. Die historische Verlaufsgesetzlichkeit müsse als Schicksal fatalistisch anerkannt werden. Daher seien auch die Formen von Herrschaft, Knechtschaft und Rasse vorgegeben und unabänderlich.
Spengler sah seine eigene Zeit und Kultur in der Periode des Verfalls, wie der Titel seines bekanntesten Buches: »Der Untergang des Abendlandes« andeutet. Dieses traf in seinem Pessimismus genau den Nerv der Zeit. Es wurde vom deutschen Bürgertum nach dem verlorenen Weltkrieg und dem ihm folgenden Zerfall bürgerlicher Werte und Normen begeistert aufgenommen.
Einflußreich war auch Spenglers Hervorheben von Erfühlen und Erleben und seine Ablehnung rationaler Begriffsbildung und Überprüfbarkeit. Mit dieser potentiell antidemokratischen Einstellung gilt Spengler heute als einer der geistigen Wegbereiter des Nationalsozialismus, dem er allerdings – besonders nach 1933 – kritisch gegenüberstand. Auch die Nationalsozialisten sahen keine Berührungspunkte mehr mit seinen Ideen: *»Pessimistischer Kulturphilosoph, von starkem Einfluß in der Nachkriegszeit, dessen Gedanken von den gegenwartsbejahenden Ideen des Nationalsozialismus überwunden wurden.«* (Knaurs Lexikon, 1939)

Widenmayerstraße 18

»Zwischen Weißem und Braunen Haus« lautet der Titel der »Erinnerungen eines politischen Außenseiters«, dessen Familie in den zwanziger Jahren zur gesellschaftlichen Elite Münchens gehörte: Ernst Franz Sedgwick Hanfstaengl (1887-1975), genannt »Putzi«. Sein Kunstverlag befand – und befindet – sich in der Widenmayerstraße 18.
Hanfstaengl hatte in Harvard studiert. Der spätere Präsident der USA, Franklin D. Roosevelt, war sein Kommilitone. Hanfstaengl leitete von 1911 bis 1921 die New Yorker Filiale

Hitler als Kandidat für das Amt des Reichspräsidenten im Berliner Kaiserhof 1932.
V. l. n. r.: Otto Dietrich, Ernst Hanfstaengl, Hermann Göring, Hitler, Ernst Röhm, Wilhelm Frick
(aus: Ernst Haufstaengel, Zwischen Weißem und Braunem Haus, München 1970)

des väterlichen Geschäftes. Ende 1922 lernte er in München Hitler kennen, in dessen Bannkreis der gebildete Weltbürger geriet. »Putzi« ebnete Adolf Hitler den Zugang zur Münchner Gesellschaft und trug maßgeblich dazu bei, Hitler die ersehnte Anerkennung auch im Bürgertum zu verschaffen. Hanfstaengl hatte nach dem mißglückten (→) Hitler-Putsch eine zentrale Rolle gespielt. Er hatte Hitler mit seinem Kraftwagen in sein Landhaus nach Uffing am Staffelsee fahren lassen und ihn dort vor der Polizei versteckt.
Wegen seiner Sprachkenntnisse machte Hitler ihn 1931 zum Auslandspressechef der NSDAP, doch mußte Hanfstaengl 1937 Deutschland fluchtartig verlassen, da er sich mit Hitler überworfen hatte.
Da er sehr gute Kenntnisse über die Führung des Dritten Reiches hatte, setzte ihn die Gestapo auf ihre »schwarze Liste« – verständlicherweise, denn 1942-1944 arbeitete Hanfstaengl in Washington als Berater seines Studienkollegen Roosevelt.

Steinsdorfstraße 10

In das Haus Steinsdorfstraße 10 mit seiner Prachtfassade zog 1920 das Französische Konsulat ein, seit 1923 befand sich hier auch die Französische Gesandtschaft. Diese Aufwertung hatte ihren Grund in den separatistischen Zielen, die die bayerische Regierung gegenüber der Reichsregierung in Berlin verfolgte (→ Maximilianstraße 39), und welche die französische Regierung in ihrem Sinne ausnutzen wollte. Ähnlich der Politik in den französisch besetzten linksrheinischen Gebieten, versuchte der Gesandte André Graf d'Ormesson von seinen Amtsräumen im Erdgeschoß aus, den monarchistisch-separatistischen Bestrebungen in Bayern den Rücken zu stärken.

Kalkinsel/Ludwigsbrücke

Am 13. Juli 1932 wurde auf der Kalkinsel der Vater-Rhein-Brunnen der Öffentlichkeit übergeben. Er trägt die Inschrift: *»Dieser Vater-Rhein-Brunnen, gestiftet vom Notar Reinhard in Straßburg und geschaffen von dem Münchner Meister Adolf von Hildebrand, stand auf dem Broglieplatz in Straßburg seit 1903 und wurde nach Einzug der Franzosen 1918 abgebrochen. Das Werk wurde 1929 auf Anregung des Oberbaudirektors Beblo und auf Antrag des Bürgermeisters Dr. Küfner gegen ein von der Stadt München an die Stadt Straßburg gegebenes Bildwerk eingetauscht und hier 1932 aufgestellt.«*

Bereits die Enthüllung 1902 im damals deutschen Straßburg entfachte einen Sturm der Empörung, der sich vor allem auf moralische und ästhetische Fragen bezog, im Grunde aber politische Hintergründe hatte. Die klerikal-konservative Zeitschrift »Das Bayerland« schrieb 1932 rückblickend auf die Ereignisse:

»Kaum war die bergende Leinwand gefallen, begann auch schon, geführt und geschürt von überhitzten Französlingen, der Entrüstungsfeldzug einer in ihrer sogenannten Sittlichkeit verletzten Bürgerschaft gegen die Bronzefigur des Vater Rhein, der in köstlich humoriger Nacktheit sich über dem Brunnenbecken mit den lieblichen Kindergruppen und seinen Wasserspielen erhob.«

Die Sieger des 1. Weltkrieges ließen den Brunnen zwar abbrechen, lagerten ihn aber fachgerecht ein, denn sein Schöpfer Hildebrand war damals ein sehr bekannter Künstler. »Das Bayerland« beurteilte 1932 das Verschwinden von »Vater Rhein« folgendermaßen:

»Und nach dem abermaligen Einbruch französischer Fremdherrschaft in die Stadt mit dem deutschen Antlitz, mit dem deutschen Dom Meister Erwins, wurde der Vater-Rhein-Brunnen abgebrochen. Als ausgesprochen deutsches Werk, als ein Wahrzeichen der alten deutschen Kultur Elsaß-Lothringens mußte die Schöpfung eines weltbekannten Künstlers der durch alle Geschichtswandlungen erwiesenen Unduldsamkeit des französischen Chauvinismus weichen.«

Bei der offiziellen Einweihung des Brunnens hieß es in der Rede von Bürgermeister Dr. Küfner: *»Der Vater-Rhein-*

»Der Rheingott in seiner köstlich humorigen Nacktheit«. Links in der Mitte: Bürgermeister Küfner während seiner Ansprache vom 13. Juli 1932

Brunnen an der Isar in der bayerischen Landeshauptstadt ist ein Symbol der unlösbaren Verbundenheit unseres Landes mit unserer Pfalz am Rhein und dem Rheine selbst, dem Schicksalsstrom des deutschen Volkes und Reiches.« Die von sehr vielen Menschen – zum großen Teil Arbeitslose – besuchte Feier endete mit einem Hoch auf Deutschland und die Stadt München.

In der aufgeheizten politischen Atmosphäre des damaligen Münchens fiel der Bericht der sozialdemokratischen »Münchener Post« völlig aus dem üblichen Rahmen:

«... denn dieser vergnügt schmunzelnde Wassergott ist ganz offensichtlich und undrapiert ein Sohn jenes rheinischen Volkes, dem der rheinische Wein und seine guten Geister mit Recht wichtiger sind als die ja doch stets wieder zu Wasser werdende Pathetik der Weltgeschichte. (...) dessen herzhaft echter Humor aufräumen möge mit der Schwindeltragödie unserer Zeit, ist er uns ein Stück ewig und allzeit deutschen Wesens, an dessen lachender Überwindungskraft wir zunächst einmal selber genesen mögen, bevor wir der übrigen Welt das Rezept empfehlen. Hier ist zum ersten Male nach der Epoche dynastischer und militärischer Denkmalssetzungen ganz unmittelbar dem lebendigen Geiste unseres Volkstums selber gehuldigt worden.«

Innenstadt

Die Innenstadt beherbergte als Verwaltungs- und Dienstleistungszentrum einen Querschnitt all dessen, was das politische München ausmachte: Keine einzige protestantische Kirche, dafür aber zwei Synagogen sowie die konzentrierte Macht der katholischen Amtskirche, die ihren Einfluß auf die bayerische Politik geltend machte. Auch der von Staats wegen tolerierte und teilweise protegierte Aufstieg der Nationalsozialisten hinterließ seine Spuren in der Innenstadt ebenso wie der mutige, aber am Ende erfolglose Widerstand gegen die »Ordnungszelle« München.

Salvatorplatz 2

Während der unruhigen Revolutionszeiten 1918/1919 amtierte eine Reihe von Ministern im Kultusministerium am Salvatorplatz 2: der spätere Ministerpräsident Johannes Hoffmann (SPD), der Fraktionsvorsitzende der USPD, Ernst Niekisch, und der Anarchist Gustav Landauer, der am 2. Mai 1919 von gegenrevolutionären Soldaten ermordet wurde. Sie konnten keinen Einfluß auf die Politik der Behörde ausüben. Bis zur Revolution im November 1918 hatte Eugen von Knilling (1865-1927) als »Bayerischer Staatsminister des Inneren für Kirchen- und Schulangelegenheiten« am Salvatorplatz gearbeitet. Diese offizielle Bezeichnung deutet auf den großen Einfluß der Kirchen, insbesondere der katholischen Kirche, auf die bayerische Schulpolitik hin. Die Revolution änderte daran nichts.

Im März 1920 übernahm eine Regierung unter Gustav von Kahr (→ Maximilianstraße 39) die Macht in Bayern. Kultusminister wurde Dr. Franz Matt (1860-1929) von der klerikal-konservativen Bayerischen Volkspartei (BVP), der seine Amtsgeschäfte als ausgesprochener Parteimann ausübte. Seine Politik führte am 22. August 1922 zu einer Mißtrauenserklärung des Bayerischen Volksschullehrervereins gegen die *»Entwicklung der schulpolitischen Lage in Bayern«*: gegen die *»unsachliche und von parteipolitischen Erwägungen beeinflußte Einstellung zu den Bedürfnissen der Schule«*, gegen *»die Verständnislosigkeit des Ministers gegenüber den Bestimmungen der Reichsverfassung«*. Der Minister stehe allen fortschrittlichen Bestrebungen auf dem Gebiet des Volksschulwesens mißtrauisch und ablehnend gegenüber, er schaffe ein System engherziger Bürokratisierung und weitestgehender Konfessionalisierung. Zur juristischen Absicherung dieser Konfessionalisierung gehörte der Abschluß des Konkordates mit der katholischen Kirche (→ Brienner Straße 15) am 29. März 1924. An den Verhandlungen war maßgeblich der Leiter des Referats für den katholischen Kultus, Dr. Franz Xaver Goldenberger (1867-1948), beteiligt gewesen.

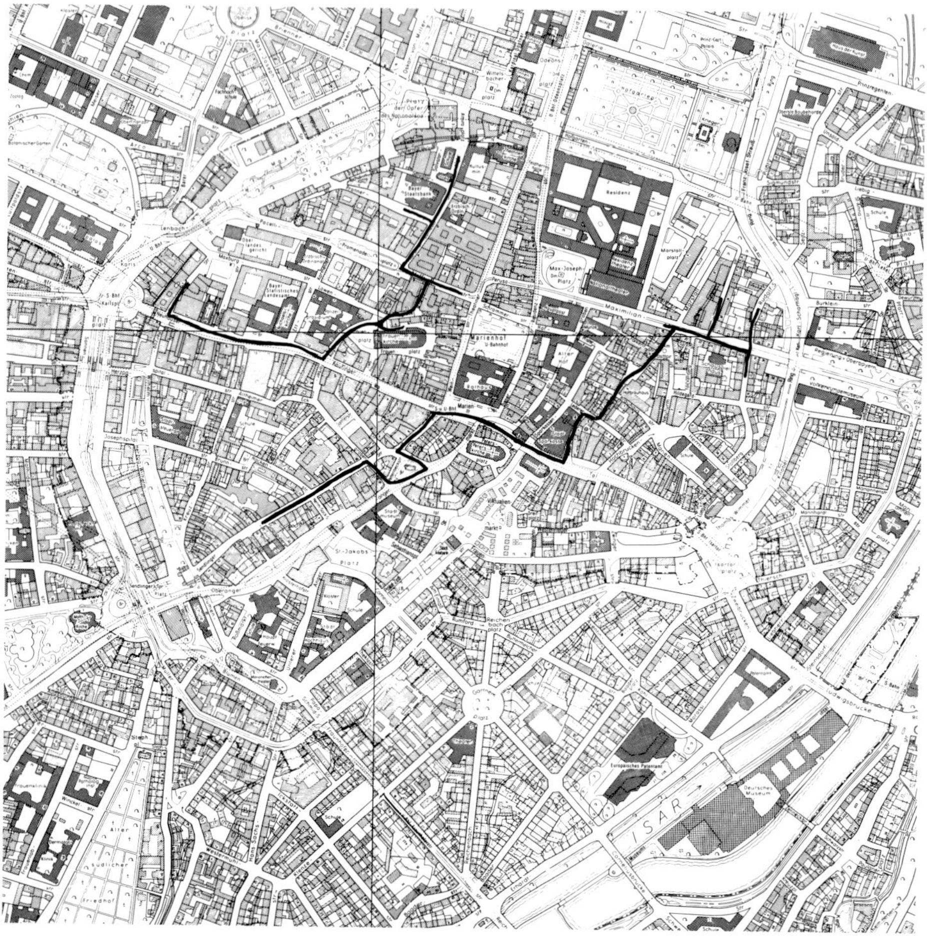
Hofgarten
Residenz
Residenztheater
Max-Joseph-Platz
Nationaltheater
Maximilian
Marstallplatz
Alter Hof
Rumford
Reichenbachplatz
Gärtnerplatz
Europäisches Patentamt
ISAR
Deutsches Museum
St.-Jakobs Platz
Marienhof

Der bayerische Ministerpräsident hieß nun Eugen von Knilling (BVP).
Im Konkordat wurde der Religionsunterricht als Hauptfach an allen Schulen verankert und die Konfessionsschule festgelegt: *»In allen Gemeinden müssen auf Antrag der Eltern katholische Volksschulen errichtet werden.«* Auch die geistige Atmosphäre an den Schulen wurde geregelt: *»Dem Bischof und seinen Beauftragten steht das Recht zu, Mißstände im religiös-sittlichen Leben der katholischen Schüler wie auch ihre nachteiligen oder ungehörigen Beeinflussungen in der Schule, insbesondere etwaige Verletzungen ihrer Glaubensüberzeugung oder religiösen Empfindungen im Unterrichte, bei der staatlichen Unterrichtsbehörde zu beanstanden, die für entsprechende Abhilfe Sorge tragen wird.«*
Am 8. November 1926 wurde Dr. Franz Xaver Goldenberger (BVP) zum Kultusminister ernannt. Er setzte die Politik seines Amtsvorgängers fort. Die Nationalsozialisten enthoben Goldenberger am 10. März 1933 seines Amtes. Nach 14 Tagen Haft in Stadelheim wurde er ins Privatleben entlassen.

Kardinal-Faulhaber-Straße 7

Kardinal Michael von Faulhaber

Im Erzbischöflichen Palais in der Kardinal-Faulhaber Straße 7 (damals Promenadestraße 7) lenkte Kardinal Michael von Faulhaber (1869-1952) die Geschicke der Diözese München-Freising. Seine Amtszeit überdauerte alle politischen Wechselfälle der deutschen Geschichte unbeschadet und steht symbolisch für die Macht der katholischen Kirche. Noch im Königreich Bayern übernahm er 1917 sein Amt als Erzbischof, wurde 1921 zum Kardinal ernannt und leitete das Bistum durch die Weimarer Republik und das Dritte Reich hindurch bis in die Bundesrepublik hinein, bis zu seinem Tod im Jahr 1952. Im Grunde seines Herzens blieb er zeitlebens der Monarchie verbunden. Die Kirche hatte mit Faulhaber, der vom Bauernbub zum Universitätsprofessor und schließlich zum Bischof von Speyer aufgestiegen war, nicht irgendeinen Durchschnittsjugendlichen unter ihre Fittiche genommen und ihn für höhere Ämter vorbereitet. Er stand der Weimarer Republik feindlich gegenüber, weil sie nicht in sein patriarchalisch-monarchistisch geprägtes Weltbild paßte. Seine ganze Sorge galt dem Wohl der katholischen Kirche, die er als alleinseligmachend für sämtliche Nöte aller Menschen erachtete. Er erstrebte einen geordneten und geregelten Rechtsstaat auf undemokratischen Grundlagen. Faulhaber war eine herausragende Persönlichkeit und wurde in den unruhigen Zeiten der ersten Hälfte des 20. Jahrhunderts zu einem Felsen der Kirche nicht nur in München, Bayern und Deutschland, sondern darüber hinaus in ganz Europa. Mit eiserner Energie kämpfte er – entsprechend den Vorstellun-

gen seiner Kirche – gegen Unglauben, Unmoral und sittlich-geistigen Verfall.
Diese Verfallserscheinungen glaubte Faulhaber in der demokratischen und liberalen Weimarer Republik zu entdecken. Von Bayern aus, wo er mittels der Bayerischen Volkspartei (BVP) (→ Maffeistraße 4) die berlinfeindliche und reaktionäre Politik der Staatsregierungen maßgeblich beeinflußte, ging er gegen die von ihm als Übel empfundenen Entwicklungen der nachrevolutionären Zeit vor.
Als beispielsweise am 5. November 1921 der letzte bayerische König, Ludwig III., der während der Revolution am 13. November 1918 seine Beamten und Soldaten vom Treueid entbunden, nicht aber auf den Thron verzichtet hatte, in der (→) Frauenkirche beerdigt wurde, hielt Kardinal Faulhaber die Trauerrede. *»Er war nicht König von Volkes Gnaden, sondern er war König von Gottes Gnaden.«* Damit drückte der Kirchenfürst aus, daß er die Demokratie für unvereinbar mit göttlichem Gesetz hielt.
Diese Auffassung vertrat Faulhaber auch am 27. August 1922 anläßlich des Deutschen Katholikentages auf dem (→) Königsplatz. Er bezeichnete die Revolution als Hochverrat und rief die Gläubigen zum Kampf gegen die Weimarer Republik auf. Schon damals stellte die sozialdemokratische »Münchener Post« unter der Überschrift »Wohin des Wegs, Herr Kardinal?« fest: *»Seine Ansichten sind ein Beweis für den Machthunger der römischen Kirche und ihres Klerus, die nicht mit dem Staat in Frieden und Verträglichkeit zusammenleben, sondern ihn um jeden Preis beherrschen wollen.«*
In einem Brief an Reichskanzler Stresemann am 6. November 1923 teilte der Kardinal mit, *»daß die Kirche es als eine Gewissenspflicht empfindet, an der sittlichen Wiedergeburt des Volkes, im besonderen an dem Abbau der Kritiksucht und an der Pflege des Autoritätssinnes, an dem Abbau der Selbstsucht und an der Pflege des Opfersinnes nach Kräften mitzuarbeiten.«* Dieser Katalog moralischer Maximen sei notwendig, *»dem Bürgerkrieg zu wehren«* und den Haß abzubauen, *»der blindwütig über unsere israelitischen Mitbürger oder über andere Volksgruppen in Bausch und Bogen, ohne Schuldnachweis von Kopf zu Kopf, den Stab bricht.«*
Zwei Tage später fand der Hitler-Putsch statt. Kardinal Faulhaber war als Anhänger einer geordneten Monarchie ein entschiedener Gegner des heidnischen, gewalttätig-anarchistischen Nationalsozialismus.
Die Nationalsozialisten lehnte Faulhaber einerseits wegen ihrer Gewalttätigkeit ab, andererseits nahm er sie hin, weil sie wertvolle Arbeit bei der *»Ausrottung des Bolschewismus in Deutschland«*, wie er in einem Brief vom 5. März 1933 an

Nuntius Vasallo formulierte, leisteten. Aber im Gegensatz zu den Nationalsozialisten sei *»das Ziel der Kirche nicht die Vernichtung der Kommunisten, sondern ihre Bekehrung. Die Maßnahmen staatlicher Gewalt müssen also gerade jetzt ergänzt werden durch die kirchliche Seelsorge, die nach den Verstoßenen und Verfemten ihre Netze auswirft.«*
Am 23. März 1933 stellte Hitler in seiner Regierungserklärung fest, daß die Reichsregierung im Christentum die unerschütterliche Grundlage des deutschen Volkslebens erblicke. Tags darauf forderte Faulhaber seine bayerischen Amtsbrüder auf, *»trotz allem mehr Toleranz gegen die neue Regierung zu üben, die heute nicht bloß im Besitz der Macht ist, was unsere Grundsätze nicht umstoßen könnte, sondern rechtmäßig wie noch keine Revolutionspartei in den Besitz der Macht gelangte. Man denke sich einmal die Worte des Heiligen Vaters aus, der in einem Konsistorium, ohne den Namen zu nennen, vor aller Welt Adolf Hitler als den Staatsmann bezeichnet, der als erster nach dem Heiligen Vater gegen den Bolschewismus seine Stimme erhoben hätte.«*

Prannerstraße 8

Auf dem heutigen Grundstück Prannerstraße 8 (damals Prannerstraße 16-23) befand sich der Bayerische Landtag.
Als die Revolution am Nachmittag des 7. November 1918 in München ohne Blutvergießen gesiegt hatte, rief der Vorsitzende des Arbeiter- und Soldatenrates, Kurt Eisner (USPD), im Landtagsgebäude in der Nacht zum 8. November den »Freistaat Bayern« aus. Als Ministerpräsident einer SPD/USPD-Regierung betrieb er eine eigenständige bayerische Politik, da er der Ansicht war, Bayern werde von Preußen mißbraucht.
Bei den ersten Landtagswahlen, bei denen auch die Frauen das Wahlrecht hatten, errang am 12. Januar 1919 die konservative BVP die meisten Stimmen. Sie erhielt 66, die SPD 61 Mandate, während Eisner und die USPD eine katastrophale Niederlage hinnehmen mußten: Von 130 Sitzen fielen nur 3 an sie. Die KPD hatte an der Wahl nicht teilgenommen.
Auf dem Weg zur Eröffnung des neuen Landtages, am 21. Februar 1919, wurde Kurt Eisner – seine Rücktrittserklärung in der Tasche – auf dem Weg von seinem Amtssitz im Montgelas-Palais am Promenadeplatz 2 zum Landtag ermordet. Kurz darauf erschoß der Kommunist Alois Lindner im Sitzungssaal des Landtages die BVP-Abgeordneten Heinrich Osel und Paul von Jahreiß und verletzte den Innenminister Erhard Auer (SPD) als vermeintliche Hauptverantwortliche für den Mord an Eisner.
Mit diesen Ereignissen begann in München die Zweite Revolution, die im April 1919 in die Räterepublik mündete.

Das im Krieg zerstörte Gebäude des bayerischen Landtages, um 1930

Am 17. März 1919 wurde der Sozialdemokrat Johannes Hoffmann einstimmig zum Ministerpräsidenten gewählt, doch mußte sein Kabinett und die Landtagsabgeordneten schon am 7. April aus der revolutionären Stadt nach Bamberg ausweichen. Von dort aus organisierte Hoffmann die Wiederherstellung der verfassungsgemäßen Regierung in München. Zu diesem Zweck griff man mangels eigener Möglichkeiten auf bewaffnete, rechtsradikale Freikorps- und Armeeverbände zurück, die sich diese Gelegenheit zum Bürgerkrieg nicht entgehen ließen. Nachdem die Räterepublik in einem beispiellosen Blutbad niedergeschlagen worden war, kehrten

die Verfassungsorgane am 17. August 1919 nach München zurück.
Am 14. März 1920 wurde Johannes Hoffmann zum Rücktritt gezwungen (→Maximilianstraße 39, →Reitmorstraße 54). Gustav von Kahr bildete unter Teilnahme der BVP, die seit Ende Mai 1919 bereits der Regierung Hoffmann angehört hatte, eine rechtsgerichtete Regierung, unter der sich Bayern zur selbsternannten »Ordnungszelle« entwickelte. Seit Kahrs Rücktritt am 11. September 1921 hatte die BVP den Posten des Ministerpräsidenten ununterbrochen inne: Hugo Graf von Lerchenfeld, der aufgrund nationalsozialistischer Hetze (→Rosenheimer Straße 18-22) am 2. November 1922 zurücktreten mußte, und Eugen von Knilling, in dessen Amtszeit (1922-1924) das unruhige Jahr 1923 und der Hitler-Putsch fielen.
Bei der Landtagswahl Ende Juni 1924 erzielte die BVP 46, SPD und Nationalsozialisten (die NSDAP war als Partei nach dem Hitler-Putsch verboten) je 23, die Mittelpartei (DNVP) 12, der Bauernbund 10 und die KPD 9 Mandate. Am 2. Juli 1924 wurde Heinrich Held mit den Stimmen der BVP, DNVP und des Bauernbundes zum Ministerpräsidenten gewählt. Er blieb bis zu seinem von der NSDAP erzwungenen Rücktritt am 15. März 1933 in diesem Amt. Allerdings konnte er am Ende der Weimarer Republik nur noch bürgerliche Minderheitenkabinette bilden. Bei der Landtagswahl Ende Juni 1932 hatte nämlich die BVP zwar noch 45 Sitze errungen, die NSDAP aber bereits 43 und die SPD nur noch 20.
Nach der Zerschlagung der bayerischen Eigenständigkeit am 9. März 1933 im Rahmen der sogenannten »Gleichschaltung der Länder« und der Umwandlung des Rechts- in einen »Führer«-Staat war der Landtag überflüssig geworden. Daher bezog 1934 die Gauleitung München-Oberbayern der NSDAP das Gebäude.

Kardinal-Faulhaber-Straße

Ministerpräsident Kurt Eisner (USPD) wurde am 21. Februar 1919 an der Ecke Kardinal-Faulhaber-Straße (damals Promenadestraße)/Promenadeplatz von Anton Graf Arco auf Valley ermordet. Herkunft und Persönlichkeit von Opfer und Täter verdienen eine nähere Betrachtung. Die Tat selbst ist Ausdruck der politischen Spannungen der damaligen Zeit.
Kurt Eisner (1867-1919), in Berlin geboren, war jüdischen Glaubens, doch entfremdete er sich später jeglicher Religion. Er trat der SPD bei und arbeitete seit 1889 in der Redaktion der Parteizeitung »Vorwärts«, seit 1910 bei der »Münchener Post«. Während des Ersten Weltkrieges wandelte er sich zum radikalen Pazifisten und führte im Januar 1918 den Rüstungs-

Tatort kurz nach dem Mord an Kurt Eisner, 21. Februar 1919

Anton Graf Arco auf Valley

arbeiterstreik in München an. Dafür mußte er bis Oktober 1918 in Stadelheim einsitzen, wo er sich aus Protest gegen das Regime Haare und Bart lang wachsen ließ. Am 7. November 1918 gelang es Eisner, der inzwischen Führer der Münchener USPD geworden war, die Revolution in der Landeshauptstadt voranzutreiben (→Theresienwiese) und zum Ministerpräsidenten zu werden.

Graf Arco hatte die Motive für seine Tat schriftlich niedergelegt. Inhalt und Sprache zeigen ihn als Mann von beschränkten Geistesgaben:

»Eisner strebt nach der Anarchie, er ist Bolschewist, er ist Jude, er ist kein Deutscher, er fühlt nicht deutsch, er untergräbt jedes deutsche Gefühl, er ist ein Landesverräter. (...) Ich hasse den Bolschewismus, ich liebe mein Bayernvolk, ich bin ein treuer Monarchist und guter Katholik. Über alles achte ich die

Ehre Bayerns. Darum hoch die Monarchie, hoch Rupprecht!«
Am 8. April 1921 ging der »Miesbacher Anzeiger« noch einmal auf den Mord an Eisner ein. Ludwig Thoma schrieb zu den Perspektiven dieses Attentats:
»In München haben wir mit der Hinrichtung des Eisner den Nachweis geliefert, daß es uns nicht an Temperament fehlt. Die Berliner werden auch dankbar anerkennen müssen, daß wir ihnen den Landauer durchgetan haben (→ Salvatorplatz 2). *Immerhin waren dieses nur Vorspiele zu größeren Kuren, die wir uns gelobt haben für den Fall, daß sich die Beschnittenen bei uns noch einmal lausig machen. Dann geht's aus den Vollen.«*
Anton Graf Arco auf Valley (geboren 1897) entstammte väterlicherseits aus bayerischem Adel, seine Mutter war eine geborene Oppenheim aus der gleichnamigen jüdischen Bankiersfamilie in Köln. Arco wandte sich seit der Revolution und dem verlorenen Krieg dem Antisemitismus zu, doch konnte er bei den einschlägigen Kreisen wegen seiner Mutter keinen Zugang finden. Diesen »Blutsmakel« durch eine als national empfundene Bluttat an einem Juden zu entfernen, dürfte als Hauptmotiv hinter Arcos Handlung stehen. Der junge, gerade 22jährige Graf Arco avancierte nach dem Attentat zum Helden der Rechten. Dementsprechend mild fiel das Urteil aus, das am 16. Januar 1920 über ihn gesprochen wurde (→ Prielmayerstraße): Todesstrafe, abgemildert zu lebenslanger Festungshaft, die bis zum Mai 1924 dauerte.
Nach seiner Freilassung übte Arco verschiedene Tätigkeiten aus, da er infolge Krieg und Gefängnis keinen Beruf erlernt hatte. Durch Protektion stieg er jedoch schnell in eine leitende Stelle bei der 1926 gegründeten Lufthansa auf, wurde aber bald wieder entlassen. Maklertätigkeit und politische Vortragsreisen folgten.
Da Arco mehrmals öffentlich geäußert hatte, er werde auch Hitler, sollte dieser an die Macht kommen, ermorden, verbrachte er die Zeit vom 12. März bis 20. Juli 1933 in Untersuchungshaft. Dann wurde er unerwartet vom Reichsführer SS, Heinrich Himmler, persönlich freigelassen. Kurz nach Kriegsende stieß Arco am 29. Juni 1945 mit einem amerikanischen Militärfahrzeug zusammen und wurde dabei tödlich verletzt.
1976 wurde eine Gedenktafel für Eisner enthüllt. Ursprünglich sollte sie an der Hauswand am Tatort angebracht werden, doch verweigerte dies der Hauseigentümer, das Hotel Bayerischer Hof. So wurde sie auf dem östlichen Promenadeplatz zwischen den Trambahngleisen installiert. Erst 1989 ließ sich ein Denkmal am Tatort durchsetzen: Eine Bodenplatte auf dem Gehweg – also auf städtischem Grund – erinnert an den

gewaltsamen Tod des ersten Ministerpräsidenten des Freistaates Bayern.

Maffeistraße 4

Das original erhaltene Geschäftshaus Maffeistraße 4 gehörte Maximilian Graf Arco auf Valley, dem Vater des Eisner-Mörders. Im 3. und 4. Stock des Vorderhauses befand sich seit der Gründung der Bayerischen Volkspartei im November 1918 deren Gerneralsekretariat.

Am 12. November 1918 wurde in Regensburg die Trennung der bayerischen Zentrumspartei von der reichsweiten Zentrumspartei beschlossen. Anlaß dazu war die starke Zentrierung des Kaiserreiches auf Berlin infolge der Kriegswirtschaft und der Siegeszug der SPD, die für einen demokratischen Einheitsstaat mit Hauptstadt Berlin eintrat. Zusammen mit der SPD arbeitete auch die Zentrumspartei auf dieses Ziel hin. Im Regensburger Parteientwurf der nunmehrigen Bayerischen Volkspartei (BVP) hieß es: *»Wir haben es satt, für die Zukunft von Berlin aus bis ins kleinste regiert zu werden. Berlin darf nicht Deutschland werden und Deutschland nicht Berlin. In diesem Sinne fordern wir: Bayern den Bayern!«*

Heinrich Held (BVP), bayerischer Ministerpräsident 1924–1933

Zu den Gründungsmitgliedern gehörten der Bauernführer Georg Heim (1865-1938), Fritz Schäffer (1888-1967) – von Mai bis September 1945 bayerischer Ministerpräsident, 1945 Mitbegründer der CSU und 1949-1961 Bundesfinanz- bzw. -justizminister –, Heinrich Held (1868-1938), der spätere bayerische Ministerpräsident (→Prannerstraße 8), sowie Anton Pfeiffer (1888-1957), auch er 1945 Mitbegründer der CSU.

Der Kernsatz des Parteiprogramms war die *»Zusammenfassung aller nichtsozialistischen Kräfte in einer wahren Volkspartei unter Ausschluß jedes Standes- und Klassencharakters.«*

Die Hauptziele der Bayerischen Volkspartei waren der Kampf gegen »Materialismus« und »Sozialismus«, gegen die Vorherrschaft Berlins, für ein förderatives Deutsches Reich, für ein parlamentarisches Regierungssystem und für die »christlich-abendländische« Ausrichtung des Staates.

Die Schuld an der Misere im Nachkriegsdeutschland schob die BVP den angeblich materialistischen Linken, insbesondere der SPD, zu. Der erste Generalsekretär, Anton Pfeiffer, schrieb dazu:

»Auf den Kampfruf: ›Hie sozialistischer Staat! Religion ist Privatsache!‹ ertönt der Gegenruf: ›Hie christlicher Staat!‹ Mehr denn je brauchen wir in den Zeiten unseres moralischen und nationalen Tiefstandes christliche Gedanken im öffentlichen wie im privaten Leben.«

Die BVP hatte von 1920 bis 1933 die Regierungsgewalt in Bayern inne. In ihrem Kampf gegen Sozialismus und Einheitsstaat half sie in tragischer Verstrickung mit, die rechtsradikale »Ordnungszelle« Bayern zu schaffen, der sie dann 1933 selbst zum Opfer fiel.

Der Generalsekretär der BVP, Anton Pfeiffer, besaß den gleichnamigen Verlag, der seine Geschäftsräume ebenfalls in der Maffeistraße 4 hatte, und dessen Veröffentlichungen Katholizismus und Politik zu verbinden suchten. So schrieb beispielsweise Kardinal Faulhaber in einer 1925 erschienenen Broschüre des Pfeiffer-Verlags über »Deutsches Ehrgefühl und Katholisches Gewissen« sowie »Das göttliche Gesetzbuch für Gewissen, Volks- und Völkerleben«. Weitere Publikationen wandten sich etwa gegen das »Neugermanische Heidentum im heutigen Deutschland«.

Als am 28. Februar 1925 Reichspräsident Friedrich Ebert gestorben war, konnte bei der anschließenden Neuwahl für dieses Amt keiner der Kandidaten die erforderliche absolute Mehrheit erlangen. So hatte der Kandidat der BVP, Heinrich Held, knapp eine Million Stimmen erhalten. Beim zweiten Wahlgang einigten sich SPD, Zentrum und DDP auf den Zentrumsabgeordneten Wilhelm Marx als Kandidaten. Da hinter ihm auch die verhaßte SPD stand, forderte die BVP ihre Wähler auf, den Kandidaten der Rechtsnationalen, den preußischen Feldmarschall Paul von Hindenburg, zu wählen. Mit ihren Stimmen konnte der ehemalige Generalfeldmarschall des Weltkrieges zum Reichspräsidenten der Weimarer Demokratie aufsteigen.

Mit ihrem offensiven Katholizismus und Föderalismus machte sich die BVP alle jene zu Feinden, die ein starkes und von äußeren Mächten unabhängiges Deutschland wünschten, allen voran die erstarkende NSDAP. Ein Drohbrief aus Berlin, der am 24. September 1929 bei der Parteizeitung »Bayerischer Kurier« einlief, verdeutlicht dies:

»An die Schriftleitung des »Bayerischen Kurier« München. Sie hetzen gegen unseren großen preußischen Führer, Exzellenz Ludendorff! Das wird Ihnen – noch in diesem Jahr! – mit einer kleinen Bombe heimgezahlt. Der dazu Auserwählte. Mögen alle ultramontanen bayerischen Schweine verrecken! Das walte Gott! Hoch Deutschland! Hoch Preußen! Hoch die Monarchie!«

Im Juli 1932 begann der Aufbau der BVP-Selbstschutzorganisation »Bayernwacht«. Der Parteivorsitzende Fritz Schäffer betonte, daß die BVP nicht gewillt sei, die Straße dem Terror einer aufgepeitschten Soldateska auszuliefern. In einem Flugblatt zur Reichstagswahl am 6. November 1932 hieß es: *«Nicht wählen den braunen und nicht den knallroten Radikalismus! Nicht den Sozialismus! Gleichgültig ist, ob auf*

Bayernwacht, Landesleitung: Dr. Raimund Hergt, Ungererstr. 12_2. Geschäftsst.: Maffeistr. 4_1. F 90267.
— Kreis München (E. V.) Kreisleiter: Regierungsrat Hans Ritter von Lex, Schönfeldstr. 6_2. Kreisleiter-Stellvertreter: Stadtrat Max Gerstl, Maffeistraße 4_1. F 90267.
Geschäftsst.: Maffeistr. 4_1. F 90267.

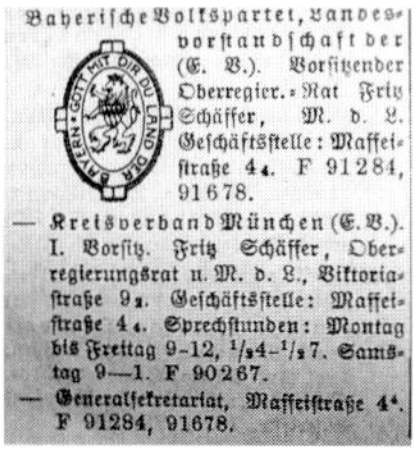

Bayerische Volkspartei, Landesvorstandschaft der (E. V.). Vorsitzender Oberregier.-Rat Fritz Schäffer, M. d. L. Geschäftsstelle: Maffeistraße 4_1. F 91284, 91678.
— Kreisverband München (E. V.). I. Vorsitz. Fritz Schäffer, Oberregierungsrat u. M. d. L., Viktoriastraße 9_2. Geschäftsstelle: Maffeistraße 4_1. Sprechstunden: Montag bis Freitag 9-12, ½4-½7. Samstag 9—1. F 90267.
— Generalsekretariat, Maffeistraße 4^1. F 91284, 91678.

Auszüge aus dem Adreßbuch, 1932

seiner roten Fahne der Sozialismus den Sowjetstern zeigt oder das Hakenkreuz.«
Ende Dezember 1932 schien die Einsetzung Prinz Rupprechts (→Odeonsplatz 4) als Staatskommissar die einzige Rettung Bayerns vor den Nationalsozialisten zu sein. Sogar die Sozialdemokraten signalisierten Zustimmung. Noch am 24. Februar 1933 drohte Fritz Schäffer auf einer Parteiveranstaltung, daß die bayerischen Wehrverbände einen von den Nationalsozialisten eingesetzten Reichsstatthalter verhaften würden.
Am 9. März 1933 trat Franz von Epp diesen Posten an und leitete die »Gleichschaltung« Bayerns mit dem Reich ein. Am selben Tag zerstörten SA-Trupps die Redaktionsräume und Druckmaschinen des »Bayerischen Kuriers«. Ende Juni 1933 wurden die führenden Parteifunktionäre und alle Landtagsabgeordneten der BVP verhaftet. Sie wurden zwar nach einer Woche wieder entlassen, ihre Partei löste sich jedoch gezwungenermaßen auf.

Frauenplatz

Als am Abend des 18. Oktober 1921 die Nachricht eintraf, daß der letzte bayerische König, Ludwig III., an den Folgen einer Lungenentzündung gestorben sei, schien es, als sei die jahrhundertealte Tradition bayerischer Eigenständigkeit nun endgültig vorbei.
Am 5. November 1921 führte der Trauerzug mit dem toten König vom Hauptbahnhof zur Frauenkirche, wo er mit seiner bereits 1919 verstorbenen Frau Maria-Therese beerdigt liegt. Ricarda Huch schrieb als Augenzeugin einen Tag später in einem Brief über das Ereignis:
«Im Zuge waren sehr viele Offiziere, prachtvolle Gestalten, und die ganze Reichswehr in Stahlhelm. Der Zug dauerte beinah drei Stunden. Das Ganze wirkte erschütternd, ich glaube, weil viele nicht an den bayerischen Ludwig, sondern an das untergegangene und mit Füßen getretene Deutschland dachten.«
Das Ereignis fand natürlich breiten Widerhall in der veröffentlichten Meinung, so z. B in der sozialdemokratischen »Münchner Post«:
«Der alte Spruch, von den Toten nur Gutes, verpflichtet uns zum Bekenntnis: Der Verschiedene hat schlicht und ehrlich das Beste gewollt, im Geiste seines Hauses, das in der monarchischen Ordnung nicht wie etwa das preußische ein Pfand des eigenen Glanzes sah, sondern ein Werkzeug höherer Fügungen zum Wohle der Heimat. Die in einer fast burschikosen (Kriegs-) Rede ausgesprochene Forderung nach der Rheinmündung zeigt ihn uns in all den schweren Irrungen befangen, die zuletzt unseren Zusammenbruch besiegelten. Er

durfte sich nicht ganz schuldlos fühlen, denn ihm stand der Sinn in den letzten Kriegsjahren danach, dem bayerischen Vollglanze neue strahlende Perlen einzufügen. Und auch er hat so nicht bewußt, aber doch beflissen das Verhängnis mitgeschützt, dem schließlich auch sein Haus erlag.«
Der Sohn des verstorbenen Königs, Kronprinz Rupprecht (→ Odeonsplatz 4), wandte sich mit einer Erklärung an die Öffentlichkeit, in der er seinen Thronanspruch erneuerte: *«... daß die innigen Beziehungen, die das Volk mit dem aus ihm hervorgegangenen Geschlecht der Wittelsbacher verbinden, sich nicht durch einen Federstrich lösen lassen. Eingetreten in die Rechte meines Herrn Vaters und in treuem Bekenntnis zu meiner bayerischen und deutschen Heimat bin ich verpflichtet, dies festzustellen. Die in den letzten Tagen mir zum Ausdruck gebrachten Gefühle berechtigen zu der Hoffnung, daß das bayerische Volk, seinem gesunden Sinn entsprechend, aus seiner jetzigen Bedrängnis sich mit Gottes Hilfe wieder emporringen wird.«*
Die Trauerrede hielt Michael Kardinal Faulhaber (→ Kardinal-Faulhaber-Straße 7). In Anspielung auf die Hunger- und Friedensdemonstrationen vor und die revolutionären Veranstaltungen nach Kriegsende meinte er: *«Die heutige Trauerfeier hebt sich durch die kirchliche Weihe himmelhoch hinauf über alles Trauertheater, das auf dem Straßenpflaster von München jemals gewesen ist.«* Ludwig III. sei nicht ein König von Volkes Gnaden, sondern ein König von Gottes Gnaden gewesen. Wer ihm nicht den Gruß der Liebe nachsende, solle sich nicht Freund des bayerischen Volkes nennen dürfen.

Ettstraße

Das Polizeipräsidium in der Ettstraße, in den zwanziger Jahren auch als »Mörderzentrale« bekannt, spielte eine entscheidende Rolle beim Aufstieg der NSDAP. Auf die Weimarer Verfassung vereidigte Beamte dieser Behörde waren in die illegalen Handlungen der braunen Kräfte verstrickt.
Ernst Pöhner (→ Reitmorstraße 54), seit 3. Mai 1919 Polizeipräsident, und Dr. Wilhelm Frick (→ Seitz-/Prinzregentenstraße), zeitweiliger Leiter der Politischen Polizei, gehörten zu diesen Staatsdienern. Als sich die beiden Teilnehmer des (→) Hitler-Putsches vor Gericht verantworten mußten (→ Blutenburgstraße 3/Pappenheimstraße 14), erklärte Frick:

Das große Reinemachen hat begonnen

...enthebungen — Kommunisten-Verhaftungen — Verhängte Schutzhaft — S.A. und S.S. versieht Hilfspolizeidienst — Fliehende Bonzen

S.A. wird als Hilfspolizei verpflichtet

Freitod eines Oberforstmeisters

»Völkischer Beobachter«, 13. März 1933

Aus: »Hitler und Kahr. Die bayerischen Napoleonsgrößen von 1923. Ein im Untersuchungsausschuß des bayerischen Landtages aufgedeckter Justizskandal.« Dieser Untersuchungsausschuß wurde von Wilhelm Hoegner (SPD) geleitet

Die Nationalsozialisten – ein mißratenes Kind der bayerischen Pöhnerpolizei.

»Wir erkannten, daß diese Bewegung der Nationalsozialisten, die damals ja noch klein war – es wäre ein leichtes gewesen, sie damals noch zu unterdrücken 1919 und 1920 – nicht unterdrückt werden dürfe. Wir taten das bewußt nicht, weil wir in ihr den Keim einer Erneuerung Deutschlands sahen, weil wir von Anfang an die Überzeugung hatten, daß diese Bewegung geeignet wäre, in der marxistisch verseuchten Arbeiterschaft festen Fuß zu fassen und sie ins nationale Lager zurückzuführen. Deshalb hielten wir unsere schützende Hand über die nationalsozialistische Arbeiterpartei und Herrn Hitler.«
Mit welchen Mitteln dieses politische Ziel erreicht werden sollte, sei an einigen Beispielen dargestellt.
Die »Münchner Neuesten Nachrichten« berichteten beispielsweise am 22. März 1920, daß im Stadtgebiet von Motorrädern und schnellfahrenden Kraftwagen aus eine *«Massenauflage von Flugblättern»* verteilt worden sei, *«die unter schärfsten Ausfällen gegen die Reichsregierung und unter Verwendung dreistester Lügen eine Rechtfertigung des Kappschen Staatsstreiches* (→Maximilianstraße 39) *versuchten. Diese Flugblätter waren durch polizeiliche Abstempelung genehmigt.«* Die Plakat- und Flugblattzensur oblag nämlich der Polizei. Pöhner erklärte zu der Genehmigung des fraglichen Flugblattes in der für ihn typischen verächtlich-lapidaren Art, der Stempel sei versehentlich auf dem Flugblatt, da man den Text zwar genehmigt habe, aber nur mit dem Hinweis, daß bestimmte Stellen vor der Drucklegung entfernt werden müßten.
Das Protokoll des Ministerratssitzung vom 17. April 1920, auf der das Verhalten Pöhners besprochen wurde, enthält folgenden Dialog: Justizminister: *«Ich meine, die ganzen politischen Berichte des Pöhner, sein ganzes politisches Vorgehen, die Art und Weise der Ausübung der Zensur, einseitige Stellungnahme zu Gunsten des Schutz- und Trutzbündnisses, seine antisemitische Art ...* [sind abzulehnen (d. V.)]. *Es heißt jetzt, er sei der politische Ratgeber des Herrn Ministerpräsidenten von Kahr. Es hat sich die Meinung herausgebildet, als sei Pöhner der Macher der Politik.« Handelsminister: »Die Leute des Ordnungsblocks, ein Maler* [Hitler, d.V.], *ein Dichter* [Eckardt, d.V.] *und ein Student* [Hemmeter, d.V.] *scheinen sich einer gewissen Ideengemeinschaft mit Pöhner zu rühmen. Ein Mann, der mit dem Ordnungsblock Gemeinschaft hat, ist da am verkehrten Fleck.«*

Fememorde
Da der Versailler Vertrag eine Beschränkung der Reichswehr auf 100.000 Mann verlangte, entstanden seit 1919 mit Bildung oder sogar mit Hilfe der Reichswehr illegale militärische Einheiten zur Bewachung geheimer Waffenlager, zum Schutz der Ostgrenze und zur Niederschlagung kommunistischer Aufstände im Inneren. Diese sogenannte »Schwarze Reichswehr« bedeutete wegen ihrer rechtsradikalen Tendenzen eine schwere innenpolitische Gefahr. Um sich gegen der Verrat von Waffenlagern, Desertion aus den eigenen Reihen und Spitzeltätigkeit zugunsten politischer Gegner zu sichern, wandte man das Drohmittel des »Fememordes« an. Ein eigenes Femekommando der »Schwarzen Reichswehr« unter Oberleutnant Paul Schultz führte die in illegaler Privatjustiz festgelegte Todesstrafe durch. Mehrere hundert Fememorde wurden in der Weimarer Republik verübt, ohne allerdings von der Justiz entsprechend verfolgt zu werden. So wurde beispielsweise Paul Schultz 1927 formell zum Tode verurteilt, später aber wie viele andere Mörder auch amnestiert.

Seit 1920 forderten die Siegermächte die Reichsregierung auf, die Entwaffnung der Einwohnerwehren durchzuführen. Das Dienstmädchen Marie Sandmeier zeigte daraufhin in völliger Verkennung der Lage im Polizeipräsidium ein ihr bekanntes Waffenlager an. Am 7. Oktober 1920 konnte man in der Zeitung (»Das Bayerische Vaterland«) lesen: *«Im Forstenrieder Park wurde die Leiche einer bis jetzt noch unbekannten Frau aufgefunden. Bevor die Frau aufgehängt wurde, war sie erwürgt worden. Über dem Kopf der Leiche war am Baumstamm ein Zettel befestigt mit der Aufschrift: »Du verdammtes Weib, du Verräterin des Vaterlands, du wirst gerichtet werden von der schwarzen Hand.« Ob wirklich ein politischer Mord vorliegt, wird die Untersuchung ergeben müssen. Vorläufig fehlt vom Täter jede Spur.«* Die Polizeidirektion bat deshalb um sachdienliche Hinweise aus der Bevölkerung. Bei der Ermordeten handelte es sich um Marie Sandmeier.
Es war ein offenes Geheimnis, daß der Feme-Mörder von der politischen Abteilung des Polizeipräsidiums mit einem illegalen Paß zur Ausreise aus Bayern ausgestattet worden war. Lion Feuchtwanger beschreibt diese Vorgänge und ihre Vertuschung auf höchster politischer Ebene in seinen Roman »Erfolg« (Buch IV, Kapitel 23-25).
Ernst Pöhner entwickelte politische Aktivitäten auch auf internationaler Ebene. Die Festnahme eines Reisenden aus Budapest im Oktober 1920 hätte diese aufgedeckt, hätte nicht Pöhner persönlich den Festgenommenen freigelassen und sich damit auch selbst gerettet. Der Mann trug zwei gefälschte Pässe bei sich, beide ausgestellt vom Polizeipräsidium München: einen auf den Namen »Hugo Eisele«, den anderen auf den Namen »Hans Eigmann«, beide unterschrieben von dem

Beamten »K. Schmidt«. Als »Eisele-Eigmann« in der Ettstraße ankam, wurde er von Pöhner in seinem Arbeitszimmer empfangen und nach kurzer Unterredung unter vier Augen auf die Straße hinausbegleitet und freigelassen. Am 16. Dezember 1922 konnte die »Münchener Post« die Identität des Festgenommenen aufdecken: Es war niemand anderer als Hermann Ehrhardt, der militärische Führer des Berliner Kapp-Putsches und Gründer der rechtsradikalen Terrorgruppe »Organisation Consul«, die am 26. August 1921 den ehemaligen Reichsfinanzminister Matthias Erzberger und am 24. Juni 1922 Außenminister Walther Rathenau ermordet hatte. Der Beamte »K. Schmidt« war Pöhner selbst. Zweck der Paßfälschung war eine Reise Ehrhardts nach Budapest, wo Waffen beschafft werden sollten. Die Erzberger-Mörder meldeten sich kurz nach ihrer Tat im Münchner Einwohnermeldeamt als neu in München ansässig. Ihre Identität war der Behörde bekannt.
Am 28. September 1921 trat Pöhner von seinem Posten zurück. Seine Begründung: *»Die bayerische Regierung hat dem Verlangen der Reichsregierung nachgebend, in die Aufhebung des bayerischen Ausnahmezustandes eingebilligt. Damit ist erschwert das Verbot von Straßenkundgebungen und von Versammlungen unter freiem Himmel, ist Verzicht geleistet auf Schutzhaft, Ausweisung und Aufenthaltbeschränkungen sicherheitsgefährlicher Elemente, insbesonderer landfremder Agitatoren. Unter diesen Umständen sehe ich mich außerstande, die Verantwortung der Aufrechterhaltung von Ruhe und Ordnung weiterhin zu übernehmen.«*
Pöhners Nachfolger wurde Eduard Nortz, unter dessen Führung sich die Verhältnisse in der Ettstraße in rechtsstaatlicher Hinsicht normalisierten, ohne daß der Einfluß der rechtsradikalen Seilschaften ausgeschaltet werden konnte.
Am 9. März 1933 berief der Reichskommissar Franz Ritter von Epp SS-Führer Heinrich Himmler zum kommissarischen Polizeipräsidenten von München, seinen Parteigenossen und SS-Kollegen Reinhard Heydrich zum Leiter der Politischen Polizei in Bayern. Die Zellen in der Ettstraße füllten sich mit politischen Gegnern, und schon am 22. März gab der neue Polizeipräsident die Eröffnung des ersten Konzentrationslagers im Deutschen Reich bei Dachau auf einer Pressekonferenz bekannt.

Herzog-Max-Straße 3, 5, 7

Ein Gedenkstein erinnert an die Münchner Hauptsynagoge und die Gebäude der Israelitischen Kultusgemeinde an der Herzog-Max-Straße 3-7 (heute unbebaute Grünfläche).
Im Jahr 1910 lebten in München rund 11.000 jüdische BürgerInnen, von denen die Hälfte Bayern, ein Viertel andere

Deutsche und ein Viertel Ausländer waren. Es hatten sich in der Stadt drei Hauptgruppen herausgebildet: die Ostjuden (→Reichenbachstraße 27), die Orthodoxen (→Herzog-Rudolf-Straße 3-5) und die Liberalen, deren große Synagoge 1887 eingeweiht wurde.
Obwohl sich in Deutschland seit 1880 der Antisemitismus breitmachte, stabilisierte und normalisierte sich die Lage der Münchener Juden. Zwar wurde ihre volle juristische und politische Gleichberechtigung erst in der Weimarer Republik festgeschrieben, jedoch nahmen vor dem Ersten Weltkrieg Deutsche jüdischen Glaubens Stellungen ein, bei denen nicht ihre Konfession, sondern ihr Können eine Rolle spielte.
Im Jahr 1918 schlug die Stimmung um: Die sozialistische Revolution vom November, der verlorene Weltkrieg mit seinen katastrophalen sozialen Folgen, der Versailler Friedensvertrag, die ungewohnte, neu errichtete Demokratie verwirrten und verstörten viele Menschen. Um dem Elend einen Namen zu geben, griff man auf den traditionellen Sündenbock zurück: das Judentum.
Seit dem Hitler-Putsch im November 1923 setzte die Abwanderung von Juden aus München (meist nach Berlin) ein, da die politische Atmosphäre für sie immer unerträglicher wurde. Im Jahr 1925 lebten noch 10.000 Juden in München, 1933 nur noch 9.000.

Oberrabbiner Leo Baerwald, 1931 (aus: zum 50jährigen Bestehen der Synagoge an der Reichenbachstraße)

Oberrabbiner der Synagoge an der Herzog-Max-Straße war seit Herbst 1918 Leo Baerwald (1883-1970), der 1914-1917 als Armeerabbiner der 6. Armee an der Westfront gedient hatte. Von Beginn seiner Amtszeit an war er mit dem aggressiven Antisemitismus der Nationalsozialisten und dessen Duldung durch die Münchner Behörden konfrontiert.
Am 30. September 1920 fand im Hofbräuhaus (→Platzl) eine Veranstaltung der NSDAP statt. Auf dem dazu einladenden Plakat war der Talmud als *«Quelle des Hasses und der Verachtung der Juden gegen alles Menschliche»* bezeichnet worden. Zu diesen Anwürfen wollte Baerwald auf der Veranstaltung persönlich Stellung beziehen. Nachdem seine fünf Begleiter aus dem Saal geprügelt worden waren und die anwesende Polizei nicht eingegriffen hatte, ließen die Nationalsozialisten Baerwald reden, um ihn umso lauter niederbrüllen und beschimpfen zu können.
Am Ende der Weimarer Republik begannen sie, ihre allgemein bekannten Drohungen wahrzumachen. Die »Bayerische Israelitische Gemeindezeitung« vom 15. Februar 1933 konnte und wollte nicht wahrhaben, was auf die Juden zukommen würde: *«Die letzten Jahre haben uns gelehrt, nichts für unmöglich zu halten, Beteuerungen, Proteste oder den Appell an den Gerechtigkeitssinn zu unterlassen und mit*

kühlster Aufmerksamkeit, die verstärkt wird durch das Bewußtsein der völligen Aussichts- und Wirkungslosigkeit irgendeines praktischen Schrittes im gegenwärtigen Stadium den Gang der deutschen politischen Tragödie zu verfolgen. Über Menschen- und Bürgerrechte eines Teils des deutschen Volkes kann nicht abgezählt werden. Ohne Furcht, ja zuversichtlich und gelassen schreiten wir den Ereignissen entgegen. Ein erhärtetes und völlig sicher gewordenes, geachtetes Judentum wird aus den Wechselfällen unseres staatlichen und politischen Lebens hervorgehen.«

Am 9. Juni 1938 wurde die Synagoge als erste im Deutschen Reich abgebrochen – fünf Monate vor der Pogromnacht im November 1938. München hatte seinen Ruf als »Hauptstadt der Bewegung« wieder einmal befestigt.

Inneres der Hauptsynagoge. Aus der »Festschrift zu ihrem 50jährigen Bestehen«

Altheimer Eck 13

Verlag und Druckerei der Parteizeitung der Münchner SPD, die »Münchener Post«, hatten ihre Räume im Gebäude Altheimer Eck 13 (damals 19). Das Haus ist originalgetreu erhalten. Selbst in der Druckerei im Tiefparterre wird heute noch gedruckt.
Die »Münchener Post« war am 1. Januar 1890 von der SPD erworben worden. Im Königreich Bayern setzte sich das Blatt zusammen mit den Gewerkschaften für die sozialen und politischen Rechte der Arbeiterklasse ein und bekämpfte preußisches Junkertum und bayerischen Klerikalismus. Dabei vertrat man einen förderalistischen Standpunkt nicht nur gegenüber der Reichshauptstadt, sondern auch gegenüber den als zu marxistisch empfundenen Genossen im Norden. Die »Münchener Post« war das Sprachrohr der »königlich-bayerischen Sozialdemokraten.«

Einzelnummer 15 Pfg.

Münchener Post

Mit den Beilagen
Die Quelle • Der freie Gewerkschafter • Volk und Zeit
Münchener Frauenpost • Für den Heimgarten
Erscheint werktäglich mittags 12 Uhr
Schriftleitung und Hauptgeschäftsstelle: Altheimereck 19

500 RM.

Nummer 98 | Samstag/Sonntag, 21./22. April 1928 | 42. Jahrgang

Wähler und Wählerinnen der Republik!
Schicksalsmonat ist in diesem Jahre der Monat Mai!

Während der sozialistischen Revolution im November 1918 und danach nahm die »Post« eine betont antirevolutionäre Haltung ein. Man trat für eine parlamentarische Republik ein, in der die starke politische und wirtschaftliche Position der Arbeiterklasse verfassungsrechtlich festgeschrieben sein sollte. Ein guter Anfang in diese Richtung schien mit der Weimarer Republik getan, die die »Post« gegen Kommunisten wie auch Nationalsozialisten vehement verteidigte. Da München die Keimzelle des Nationalsozialismus war, war die »Münchener Post« auch die erste sozialdemokratische Zeitung, die den Kampf gegen die »braune Bewegung« und ihre Hintermänner aufnahm.
Bei ihren Gegnern war sie verhaßt. Bereits im Sommer 1922 mußte das Gebäude gegen nationalsozialistische Überfälle geschützt werden. Man wollte im Falle eines Hitler-Putsches das Gewerkschaftshaus (→Pestalozzistraße 40/42) und die »Münchener Post« mit Waffengewalt als schwarz-rot-goldene Inseln halten, bis Hilfe aus Norddeutschland nahte.

Altheimer Eck 13
»An Stelle der ›Münchner Post‹ ein SA-Heim«, meldete der »Völkische Beobachter« am 11. März 1933

Im Sommer 1923 war das Gebäude rund um die Uhr von 40 bis 50 Genossen bewacht. Der Eingang wurde mit großen Druckpapierrollen verbarrikadiert, die für Gewehrkugeln undurchlässig waren, dahinter stellte man Maschinengewehre auf. An den Fenstern wachten Pistolen- und Gewehrschützen. Das Gebäude war nachts vollständig verdunkelt. In München sprach es sich herum, daß man sich der so wehrhaften Parteizeitung anvertrauen konnte, wodurch die »Münchener Post« immer wieder Informationen von rechtsradikalen Aktivitäten drucken konnte, die eigentlich nicht für die Öffentlichkeit bestimmt waren.
Im Oktober 1923 ließ die Regierung Kahr das Zeitungsgebäude von Polizei entwaffnen, am 8. November 1923 wurden

Druckerei und Redaktionsräume im Rahmen des (→) Hitler-Putsches, von bewaffneten Nationalsozialisten zerstört.
Als die NSDAP im Berliner Reichstag die Aufhebung des Homosexuellenparagraphen 175 als »Schrittmacher der Unzucht in Deutschland« ablehnte, konnte die »Münchener Post« einen besonderen Coup landen: Über Spitzel im »Braunen Haus« (→Brienner Straße 45) hatte man Zugriff auf höchst persönliche Briefe aus dem Kreis um den homosexuellen SA-Chef Ernst Röhm erhalten. Im Juni 1931 schlachtete die »Post« diese heuchlerischen Unterschiede zwischen Theorie und Praxis in der NS-Führung in einem dreiteiligen Beitrag aus. (»Warme Bruderschaft im Braunen Haus«, 22. Juni 1931)
Auch konnten die Leser ständig Neuigkeiten über die dramatischen Machtkämpfe innerhalb der NS-Spitze erfahren. Die »Post« bekannte: *»Wir sind im Bilde und werden täglich ins Bild gesetzt. Sogar über den Geheimdienst innerhalb der Partei.«*
Am Abend des 9. März 1933 gab Reichskommissar General Franz Ritter von Epp den Befehl, die »Münchener Post« zu zerstören. SA-Trupps leisteten diesem Befehl gerne Folge. Das Gebäude wurde noch am 10. März in ein SA-Heim umgewandelt und 1934 zugunsten des Landes Bayern enteignet. Als Mieterin zog die Druckerei Weiß ein, die bis heute hier ansässig ist.
Im Hause hatte außerdem der Landesverband Bayern der SPD seine Räume. In diesem Zusammenhang sei noch an einen Bewohner des Hauses erinnert: Hans Nimmerfall (1872-1934), der 1918-1928 im dritten Stock wohnte, wurde als Parteisekretär und Landtagsabgeordneter der SPD im Juni 1933 ins KZ Dachau eingeliefert und wegen seines schlechten Gesundheitszustandes im Juni 1934 wieder entlassen. Am 19. August 1934 starb er an den Folgen seiner Haft.

Sendlinger Straße 8

Die meistgelesene Zeitung in München und ganz Süddeutschland waren die »Münchner Neuesten Nachrichten«, MNN, aus der Sendlinger Straße 8 (damals 80). Während der Revolution von 1848 gegründet, vertrat sie einen liberalen, aufgeklärten Standpunkt. Deutschlands Übergang von der Monarchie zur Republik wurde begrüßt, da man das alte System für morsch hielt. Allerdings warnte man vor politischer Gewalt: *»Der Volksstaat, der uns vorschwebt, muß vor bolschewistischem Terror ebenso geschützt sein wie vor dem Versuch der Wiederaufrichtung der Autokratie«* (15.11.1918). Die politische Richtung der MNN kam in einem Aufruf zur Landtagswahl am 12. Januar 1919 zum Ausdruck: Den Lesern wurde die Deutsche Demokratische Partei (DDP) empfohlen: *»Der*

Anzeigenpreis Mk. 2,000,000

Münchner Neueste Nachrichten

Handels- und Industrie-Zeitung, Alpine und Sport-Zeitung, Theater- und Kunst-Chronik

Süddeutsche Zeitung
Fernruf: 25231 oder 26231
Postscheckkonto: 5920 München

Donnerstag, 27. September 1923 — Knorr & Hirth G.m.b.H. München — 76. Jahrgang Nr. 262

Dr. v. Kahr — Generalstaatskommissar für Bayern

Aufruf der bayer. Regierung
An das bayerische Volk!

Proklamation der Reichsregierung
An das deutsche Volk!

Die Lehre des Ruhrkampfes

freie Volksstaat, der sich gründet auf die Gleichberechtigung aller Staatsbürger, ist am besten geschützt, wenn jene Demokratie, deren oberstes Prinzip die Überbrückung veralteter Klassengegensätze ist, so stark wie möglich in den neuen Landtag einzieht. Neuer wirtschaftlicher Aufschwung setzt Freiheit und Ordnung voraus. Das Gespenst der Anarchie, von dem sich heute einzelne Verschüchterte in die Arme der Reaktion treiben lassen, wird am sichersten gebannt, wenn ein machtvoller Zusammenschluß aller freiheitlichen und ordnungsliebenden Elemente einen Wall gegen Reaktion auf der einen, gegen Überstürzung der wirtschaftlichen Umbildung und gegen Anarchie auf der anderen Seite bildet.«

Am 31. Mai 1920 übernahm der ehemalige Direktor der Münchner Filiale der Dresdner Bank, Wilhelm Seitz, die MNN. Hinter ihm stand eine Interessengruppe, die mehrheitlich von der »Gutehoffnungshütte« getragen wurde. Mitglieder dieser Organisation waren neben anderen: Die Industriellen Karl Haniel, Albert Vögler, Alfred Hugenberg; Aristokraten wie der Kabinettschef des Kronprinzen Rupprecht von Bayern, Josef Maria von Soden-Fraunhofen; Militärs wie Admiral Alfred von Tirpitz und General Paul von Lettow-Vorbeck; Politiker der Bayerischen Volkspartei wie Dr. Georg Heim und Fritz Schäffer sowie Gustav von Kahr. Dieses »Konsortium von angesehenen Münchnern und auswärtigen Vaterlandsfreunden« krempelte die MNN radikal um und machte sie zu einem »Bollwerk für nationale Erneuerung gegen Sozialismus und republikanische Politik«. Dies bedeutete die Betonung der bayerischen Eigenständigkeit, Warnung vor einer marxistischen Diktatur durch SPD und KPD mit gleichzeitiger Verharmlosung der NSDAP. Das besondere Interesse der Redaktion galt der Propagierung der

»Dolchstoß«-Theorie, nach der das siegreiche deutsche Heer im Ersten Weltkrieg von den Umstürzlern in der Heimat zur Kapitulation gezwungen worden sein soll. Diese Schmach sollte durch die deutsche Wiederaufrüstung getilgt, Deutschland zu einer Weltmacht gemacht werden. Kurz: Finanziert durch die deutsche Schwerindustrie und einflußreiche politische Kreise spielten die MNN eine wichtige Rolle bei der Entstehung der rechtsradikalen »Ordnungszelle« München. Die Pazifistin Constanze Hallgarten (→ Pienzenauerstraße 15) schreibt in ihren Erinnerungen: *»Die Münchner Neuesten Nachrichten haben zu einem großen Teil den versauten Geist der Münchner Durchschnittsbewohner auf dem Gewissen. Jede Stadt hat die Zeitung, die sie verdient. München hatte – als es anfing, seinen ursprünglichen Charakter zu ändern – die Münchner Neuesten Nachrichten.«*
Das »Konsortium« setzte Paul Nikolaus Cossmann (1869-1942) als politischen Leiter der Zeitung ein. Cossmann war 1905 vom jüdischen zum katholischen Glauben übergetreten und hatte seine ursprünglich liberalen Ideen während des Krieges eingetauscht gegen einen skrupellosen Nationalismus, in dem nur die angeblichen Rechte des deutschen Volkes Geltung fanden, nicht die der anderen. Nach der deutschen Niederlage wollte er das Reich von jeder Kriegsschuld freigesprochen haben und propagierte die »Dolchstoß«-Theorie, die er in seinen »Süddeutschen Monatsheften« vehement und verbissen verbreitete. *»Hitler ist mir recht, wenn er den deutschen Arbeiter national macht.«*, waren seine und der deutschen Schwerindustrie Meinung.
Als Chefredakteur verpflichtete Cossmann Fritz Gerlich (→ Richard-Wagner-Straße 27), auch er ein fanatischer Nationalist und Sozialistenhasser. Lebte Cossmann in seiner von katholisch-klerikalen Grundsätzen geprägten Welt, so hielt sich Gerlich strikt an seinen Calvinismus. Die NSDAP, deren Aufstieg sie geistig mit vorbereitet hatten, wurde ihnen Ende der zwanziger Jahre wegen ihres Heidentums und ihrer Gewalttätigkeit zunehmend suspekter. Die MNN geriet aus Angst vor dem erfolgreichen Nationalsozialismus immer stärker in einen selbstgewählten Käfig aus Nationalismus, Klerikalismus und Monarchismus.
Am 10. März 1933 schrieben die MNN über die Machtübergabe an die NSDAP: *»Es ist Vormarschstimmung heute in der siegreichen nationalen Bewegung. Sie ist an sich die Freude jedes Soldatenherzens, aber sie bedarf jenes stillen und tiefen Geistes, der im Schützengraben der täglichen Tagesarbeit bald wird sich bewähren müssen.«* Am selben Tag wurde die Redaktion in »Schutzhaft« genommen und durch »zuverlässige Kräfte« ersetzt: Der Redakteur für Innenpolitik, der

Nikolaus Cossmann (rechts) während einer Pause im »Dolchstoß-Prozeß«, der im Oktober/November 1925 vor dem Amtsgericht am Mariahilfplatz stattfand.

Monarchist Erwein von Aretin, kam erst wieder im Mai 1934 in Freiheit; Fritz Gerlich (er hatte die MNN bereits 1928 verlassen) wurde am 30. Juni 1934 im KZ Dachau ermordet; Paul Nikolaus Cossmann wurde ebenfalls im Mai 1934 aus der Haft entlassen. Er starb als »Rassejude« am 19. Oktober 1942 im KZ Theresienstadt.

Rosental 16

Vorbei an einem Kaufhaus an der Sendlinger Straße 1–5 (damals 2–6), das bis 1936 »Isidor Bach, Spezialhaus für Herren-, Knaben- und Kinder-, Loden- und Sportbekleidung« hieß, führt uns der Weg zu einer Gedenktafel am Eingang der Stadtbücherei im Rosental 16. Auf ihr ist zu

lesen: »Hier stand bis zum Jahr 1938 das Kaufhaus Uhlfelder.«
Am 20. Oktober 1928 eröffnete an dieser Stelle der sozialdemokratische Konsumverein Sendling-München (→Lindwurmstraße 124) ein Kaufhaus – Ausdruck seiner aufstrebenden Umsatz- und Mitgliederbewegung (52.000). Mit der Zerschlagung der freien Gewerkschaften am 2. Mai 1933 mußte auch das Konsum-Kaufhaus seine Pforten schließen, das infolge der Wirtschaftskrise bereits in finanziellen Schwierigkeiten steckte. Das benachbarte Großkaufhaus Uhlfelder nutzte die Gunst der Stunde und kaufte die verwaisten Geschäftsräume, um expandieren zu können. In der Pogromnacht vom 9. November 1938 wurde das gesamte Kaufhaus Uhlfelder zerstört und geschlossen, denn seine Besitzer waren Juden. Das nach dem Krieg neuerbaute Anwesen beherbergt heute das Stadtmuseum.

Marienplatz

Das Rathaus am Marienplatz ist das Zentrum der Kommunalpolitik. Der letzte 1. Bürgermeister (so hieß damals der Oberbürgermeister) aus der Königszeit war Geheimrat Dr. Wilhelm Ritter von Borscht (1857-1943). Er lenkte die Geschicke der Stadt während des Ersten Weltkrieges, der Revolution und ihrer Niederschlagung.
Bei den Kommunalwahlen am 15. Juni 1919 zeigten sich die veränderten politischen Verhältnisse in der Stadt: die linkssozialistische USPD erhielt 16 Sitze im Stadtrat, die klerikalkonservative BVP (→ Maffeistraße 4) 15, die SPD (→ Pestalozzistraße 40-42) 10, die Deutsche Demokratische Partei DDP (→ Sendlinger Straße 8) 7, Hausbesitzer- und Liberale Bürgerpartei je 1 Sitz. Zum 1. Bürgermeister wurde Eduard Schmid von der SPD gewählt (→Jahnstraße 46). Seine Amtszeit war geprägt von der schweren Nachkriegszeit und der katastrophalen Wirtschaftskrise, die am 8./9. November 1923 im (→) Hitler-Putsch gipfelte. Die Nationalsozialisten nahmen dabei sämtliche »sozialististen« - wie sie es nannten – Stadträte fest, derer sie im Rathaus habhaft werden konnten. Am Rathausturm wurde von Rudolf Heß die Hakenkreuzfahne aufgezogen.
Die Fahne am Rathaus war immer wieder Ausdruck der politischen Mehrheitsverhältnisse im Stadtrat und damit Gegenstand heftiger Kontroversen. Während der Amtszeit Eduard Schmids wehte bei offiziellen Anlässen die Fahne der demokratischen Republik in den Farben schwarz-rot-gold vom Turm. Dies sollte sich ab 1925 ändern.
Bei der Stadtratswahl am 7. Dezember 1924 blieb zwar die SPD mit 16 Sitzen die stärkste Partei, doch war im Oktober 1924 eine »Nationale Wahlgemeinschaft« entstanden, die

9. März 1933

unter Führung der BVP (14 Sitze) zusammen mit der Deutschnationalen Volkspartei DNVP (6) und anderen rechten Gruppierungen die Mehrheit im Stadtrat erlangte. Ihr Kandidat Karl Scharnagl (→ Innere Wiener Straße 42) wurde zum Stadtoberhaupt gewählt. Erstmals konnten auch die KPD zwei Sitze und die (als »NSDAP« nach dem Hitler-Putsch verbotenen) »Völkischen« vier Sitze erzielen. Seit Januar 1925 wehte nun das Schwarz-Weiß-Rot des untergegangenen Kaiserreiches vom Rathaus und allen anderen städtischen Gebäuden.

Diese offen republikfeindliche Haltung der Stadtspitze wurde Ende August 1928 etwas revidiert. Die »Münchener Post« schrieb am 30. August 1928: *»Oberbürgermeister*

Scharnagl und seine Freunde von der Bayerischen Volkspartei haben sich zu der Überzeugung durchgerungen, daß die Dinge, so wie sie lagen, nicht haltbar sind, und daß sich die Stadt München in der ganzen Welt nur lächerlich macht und mit ihrer Ablehnung der offiziellen Reichsflagge dem Gespött aller Vernünftigen verfällt. Darum der Frontwechsel, der aber erst vollzogen wurde, als die Reaktionäre ihre Feindseligkeit zur Deutschen Republik und zur Weimarer Verfassung dadurch bekundeten, daß sie mit 20 gegen 17 Stimmen aussprachen, daß neben der Flagge Schwarz-Rot-Gold auch Schwarz-Weiß-Rot geflaggt wird.«

Bei der Stadtratswahl am 8. Dezember 1929 wurde die SPD mit ihren 17 Sitzen wiederum die stärkste Partei. Bei den Rechten ergab sich eine Verschiebung nach Rechtsaußen. Die BVP erhielt nur noch zwölf und die DNVP drei, die NSDAP dafür acht Sitze. Auf die KPD entfielen drei Stadträte. Oberbürgermeister blieb Karl Scharnagl.

Am 9. März 1933 fand in München die »Machtergreifung« der Nationalsozialisten statt, Max Amann (→Stollbergstraße 7) hißte die Hakenkreuzflagge. Zum neuen Oberbürgermeister wurde Karl Fiehler ernannt, berüchtigt als Schläger und als Fraktionsvorsitzender der NSDAP im Stadtrat. Die KPD befand sich bereits in der Illegalität, am 9. Mai wurden die SPD-Stadträte aus dem Sitzungssaal geprügelt, am 11. Juli die Stadträte der BVP als »störend« des Rathauses verwiesen.

Im Haupteingang unter dem Rathausturm befinden sich heute noch einige nationalistische Inschriften aus der Weimarer Zeit wie: *»Über alles das deutsche Vaterland. Der Stadt München zur Erinnerung im Jahre 1929. Der Deutsche Reichskriegerbund Kyffhäuser.«* (→Messegelände), aber auch eine Inschrift aus neuester Zeit, mit der der US-Armee für die Befreiung der Stadt vom Nationalsozialismus gedankt wird.

Tal 38

Die Erschütterungen des Ersten Weltkrieges, die von vielen als nationale Katastrophe empfundene Niederlage sowie die revolutionären Ereignisse nach dem Krieg hatten eine Vielzahl von Gruppen entstehen lassen, in denen desorientierte und verunsicherte Bürger Halt suchten. Eine dieser Gruppierungen war die »Deutsche Arbeiterpartei« (DAP) (→Mettinghstraße, →Burghausener Straße), die sich regelmäßig in der Gaststätte »Sterneckerbräu« im Tal 38 (damals 54) traf. (Das Gebäude ist in seiner Substanz erhalten; die Sterneckerstraße selbst erinnert an das ehemalige Wirtshaus.) Die politischen Zielsetzungen dieser Vereinigung lassen sich mit national, sozialistisch und antisemitisch umschreiben. Hinter der Gruppe stand die rechtsradikale Thule-Gesellschaft (→Maximilianstraße 17).

Das sogenannte »Gründungszimmer« im Sterneckerbräu.

In seinem Quartier in der Kaserne an der (→) Lothstraße 29 erhielt der Gefreite Adolf Hitler den Befehl, am 12. September 1919 eine Versammlung der DAP im Sterneckerbräu zu besuchen und darüber Bericht zu erstatten. Gottfried Feder (→ Sternwartstraße 20) hielt einen Vortrag über das Thema *»Wie und mit welchen Mitteln beseitigt man den Kapitalismus?«*. Während der anschließenden Diskussion ergriff auch Hitler das Wort: *»Als ich sprach, hatte man mit erstaunten Gesichtern zugehört, und erst als ich mich anschickte, der Versammlung gute Nacht zu sagen und mich zu entfernen, kam mir noch ein Mann nachgesprungen und drückte mir ein kleines Heftchen, ersichtlich eine politische Broschüre, in die Hand mit der dringenden Bitte, dies doch ja zu lesen.«* (»Mein Kampf«)
Kurz darauf trat Hitler der sich großspurig »Partei« nennenden DAP bei. Über die *»Anfänge der Bewegung«* schreibt er: *»Man bedenke, daß sich sechs oder sieben Männer, lauter namenlose, arme Teufel, zusammenschließen mit der Absicht, eine Bewegung zu bilden, der es dereinst gelingen soll, was bisher den gewaltigen, großen Massenparteien mißlang, die Wiederaufrichtung eines Deutschen Reiches erhöhter Macht und Herrlichkeit. Hätte man uns damals angegriffen, ja, hätte man uns auch nur verlacht, wir wären glücklich gewesen in*

beiden Fällen. Denn das Niederdrückende lag nur in der vollständigen Nichtbeachtung, die wir damals fanden, und unter der ich am meisten litt.«

Hitler – dankbar, endlich einen Lebensinhalt gefunden zu haben – machte sich sofort auf die Suche nach einer Geschäftsstelle für die Partei: *»Im Sterneckerbräu im Tal befand sich ein kleiner gewölbeartiger Raum. Er war finster und dunkel. Das Gäßchen, in das sein einziges Fenster mündete, war so schmal, daß selbst am hellsten Sommertage das Zimmer düster und finster blieb. Dies wurde unsere erste Geschäftsstelle.«* (»Mein Kampf«). Schon am 16. Oktober 1919 hielt die DAP ihre erste öffentliche Versammlung im Hofbräukeller ab (→ Innere Wiener Straße 19), im Januar 1920 zog die Geschäftsstelle infolge der steigenden Mitgliederzahl in die (→) Corneliusstraße 12 um.

Der Sterneckerbräu schloß im Jahr 1921. In den Räumen, in denen die »Bewegung« ihren Ausgang genommen hatte, errichtete der sozialdemokratische Konsumverein Sendling-München (→ Lindwurmstraße 124) eine Filiale. Erst 1930 zog dieser wieder aus. Die Gastwirtschaft öffnete erneut ihre Pforten. Sie wurde eine Wallfahrtsstätte der Nationalsozialisten. 20 Pfennig kostete der Eintritt zu den museal hergerichteten Räumen. Seit 1933 trafen sich hier zum Jahrestag des (→) Hitler-Putsches die sogenannten »Alten Kämpfer« mit Hitler, Göring, Streicher, Goebbels etc. an der Spitze zu einem nostalgischen Stelldichein.

Platzl

Das Hofbräuhaus am Platzl, seit Mitte des 19. Jahrhunderts Touristenattraktion, hat auch eine politische Geschichte.

Am 13. April 1919 versammelten sich hier die Arbeiter- und Soldatenräte und riefen die kommunistische Räterepublik aus, die allerdings gut zwei Wochen später militärisch zerschlagen wurde.

Die rechtsradikale Deutsche Arbeiterpartei (DAP) (→ Tal 38) rief am 24. Februar 1920 zu ihrer ersten großen Versammlung in das Hofbräuhaus. Die »Münchner Neuesten Nachrichten« meldeten über die *»sehr stark besuchte öffentliche Veranstaltung«: »Als dann in der Aussprache ein Redner* [Adolf Hitler, d.V.] *unter außerordentlich scharfen Ausfällen gegen Erzberger, gegen das Judentum, das Schieber- und Wuchertum etc. das Programm der Deutschen Arbeiterpartei entwickelte, prallten die Gegensätze heftig aufeinander, und mit knapper Not wurde verhindert, daß man von Zwischenrufen zu Tätlichkeiten überging. Die Gegner zogen es angesichts der erregten Stimmung vor, ihrer Meinung nicht sichtbaren Ausdruck zu verleihen. Die weitere Aussprache ging unter andauernder, lebhafter Unruhe vor sich.«*

Saal des Hofbräuhauses, Jahrestag der Verkündung des Parteiprogrammes, 24. Februar 1932. Hitler im Kreis seiner Getreuen

Diskussionsthema waren die 25 Punkte des Grundsatzprogrammes der nationalsozialistischen DAP, die Hitler im Hofbräuhaus der Öffentlichkeit vorgetragen hatte. Inhalte dieses später realisierten Programmes waren: Schaffung eines »Großdeutschlands«; Aufhebung des Versailler Vertrages; Erwerb von Kolonien zur Ernährung und Ansiedlung von Deutschen; Entfernung der Juden aus allen Ämtern und Aberkennung ihrer deutschen Staatsangehörigkeit; Abschaffung der Demokratie; »Stellenbesetzung nur nach Parteigesichtspunkten ohne Rücksichten auf Charakter und Fähigkeit«; Ausweisung aller Ausländer bei »Bedarf«; »Brechung der Zinsknechtschaft«; Enteignung der Großwarenhäuser; großzügige Handhabung der Todesstrafe; Pressezensur; Primat der »germanischen Rasse«; »Gemeinnutz vor Eigennutz«; Zerschlagung des deutschen Föderalismus und Aufbau einer starken Zentralgewalt des Reiches.
Nach dem großen Publikumserfolg dieser Veranstaltung fand fast jede Woche eine Versammlung der Nationalsozialisten im Hofbräuhaus statt, das für diese *»eine fast weihevolle Bedeutung«* erhielt (»Mein Kampf«). Allerdings erschienen auch ihre Gegner in größeren Mengen, um den sich in wüsten Beschimpfungen ergehenden Hauptredner Hitler in seine Schranken zu weisen. Diese Gegnerschaft ließ das Hofbräuhaus zum Geburtsort der Saalschlachten werden, bei denen erheblicher Bierkonsum zu Enthemmung und Brutalität führte.
»Das brutale Draufgängertum unseres Saalschutzes konnte immer wieder die gegnerische Absicht vereiteln«, weiß Hitler zu berichten. So am 4. November 1921, als sozialistische Arbeiter in großer Zahl eine Hitler-Veranstaltung im Hof-

bräuhaus gezielt und geplant sprengen wollten. Es flogen nicht nur Maßkrüge und Stühle durch den Saal, es kam auch zum Waffeneinsatz. Auf beiden Seiten gab es Verletzte, doch am Ende erwies sich der Saalschutz der NSDAP, die »Sturmabteilungen« SA, als stärker. Dieser Tag ging als »Feuertaufe der SA« in die Parteigeschichte ein.

Stollbergstraße 7

Max Amann (1891-1957) gehörte zu der Münchener Clique um Hitler, die den Aufstieg der NSDAP und ihren Fall von Anfang bis zum Ende miterlebte und mitgestaltete. Amann war im Ersten Weltkrieg Hitlers Vorgesetzter gewesen und wußte einige Dinge, die Hitler später lieber verschwieg. So war ihm bekannt, daß Hitler am 8. Mai 1918 das Eiserne Kreuz I. Klasse auf Vorschlag des jüdischen Regimentsadjutanten Hugo Gutmann verliehen bekommen hatte.
Amanns wirkliches Interesse galt seinem finanziellen Weiterkommen, weniger der nationalsozialistischen Ideologie. Als in Gelddingen bewanderter Bankangestellter willigte er ein, ab August 1921 als erster Geschäftsführer der NSDAP zu arbeiten – unter der Voraussetzung, nur Hitler persönlich verantwortlich zu sein. Max Amann, der umtriebige Geschäftsmann und effektive Organisator, baute den Parteiapparat systematisch auf. Er ließ sich von keinem der vielen untereinander rivalisierenden Parteigenossen hineinreden und konnte so seine Hausmacht ausbauen. Seit 1921 wohnte er in dem im Krieg zerstörten Haus Stollbergstraße 7 (damals Kanalstraße 29).
Amann gehörte zu den ständigen Begleitpersonen Hitlers, die mit ihm per Du waren. Mit Reitpeitsche und Schaftstiefeln signalisierten diese Leibwächter ihr Bedürfnis nach Gewalt und Aggression. Max Amann war während des (→) Hitler-Putsches Mitglied des »Stoßtrupps Hitler« und anschließend Mitgefangener in der Haftanstalt Landsberg/Lech.
Seit Februar 1925 leitete Amann als Direktor den Zentralverlag der NSDAP (→Thierschstraße 11/15) und arbeitete als »Reichsleiter« für die gesamte nationalsozialistische Presse in Deutschland. Ebenfalls seit 1925 gehörte er dem Stadtrat an. Als Mitglied des Stadtrates zog er am 9. März 1933 am Rathausturm die Hakenkreuzfahne auf.
Von 1933 bis 1945 amtierte Amann als Präsident der Reichspressekammer. Damit war er für die Gleichschaltung und die Zensur des gesamten deutschen Pressewesens verantwortlich. Seit 1936 verwaltete er auch Hitlers Privatvermögen. Im Jahr 1943 wurde er selbst für die Vermögenssteuer mit mehr als 10 Millionen RM veranlagt. Im Jahr 1944 bezog er ein Einkommen von 3.800.000 RM. Am 30. März 1957 starb der wohlhabende Verlagsdirektor a.D. in seiner Heimatstadt München.

Max Amann 1935. »In den vier Jahren Kriegszeit hatte ich Gelegenheit, fast dauernd die außerordentliche Fähigkeit, den Fleiß und die peinliche Gewissenhaftigkeit meines späteren Mitarbeiters zu beobachten.« (Hitler in »Mein Kampf« über Max Amann) (aus: Adolf Dresler, Geschichte des Völkischen Beobachters und des Zentralverlags der NSDAP, München 1937)

Herzog-Rudolf-Straße 3-5

Im Jahr 1892 bezog der orthodoxe Teil der jüdischen Gemeinde (→ Herzog-Max-Straße 3-7) eine eigene Synagoge in der Herzog-Rudolf-Straße 3. Die Mitglieder des »Vereins Ohel Jakob« waren nicht mit den Assimilierungstendenzen der liberalen Juden an ihre christlich geprägte Umwelt einverstanden. Sie wollten ein spezifisch jüdisches Selbstbewußtsein und eine jüdische Identität aufrechterhalten. Dadurch wurden sie zur Zielscheibe derjenigen, die in jeder Abweichung von der Norm eine Gefährdung erblickten.

Siegmund Fränkel

Der diese Gemeinde am meisten prägende Vorsitzende war der Industrielle Sigmund Fraenkel (1860-1925). Schon im April 1919 richtete er ein langes Schreiben an die Führer der Räterepublik, in dem er vor einem Erstarken des latent vorhandenen Antisemitismus warnte:

»Ich wende mich an Sie nicht als Wirtschaftspolitiker, nicht als Vertreter von Handel und Industrie, nicht als verängstigter, um Eigentum und Besitz besorgter Kapitalist, sondern weil ich mich mit Stolz und aus innerster religiöser Überzeugung zu jener Glaubensgemeinschaft bekenne, der einstens Sie selbst oder doch Ihre Eltern angehört haben.

Wir Münchener Juden haben in all den schweren, leiderfüllten Wochen der Vergangenheit geschwiegen, da Sie und andere landfremde, des bayerischen Volkscharakters unkundige Phantasten und Träumer die bittere Not und die seelische Depression unseres Volkes ausnützten, um Gläubige für Ihre vielleicht wohlgemeinten, aber verhängnisvollen und der menschlichen Natur zuwiderlaufenden Pläne einer zukünftigen Wirtschafts- und Gesellschaftsordnung zu werben. Wir schwiegen, weil wir fürchteten, unsere Glaubensgemeinschaft zu schädigen, wenn wir Sie in der Öffentlichkeit abschüttelten, und weil wir von Tag zu Tag hofften, daß das Verantwortungsgefühl für die religiöse Gemeinschaft, der Sie oder Ihre Eltern entstammen, früher oder später in Ihnen erwachen und Ihnen zum Bewußtsein bringen werde, in welches Chaos von Zerstörung und Verwüstung der von Ihnen eingeschlagene Weg münden müsse. Der heutige Tag, an dem Tausende und aber Tausende von aufreizenden antisemitischen Flugblättern in Münchens Straßen verteilt wurden, zeigt mir mit aller Deutlichkeit die Größe der Gefahr, die nicht die Bekenner unserer Glaubensgemeinschaft, sondern das Judentum selbst bedroht, wenn die große Masse von Münchens werktätiger Bevölkerung die erhabenen Lehren und Dogmen der jüdischen Religion in ideellen Zusammenhang mit den bolschewistischen und kommunistischen Irrlehren bringt, die Sie seit Wochen den durch die viereinhalbjährige Kriegsdauer zermürbten und verwirrten Volksmassen predigen.«

Synagoge Ohel Jakob, um 1920

Nachdem Sigmund Fraenkels Warnungen Wirklichkeit geworden waren, entstand in der Gemeinde »Ohel Jakob« ein eigener »Abwehrausschuß« gegen antisemitische Ausschreitungen und Diskriminierungen.
1924 öffnete die Volksschule der Gemeinde im Nebengebäude Herzog-Rudolf-Straße 5 ihre Pforten. Jüdische Schüler der ersten vier Klassen wurden hier unterrichtet. Im Mai 1933 wurden jüdische Kinder von den städtischen Volksschulen ausgeschlossen. Seitdem gab es hier neun Jahrgangsstufen für die jüdischen Schüler aus der gesamten Stadt.
Ein Gedenkstein erinnert an das spätere Schicksal der Synagoge »Ohel Jakob«.

Wurzerstraße 8

Das heute unbebaute Anwesen Wurzerstraße 8 gehörte dem »Eichen-Hain e.V.« und besaß als Zentrum der Druiden-Logen Bedeutung für ganz Deutschland.
Seit 1872 gab es den Druidenorden in Deutschland (in Berlin), seit 1878 die Bavaria-Loge in München. Die Logenbrüder schlossen sich zusammen, um für geistige Freiheit, Gemeinsinn und Brüderlichkeit einzutreten. Sie wollten das öffentliche Wohlfahrtswesen unterstützen sowie Logenbrüdern in Not helfen. Diese Ziele faßte man unter dem Motto »Liberalitas Bavarica« zusammen.
Der Andrang auf die Bavaria-Loge war so stark, daß 1897 die Monachia-Loge gegründet wurde, in der sich jüdische »Brüder« zusammenfanden. Ein Jahr später fand die Gründung der Großloge Bayern statt, die für die Ausbreitung des Druidenordens im Königreich Bayern zuständig war. Es folgten die Schiller-Loge (1905) und die Parsifal-Loge (1906)

Logenhaus an der Wurzerstraße 8, um 1930

in München sowie Gründungen außerhalb Bayerns in Zürich, Innsbruck, Wiesbaden, Bochum und in Hagen. Die Logen in Rheinland-Westfalen (bis 1907) und Württemberg-Schwaben (bis 1910) wurden von München aus betreut, wo sich seit 1905 im Rückgebäude der Wurzerstraße 8 der aufwendig gestaltete Logentempel befand.
In diesem Zentrum des Druidismus versammelten sich 1908 Logenbrüder aus aller Welt, um die »International Grand Lodge of Druidism« zu gründen. Über Ländergrenzen und völkische Unterschiede hinweg sollten alle Druiden der ganzen Welt gleichberechtigt vereint werden und sich für Brüderlichkeit und gegenseitige Hilfe auf internationaler Ebene einsetzen.
Diese in der Satzung festgelegten Ziele paßten nur schlecht in die politischen Verhältnisse der damaligen Zeit in München. Zwar konnte noch 1922 die Wittelsbacher Loge gegründet werden, aber am 19. März 1922 sagte Sigmund Fraenkel

(→Herzog-Rudolf-Straße 3-5) bei einer Festrede vor der Monachia-Loge, bei *»innerer Einkehr und neuer Wegbestimmung, bei prüfendem Rückblick und bei frohem Ausblick in lichtere Zeiten«* müsse man sich auf den Tag vorbereiten, *»an dem die Nebel des Judenhasses wieder sinken, an dem die wüsten Schwaden in den Wipfeln der uns beschattenden Bäume wieder verschwinden, an dem die Sonne der Freiheit wieder mit ihren goldenen Strahlen aus dem dichten Gewölk mittelalterlicher Vorurteile heraustritt.«*
Im Jahr 1928 zählten die fünf Münchener Druiden-Logen zusammen rund 500 Mitglieder. Am 14. Dezember 1934 erfolgte die zwangsweise Auflösung aller Logen. Die einzige nach dem Krieg wiederbegründete Loge (Bavaria) hatte 1982 nur noch 38 Mitglieder.

Maximilianstraße 17

Im Hotel »Vier Jahreszeiten« in der Maximilianstraße 17 (damals 4) hatte seit August 1918 die rechtsradikale Thule-Gesellschaft Räume angemietet.
Die sich als »Germanenorden« verstehende Geheimgesellschaft hatte ursprünglich mystisch-theosophischen Gedankengebäuden nachgehangen, bevor sie sich der Pflege »arisch-nordischen« Geistesgutes verschrieb. Ihre Mitglieder mußten nachweisen, daß in ihren Adern weder »jüdisches« noch »farbiges« Blut floß. Vor der Aufnahme in den Zirkel mußten die Anwärter Angaben über Art und Umfang ihrer Körperbehaarung machen sowie einen Fußabdruck als Nachweis ihrer rassischen Vollwertigkeit vorlegen.
Unter den 250 Mitgliedern in München befanden sich viele, die später zu Machthabern des Dritten Reiches aufstiegen: Rudolf Heß (→Löfftzstraße 3), Hans Frank (→Barerstraße 57), Alfred Rosenberg (→Schellingstraße 39-41), der NS-Oberbürgermeister Karl Fiehler u.a. Die Thule-Gesellschaft, der auch Adlige und Industrielle angehörten, sah in den Juden die Todfeinde des deutschen Volkes, in den »Ariern« hingegen die Lichtbringer für die gesamte Menschheit.

Systematisch baute man eine rechtsradikale, nationalistische Organisation zur Bekämpfung der Revolution und später der Demokratie auf. Zur Propagierung ihrer Ideen kaufte die Thule-Gesellschaft den »Münchener Beobachter«, aus dem später der »Völkische Beobachter« (→Thierschstraße 11/15) wurde. Seine beiden ersten Chefredakteure, Dietrich Eckart und Alfred Rosenberg, waren Mitglieder.
Die Thule-Gesellschaft benutzte die »Deutsche Arbeiter-Partei« (DAP), aus der später die NSDAP hervorging, als politisches Werkzeug (→Tal 38). Thule-Mitglied Gottfried Feder (→Sternwartstraße 20) erfand die These von der »Brechung der Zinsknechtschaft«, die maßgeblichen Einfluß auf

Julius Friedrich Lehmann, 1929 (aus: Julius Friedrich Lehmann, 40 Jahre Dienst am Deutschtum, München 1930)

das Programm der NSDAP hatte (→ Platzl). Als militärischen Arm organisierte die Gesellschaft das »Freikorps Oberland«, das nicht nur an der Niederwerfung der Räterepublik teilnahm, sondern auch eine tragende Rolle beim (→) Hitler-Putsch spielte. Bis 1933 entfaltete der »Verband der Vaterländischen Bezirksvereine Münchens e.V.«, wie man sich nach außen hin nannte, nationalsozialistische Aktivitäten vom Hotel »Vier Jahreszeiten« aus.

Das aktivste Mitglied der Thule-Gesellschaft war der Verlagsbuchhändler Julius Friedrich Lehmann (1864-1935), Gründer des gleichnamigen Verlages in der Paul-Heyse-Straße 26. Er beschaffte Waffen, die in den Hotelräumen gelagert wurden, und sorgte für die Finanzen. Beim Hitler-Putsch stellte Lehmann seine Villa in der Menterschwaige als Versteck für die Geiseln der Nationalsozialisten zur Verfügung.

Der Lehmann-Verlag gab medizinische und politische Zeitschriften und Bücher heraus. Er pflegte die militaristisch-nationalistischen Traditionen (Verlags-Abteilung »Für den Wehrgedanken«) sowie den Antisemitismus (Abteilung »Rassenkunde und Rassenhygiene«). Auch um Deutschlands Zukunft machte man sich in der Abteilung »Bausteine zum Dritten Reich« Gedanken.

Marsfeld

Der Name »Marsfeld« deutet auf den vormals militärischen Charakter dieses Stadtviertels hin. Seine Gedenksteine und Straßennamen erinnern ebenso wie die vielen Kasernenbauten an seine Vergangenheit als Zentrum der königlich-bayerischen Armee. Während der Weimarer Republik erfuhr die aufstrebende NSDAP hier bedeutende Unterstützung durch bayerische Behörden. Im Hitlerprozeß wurden geradezu die Weichen der Weltgeschichte gestellt. Zur Geschichte des Marsfeldes gehört aber auch die Tätigkeit sozialistisch orientierter Parteien und Gruppierungen, deren Widerstand gegen den Aufstieg der Nationalsozialisten am Ende allerdings erfolglos blieb.

Arnulfstraße 61

Hans Beimler, 1936

Von der Lokomotivfabrik Krauss ist nur noch das Verwaltungsgebäude in der Arnulfstraße 61 erhalten, über dessen Eingang ein heroischer Arbeiter mit einer Lokomotive wacht. Die Beschäftigten in diesem Großbetrieb zeichneten sich seit dem Ersten Weltkrieg in ihrer Mehrheit durch ihre politisch linke Haltung aus. Schon im April 1919 beklagte sich der Aufsichtsrat in einem Schreiben an die Aktionäre über *»die politischen Verhältnisse und die extreme Haltung, welche die Arbeiterschaft und die Angestellten« einnähmen.* Es sei *»nicht zu verkennen, daß unter Umständen die Ablehnung der Forderungen des Betriebsrates von Seiten der Arbeiterschaft mit dem Kampfmittel des Streiks oder der Sabotage beantwortet wird.«*

Ein Betriebsrat bei Krauss, der über München hinaus Bedeutung erlangte, war Hans Beimler von der KPD (1895-1936). Als Mitglied des Spartakusbundes und seit Anfang 1919 der KPD nahm er an den bewaffneten Kämpfen um die Münchner Räterepublik teil. Dafür verurteilte man ihn wegen Hochverrates zu zwei Jahren Haft, die er 1921-1923 absaß. Nach seiner Entlassung und Rückkehr zu seiner Arbeitsstelle wurde Beimler 1923 zum Betriebsrat bei Krauss gewählt. Ab 1925 arbeitete er in der Bezirksleitung der KPD-Südbayern (Ringseisstraße 11, →Baaderstraße 42), war bis Juli 1932 Landtagsabgeordneter und seit der Reichstagswahl am 31. Juli 1932, bei der er 60.860 Stimmen auf sich vereinen konnte, Reichstagsabgeordneter für Oberbayern-Schwaben. Bei der nächsten Wahl, am 6. November 1932, erhielt er bereits 75.552 Stimmen.

Am 11. April 1933 wurde er verhaftet, 14 Tage lang im Polizeipräsidium an der (→) Ettstraße verhört und gefoltert und schließlich ins KZ Dachau eingeliefert. Am Geburtstag seiner Tochter, dem 7. Mai, reichte man dem prominenten Häftling einen Revolver mit der Aufforderung, sich zu

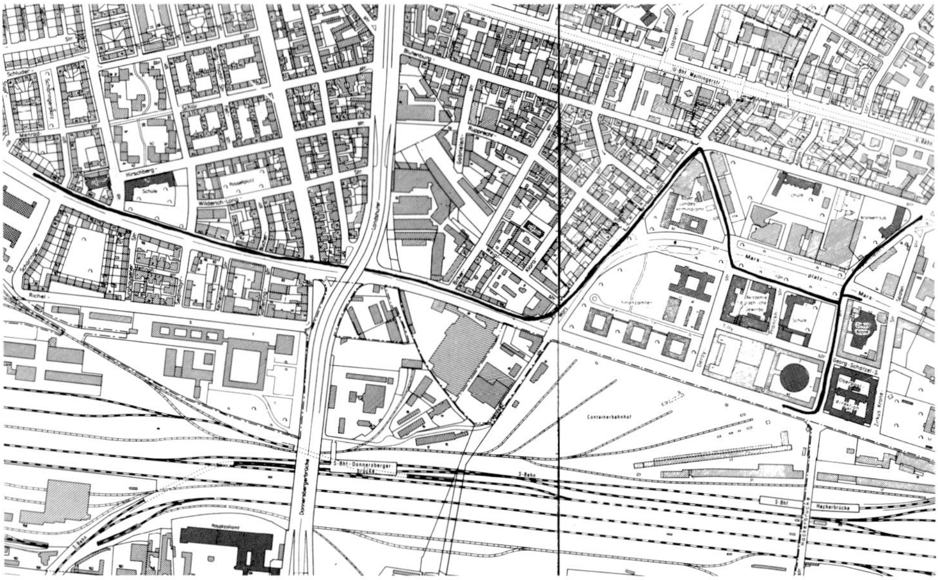
Schluder-
Menrad-
Hirschberg-
Schule
Wilderich-Lang-
Richel-
Landshuter
Blutenburg-
Ruprecht-
Gabrielen-
Donnersbergerbrücke
S-Bhf.-Donnersberger-brücke
S-Bahn
Hauptzollamt
U-Bhf. Maillingerstr.
Lazarett-
Finanzämter
Tilly
Deroy
Mars-
platz
Mars-
Schule
Spaten-
Zirkus Krone
Georg-Schätzel-S
Containerbahnhof
S-Bhf.
Hackerbrücke

erschießen. Mit dem Hinweis auf den Familienfeiertag konnte Beimler seine Selbsthinrichtung um einen Tag verschieben. In der Nacht zum 8. Mai gelang es ihm, zu fliehen und in die Sowjetunion zu flüchten, wo er in seinem Bericht »Das Todeslager Dachau« den Terror der Nationalsozialisten anprangerte.
Den Kampf gegen den Faschismus setzte er seit 1936 im Spanischen Bürgerkrieg fort. Dort starb er am 1. Dezember 1936 als 1. Kriegskommissar des Thälmann-Bataillons vor Madrid im Maschinengewehrfeuer der Franco-Truppen. Die Spanische Republik ehrte ihn mit einem Staatsbegräbnis.

Maillingerstraße 13

Am westlichen Ende des Marsplatzes befindet sich versteckt in der Maillingerstraße 13 das 1922 enthüllte Denkmal für die Bayerische Schwere Artillerie, dessen Inschrift symptomatisch ist für das seinerzeitige ungebrochene Fortleben der militaristischen Traditionen aus der Kaiser- und Königszeit. Ein mit Eichenlaub geschmückter Stahlhelm krönt ein Relief, das drei Geschützrohre zeigt. Je ein Löwenkopf begrenzt die beiden seitlichen Schrifttafeln, auf denen steht bzw. stand (links): *»Dem Andenken der bayerischen schweren Artillerie / (diverse Regimenter) / Die Form ist zerschlagen, der Geist lebt fort.« (rechts): »Den Toten zur Ehre, den Lebenden zur Mahnung. Im Weltkriege 1914-18 kämpften 200 schwere Batterien und über 70.000 bayrische schwere Artilleristen. / Getreu ihrem Fahneneide fielen für König und / Vaterland, für Kaiser und Reich: 250 Offiziere / und 4.600 Unteroffiziere, Kanoniere und Fahrer. / Errichtet von der ehemaligen K.B. schweren Artillerie.«*

Marsplatz

Der Marsplatz ist heute noch deutlich als Exerzierplatz zu erkennen – wie seine Benennung nach dem römischen Kriegsgott andeutet. Seine rechteckige Fläche und die doppelten Baumreihen sind erhalten, und an seiner Nordseite erinnert ein Gedenkstein an das Bayerische Kadettenkorps.
Parallel zum 1. Reichsparteitag der NSDAP am 27. Januar 1923 sollte auf dem Marsplatz ein großer Aufmarsch der SA stattfinden. Der Marsplatz lag dafür nicht nur günstig in der Nähe des Stadtzentrums, er hatte auch Symbolcharakter.
Am 7. November 1918 standen hier, dem Zentrum der Münchner Garnison, von der Regierung alarmierte Truppen in feldmarschmäßiger Ausrüstung bereit, um die von der (→) Theresienwiese heranziehenden Revolutionäre zu überwältigen. Entgegen den Erwartungen ihrer Offiziere liefen die meisten Soldaten jedoch mitsamt ihren Waffen zu den Revolutionären über und ermöglichten erst den Sieg der Revolution in München.

Die von der NSDAP als »Novemberverbrechen« empfundenen Ereignisse von 1918 sollten am 27. Januar 1923 auf dem Marsplatz »wiedergutgemacht« werden. Zwölf Massenveranstaltungen waren an diesem Tag in München anberaumt worden; daher befanden sich sehr viele Nationalsozialisten in der Stadt.
Die befürchteten Auseinandersetzungen ließen den Ministerpräsidenten Eugen von Knilling von der Bayerischen Volkspartei (BVP) ab dem 26. Januar den Belagerungszustand über München verhängen. Die Hälfte der Veranstaltungen wurde verboten, ebenso wie die auf dem Marsplatz geplante Übergabe der Standarten an die SA-Einheiten.
Hitler mußte vor dem Landeskommandanten der Reichswehr in Bayern, Otto von Lossow (→ Ludwigstraße 14), die ehrenwörtliche Erklärung abgeben, keinen Putschversuch durchzuführen. So erreichte er die Erlaubnis des Polizeipräsidenten Eduard Nortz (→ Ettstraße), den Aufmarsch von 6.000 SA-Leuten auf dem Marsfeld durchzuführen. Dies war ein Beispiel dafür, wie die NSDAP in Zusammenarbeit mit Reichswehr und Polizei Entscheidungen der bayerischen Regierung hintertreiben konnte.

Marsplatz 1

Wenn man das Wittelsbacher-Gymnasium (Marsplatz 1, damals 8) betrat, wurde der Blick gefesselt vom Denkmal für die einundreißig im Weltkrieg gefallenen Schüler der Anstalt und des im Heeresdienst verstorbenen früheren Anstaltsvorstandes Dr. Philipp Stumpf. In Goldschrift leuchteten unter den Namen der jungen Helden die Worte Körners: *»Wer mutig für sein Vaterland gefallen / Der baut sich selbst ein ewig Monument.«* – so eine Selbstdarstellung der Schule aus dem Jahr 1930.
Oberstudiendirektor war hier von 1922-1930 Gebhard Himmler, der Vater des späteren Reichsführers-SS, Heinrich Himmler. Der streng katholische und fromme Gymnasialdirektor war früher Prinzenerzieher im Hause Wittelsbach gewesen. Er war ein glühender Monarchist, gab sich jedoch nach außen deutschnational. Er gehörte zum altbayerisch-humanistisch-katholisch denkenden Großbürgertum seiner Zeit.
Die Themen für Schulaufgaben im Fach Deutsch sind Ausdruck der damaligen Bildungsziele, die an den humanistischen Gymnasien im Bayern der zwanziger Jahre realisiert wurden. 1930 lauteten die Aufgabenstellungen:
»Das Jugendwandern, eine Erfrischung für Leib und Seele«; »Aus welchen Gründen muß das deutsche Volk der Gegenwart ein ›Volk in Not‹ genannt werden?«; »Mit welchem Recht nennt H.v.Treitschke Ludwig I. von Bayern den

Heinrich Himmler eröffnet am 25. Juli 1937 die SS-Hauptreitschule in Riem

›Teutschesten der Teutschen‹?«; »Heimatort und Heimatland – zwei Schatzkammern für das menschliche Gemüt.«
Die Söhne von Gebhard und Anna Himmler – Gebhard, Heinrich und Ernst – wuchsen im 2. Stock des Nordflügels auf. Sohn Heinrich, von schwächlicher Gesundheit, studierte Landwirtschaft, übte den erlernten Beruf jedoch nie aus. Sehr früh interessierte er sich für das politische Geschehen in seiner Heimatstadt. Er engagierte sich zunehmend in der NSDAP, die in der Öffentlichkeit lärmend und brutal auftrat. Seine Mitarbeit in dieser Partei führte zum Abbruch der Beziehungen zum Elternhaus. Himmler senior verbot daraufhin das Tragen von Hakenkreuzabzeichen in seiner Schule.
Alfred Andersch (→ Neustätterstraße 6), der selbst Schüler des Wittelsbacher-Gymnasiums war und Himmler als Oberstudiendirektor kannte, hat den Vater Heinrich Himmlers und sein Umfeld in seiner Novelle »Der Vater eines Mörders« charakterisiert. Im Nachwort schreibt er: *»War es dem alten Himmler vorbestimmt, der Vater des jungen zu werden? Mußte aus einem solchen Vater mit Naturnotwendigkeit ein solcher Sohn hervorgehen? Angemerkt sei nur noch, daß Heinrich Himmler nicht, wie der Mensch, dessen Hypnose er erlag, im Lumpenproletariat aufgewachsen ist, sondern in*

einer Familie aus altem, humanistisch fein gebildetem Bürgertum. Schützt Humanismus denn vor gar nichts?«

Arnulfstraße 60

Südlich zwischen Wittelsbacher-Gymnasium und Zirkus Krone sind die Gebäude der Oberpostdirektion (Arnulfstraße 60) sichtbar. 1922-1924 wurde das damals größte Bürogebäude Münchens nach Plänen von Robert Vorhoelzer erbaut. Der betont sachliche und fast schmucklose, dabei doch gewaltig und repräsentativ wirkende Bau paßte nur schlecht in das München der zwanziger Jahre, wo man in der Architektur lieber auf wohlbekannte Traditionen zurückgriff. Auftraggeber des Postgebäudes war das Berliner Reichspostministerium.

Arnulfstraße 62

Gegenüber liegt das ehemalige Paketpostamt München 3 (Arnulfstraße 62), ebenfalls von Vorhoelzer zusammen mit Walther Schmidt entworfen, gebaut 1924 bis 1930. Der zentrale Rundbau beinhaltete die Anlagen zur Paketverteilung, er ist eines der markantesten Beispiele für den Funktionalismus der zwanziger Jahre: *»Das Gebäude ist rein das Gehäuse der Betriebsvorgänge und der dort erstmalig entwikkelten maschinellen Anlage: Betrieb, Maschine und Haus sind zu einer Einheit verschmolzen,«* wie Schmidt in seinem 1949 erschienenen Buch »Amtsbauten« schreibt. Durch die 57 Tore wurden die Pakete, die mit einer eigenen Posttrambahn (Gleise im Eingang zur Tillystraße noch vorhanden) vom Bahnhof angeliefert wurden, in Elektroautos verladen.

Anfang Mai 1919 wurde die kommunistische Münchner Räterepublik von Freikorpsverbänden und Regierungstruppen blutig niedergeschlagen. Am 9. Mai gab das Generalkommando bekannt: *»Die Ruhe ist im allgemeinen in München wieder hergestellt. Das tägliche Leben hat seine normalen Formen wieder angenommen. In den Vororten ist eine völlige Beruhigung noch nicht eingetreten. (...) Spartakisten warfen Handgranaten und streuten Maschinengewehrfeuer ab. (...) Ein Artilleriegeschoß schlug ein ...«*

Marsstraße 43

Genau in dieser Zeit, am 10. Mai 1919, öffnete der Zirkus-Krone-Bau (Marsstraße 43) seine Pforten. Mit 4.000 Sitz- und 2.000 Stehplätzen blieb er bis zur Eröffnung der Olympiahalle 1972 der größte Versammlungsbau in München.

Der Zirkusdirektor Carl Krone, der schon früh Mitglied der NSDAP war, ließ den Krone-Bau zum Schauplatz der großen Auftritte Hitlers werden.

So am 3. Februar 1921, als die NSDAP anläßlich der Festlegung der deutschen Kriegsentschädigung durch Frankreich und Großbritannien auf 226 Milliarden Goldmark zu einer »Riesenprotestveranstaltung« aufrief. Es war die erste wirklich große Versammlung, auf der Hitler sprach. In »Mein

Kampf« heißt es dazu: »*Wie eine Riesenmuschel lag dieser Saal vor mir, angefüllt mit Tausenden und Tausenden von Menschen, Zukunft oder Untergang lautete das Thema, und mir jubelte das Herz auf angesichts der Überzeugung, daß die Zukunft da unten vor mir lag. Ich begann zu sprechen, und das Gefühl sagte mir schon nach der ersten halben Stunde, daß die Versammlung ein großer Erfolg werden würde. Die Verbindung zu all diesen tausend einzelnen war hergestellt. (...) Damit waren wir zum ersten Mal aus dem Rahmen einer gewöhnlichen Tagespartei weit hinausgetreten.*« Als »politischer Zirkus« sind dann diese und die vielen folgenden NS-Veranstaltungen an diesem Ort in den deutschen Sprachgebrauch eingegangen.

So ist es auch nicht erstaunlich, daß der 1. Reichsparteitag der NSDAP am 27./29. Januar 1923 unter dem Motto »Deutschland erwache« im Zirkus Krone stattfand.

Die Atmosphäre während dieser Veranstaltungen hat Hitler in »Mein Kampf« festgehalten: »*Schon nach der ersten Stunde begann der Beifall in immer größeren spontanen Ausbrüchen mich zu unterbrechen, um nach zwei Stunden wieder abzuebben und in jene weihevolle Stille überzugehen, die ich in diesem Raume so oft und oft erlebt habe. Man hörte dann kaum mehr als den Atemzug dieser Riesenmenge, und erst als ich das letzte Wort gesprochen, brandete es plötzlich auf, um in dem in höchster Inbrunst gesungenen Deutschlandlied seinen erlösenden Abschluß zu finden.*«

In einem Polizeibericht über eine NS-Veranstaltung im Zirkus Krone am 9. März 1927 heißt es:

»*Da brausen vom Eingang her Heilrufe, Braunhemden mar-*

Carl Krone (mit Parteiabzeichen, links) und Gauleiter Adolf Wagner, 1939

schieren herein, die Musik spielt, der Zirkus spendet lärmenden Jubel, Hitler erscheint im braunen Regenmantel, geht rasch in Begleitung seiner Getreuen durch den ganzen Zirkus bis hinauf zur Bühne. Die Leute gebärden sich froh erregt und winken, rufen andauernd Heil, stehen auf den Bänken. Getrampel donnert. Dann ein Posaunenstoß, wie im Theater. Unter der tosenden Begrüßung der Zuschauer marschieren nun Braunhemden in Reih und Glied herein, voran zwei Reihen Trommler, dann die Fahne. Die Leuten grüßen nach Faschistenart mit ausgestreckten Armen. Das Publikum jubelt ihnen zu. Auf der Bühne hat Hitler in gleicher Weise den Arm zum Gruß gestreckt. Die Musik rauscht. Fahnen ziehen vorüber, blitzende Standarten mit den Hakenkreuzen im Kranz und den Adlern, den altrömischen Feldzeichen nachgebildet. Es mögen ungefähr 200 Mann vorbeidefilieren. Sie füllen die Manege und stellen sich darin auf, während die Fahnen- und Standartenträger die Bühne bevölkern. (...)
Hitler tritt rasch in den Vordergrund der Bühne. Er spricht frei, zuerst mit langsamer Betonung, später überstürzen sich die Worte, bei mit übertriebenem Pathos vorgetragenen Stellen kommt die Stimme gepreßt und nicht mehr verständlich zu Gehör. Er gestikuliert mit den Armen und Händen, springt erregt hin und her und sucht das aufmerksam ihm lauschende, tausendköpfige Publikum stets zu faszinieren. Wenn der Beifall ihn unterbricht, streckt er theatralisch die Hände aus. Das Nein, das im späteren Fluß der Rede oft vorkommt, mutet schauspielerisch an, ist auch gewollt betont. Die rednerische Leistung an und für sich war, von den unruhigen Begleitbewegungen abgesehen, dem Berichterstatter nichts Hervorragendes. Es ist nur zu verwundern, daß man sie, wenn sie 1923 ebenso war, so hoch gepriesen hat. Hitler wählt beim Vortrag plumpe Vergleiche, ganz auf das Begriffsvermögen seiner Zuhörer zugeschnitten, läßt sich keine billigen Anspielungen entgehen. Der Satzbau liebt langatmige Perioden, deren Schluß recht gekünstelt und oft zu Unrecht betont herauskommt oder wiederholt wird. Die Worte und Ansichten werden mit einer diktatorischen Sicherheit hingeschleudert, als wären sie unabänderliche, feststehende Grundsätze und Tatsachen. Das Ganze ist auch in der Sprache als etwas Herausgetriebenes erkennbar, das nicht in Hitler steckt, als eine fanatische Kraftäußerung in Worten, Abrechnungen, Behauptungen und Plänen.
Die Zuhörerschaft hat dieses Evangelium, das ihr inhaltlich nichts Neues war, mit Beifall aufgenommen. Es ist charakteristisch, daß sie an bekannten Schlagworten Beifall spendet, an abgedroschenen Wendungen.«

Pappenheimstraße 14

Der (→) Hitler-Putsch vom November 1923 mußte ein gerichtliches Nachspiel finden – ob die Machthaber in Bayern dies wollten oder nicht. Immerhin hatte man es fertiggebracht, den Prozeß nicht vor dem Reichsgericht in Leipzig stattfinden zu lassen, wie es der Gesetzeslage bei Hochverrat entsprochen hätte, sondern in München, wo man über willfährige Richter verfügte.
Da alle Gerichtsräume in München für den Besucher- und Reporterandrang zu klein waren, verlegte man die Verhandlungen in die ehemalige Kriegsschule an der Blutenburgstraße 3. Von diesem Gebäude steht heute nur noch der Flügel an der Pappenheimstraße 14, über dessen Eingang das Wort »Kriegsschule« zu erkennen ist.
Angeklagt waren Adolf Hitler (→Thierschstraße 41), Erich Ludendorff (→ Karlstraße 10), Ernst Röhm (→ Hohenzollernstraße 110), Ernst Pöhner (→Reitmorstraße 54), Wilhelm Frick (→Seitzstraße/Prinzregentenstraße) und andere, während auf der Zeugenbank Gustav von Kahr (→Maximilianstraße 39) Otto von Lossow (→Ludwigstraße 14) und Hans von Seisser (→Türkenstraße 17) als Vertreter der offiziellen Macht in Bayern saßen. Der Anklage ging es darum, die Rolle der bayerischen Regierung vor dem Hitler-Putsch zu vertuschen. Deshalb mußte sie die Angeklagten so glimpflich wie möglich behandeln.

Die Angeklagten beim Hitler-Prozeß. In der Mitte: Erich Ludendorff, rechts von ihm Hitler, Ernst Röhm, Wilhelm Frick

Hitler hatte die für ihn günstige Lage erkannt und am Anfang des Prozesses bemerkt: *»Wenn wir schon Hochverrat betrieben haben sollen, dann wundere ich mich, daß diejenigen, die damals das gleiche Bestreben hatten, nicht an meiner Seite sitzen. Ich fühle mich nicht als Hochverräter, sondern als Deutscher, der das Beste wollte für sein Volk.«*
Der Prozeß wurde zu einem großen Propagandacoup für die NSDAP. Lion Feuchtwanger schreibt in »Erfolg«: *»Die Zuhörer waren gesiebt, sie waren zu einem großen Teil Angehörige und Anhänger der Patrioten* [NSDAP, d.V.], *unter ihnen viele Damen. Die Verhandlung wurde geführt in Form einer verbindlichen Unterhaltung. Schranken gab es nicht, die Angeklagten saßen bequem an Tischen. Trat der Angeklagte General Vesemann* [Ludendorff, d.V.] *ein, so präsentierten die wachhabenden Soldaten, und das ganze Auditorium erhob sich.«* Der Prozeß verlief ganz im Sinne der Angeklagten. Der Oberstlandesgerichtsrat Ernst Pöhner z. B. konnte den Reichspräsidenten als »Ebert Fritze« beschimpfen und sagen: *»Ich habe von Anfang an diese Pseudoobrigkeiten abgelehnt. Sie sind Afterregierungen, die man vom Gesichtspunkte des deutschen Rechtsempfindens, vom Standpunkt der christlichen Kultur aus nur bekämpfen kann. Ich kann diese Regierung, ihre Einrichtung und Gesetze nicht für mich als verbindlich anerkennen.«* Dagegen hatte der Staatsanwalt Hans Ehard von der Bayerischen Volkspartei (→ Maffeistraße 4) nichts einzuwenden.
Die Urteile fielen erwartungsgemäß milde aus. Ludendorff wurde freigesprochen, doch auch Hitler kam glimpflich davon: fünf Jahre Festungshaft mit Aussicht auf Bewährung nach sechs Monaten. Die zwingende Vorschrift, Hitler als politisch-kriminellen Ausländer in seine Heimat Österreich abzuschieben, wurde nicht angewandt, denn: *»Hitler ist Deutsch-Österreicher. Auf einen Mann, der so deutsch denkt und fühlt wie Hitler, der freiwillig viereinhalb Jahre lang im deutschen Heer Kriegsdienst geleistet hat, (...) kann nach Auffassung des Gerichtes das Republikschutzgesetz ihrem Sinne und ihrer Zweckbestimmung nach keine Anwendung finden.«*, so die Urteilsbegründung, die der Landgerichtsdirektor Georg Neithardt (1871-1941) vortrug. Als Anerkennung für seine Rolle im Hitler-Prozeß stieg er 1933 zum Landgerichtspräsidenten und anschließend zum Oberlandesgerichtspräsidenten auf.
Nach der Urteilsverkündung zeigte sich der Hauptangeklagte Hitler vom Fenster des ersten Stockes aus seinen jubelnden Anhängern, die an der Straßenkreuzung mit Stacheldraht und Spanischen Reitern zurückgehalten werden mußten. Hinter ihm stapelten sich die Blumenkränze.

Der Volkskomiker Weiß Ferdl, der bereits am 17. Dezember 1921 als Zugpferd auf einer NSDAP-Veranstaltung im Bürgerbräukeller aufgetreten war, empörte sich auf der Bühne: *»Deutsche Männer stehen heute vor den Schranken des Gerichts, mutig sie die Tat bekennen, zu verschweigen gibt's da nichts! Sagt, was haben sie verbrochen? Soll es sein gar eine Schand, wenn aus Schmach und Not will retten man sein deutsches Vaterland?«*
Seine Haft trat Hitler in Landsberg an. Festungshaft war die komfortabelste und ehrenhafteste Form der Haft. Ernst Hanfstaengl (→Widenmayerstraße 18) berichtet in seinen Memoiren: *»Es gab Früchte und Blumen, Wein und andere Alkoholika, Schinken, Würste, Kuchen, Pralinenschachteln und vieles andere mehr.«* In dieser Zeit der Muße auf Kosten des von ihm bekämpften »Systems« sowie seiner zahlreichen wohlhabenden Besucher diktierte er seinem Mitgefangenen Rudolf Heß (→Löfftzstraße 3) sein Werk »Mein Kampf«, in dem er in klaren Worten und allgemein verständlich alles ansprach, was später Wirklichkeit werden sollte.
In dem Gebäude Pappenheimstraße 14 hat die bayerische Justiz (→Prielmayerstraße) Weltgeschichte gestaltet. Der Staatsanwalt Hans Ehard wurde 1933 zum Senatspräsidenten am Münchner Oberlandesgericht ernannt. Dort blieb er bis 1945, um gleich nach dem Krieg 1946-1954 und 1960-1962 bayerischer Ministerpräsident zu werden. Er war Mitbegründer der CSU und deren Vorsitzender von 1949 bis 1954. Von 1962 bis 1966 wirkte er als bayerischer Justizminister.

Nymphenburger Straße 32

Im Jahr 1928 richtete die KPD im Erdgeschoß des Rückgebäudes Nymphenburger Straße 32 die Bavaria Druckerei ein, wo sie ihre Flugblätter und Broschüren herstellte. Herausgegeben wurden diese im ebenfalls hier ansässigen Freien Verlag, in dem auch die »Neue Zeitung« (→Lindwurmstraße 203) erschien.
Seit dem 1. August 1931 kam das »Bayerische Echo«, eine »Wochenzeitung für die Interessen der Werktätigen in Stadt und Land«, heraus.
In der ersten Ausgabe legte ein »Xari Gschnapperl« Aufgaben und Inhalt der neuen Zeitung dar: *»s'Bayrische Echo, des werd net als wia a Papagei alles nachplappern, des wo eahm vorgeplappert werd, sondern des will s'Echo sein für alles, was de werktätige Bevölkerung druckt und plagt. s'Bayrische Echo werd aufweisen, wias de russischen Arbeiter und Bauern machen, wos koane Erwerbslosen gibt und wos von Tag zu Tag besser werd, wenns aa no vui z'arbeiten gibt ...«*
Bis zur letzten Ausgabe am 31. Dezember 1932 hielt die Redaktion dieses Konzept durch: Gegenüberstellung der

katastrophalen deutschen Wirklichkeit mit dem angeblichen Paradies der Arbeiter und Bauern in der Sowjetunion und verzweifeltes Ankämpfen gegen die »braune Flut«. Die Zeitung radikalisierte sich nach links und ließ beispielsweise den Terror Stalins als *»Schrecken aller Arbeiterfeinde«* hochleben. Ende des Jahres 1932 stellte das »Bayerische Echo«, das in der Art der Agitation stark an den »Völkischen Beobachter« erinnerte, sein Erscheinen ein. Als die KPD anläßlich des Reichstagsbrandes am 27. Februar 1933 verboten und ihr Parteiapparat gänzlich zerschlagen wurde, erschien auch die »Neue Zeitung« zum letzten Mal.

Das Gebäude und die Druckereiräume sind im Originalzustand erhalten.

Franz Stenzer, MdR (KPD) für Pasing, Redakteur der »Neuen Zeitung«, am 22. August 1933 im KZ Dachau »auf der Flucht erschossen«

Bayerisches Echo

Wochen-Zeitung für die Interessen der Werktätigen in Stadt und Land

Nummer 12 — München, Samstag/Sonntag, den 17./18. Oktober 1931 — 1. Jahrg.

Wir sind die Sieger von Morgen!

Schmiedet die Einheitsfront des Proletariats

um die faschistische Diktaturherrschaft niederzuringen

Neue Zeitung

Alarm! Alarm!

Die kämpfende Einheitsfront unerläßliches Gebot!

Anschlag gegen die Gewerkschaften droht!

Der Reichstag in Flammen

Die letzte Ausgabe der »Neuen Zeitung« vom 28. Februar 1933

Maxvorstadt

Die Maxvorstadt wurde im 19. Jahrhundert als repräsentatives Viertel planmäßig angelegt. Seitdem beherbergt es eine Reihe staatlicher und öffentlicher Gebäude und entwickelte sich zum behördlichen und politischen Schwerpunkt Münchens. Auch die Geschichte des frühen 20. Jahrhunderts in all ihren Facetten hat hier ihre Spuren hinterlassen.

Prielmayerstraße

Das mächtige Gebäude des Justizpalastes an der Prielmayerstraße entstand in den Jahren 1887 – 1897 und beherbergte das bayerische Staatsministerium der Justiz, das Landgericht München I und II sowie das Bayerische Oberste Landesgericht.

Diese Behörden spielten eine entscheidende Rolle beim Aufstieg der NSDAP und des gesamten rechtsradikalen Spektrums in München. Die Justiz duldete nicht nur nationalsozialistische Straftäter und Hochverräter, sie unterstützte diese sogar aktiv. Zwei Mitglieder des Obersten Landesgerichts seien in diesem Zusammenhang hervorgehoben: Theodor von der Pfordten (→ Aldringenstraße 10), Teilnehmer am Hitler-Putsch, und Ernst Pöhner (→ Reitmorstraße 54), Polizeipräsident, Förderer Hitlers, ebenfalls am (→) Hitler-Putsch beteiligt.

Nach dem Ende der Münchner Räterepublik im Mai 1919 praktizierte die Justiz im Namen des Volkes, was sie unter Recht verstand. In den Hochverratsprozessen gegen die an der Räterepublik Beteiligten verurteilten die Gerichte 65 Angeklagte zu Zuchthausstrafen, 1.737 zu Gefängnisstrafen und 407 zu Festungshaft.

Im Hofbräukeller (→ Innere Wiener Straße 19) dagegen waren im Mai 1919 zwölf angebliche Kommunisten ermordet worden. In diesem Fall brauchten die Behörden sechs Jahre, um den Fall vor Gericht zu klären und um die beiden Verantwortlichen schließlich freizusprechen. Die Staatskasse trug die Kosten.

Am 16. Januar 1920 sprach das Landgericht München I das Todesurteil über Anton Graf Arco auf Valley, den Mörder des bayerischen Ministerpräsidenten Kurt Eisner (→ Kardinal-Faulhaber-Straße). Dieses Urteil wurde mit folgendem Kommentar versehen:

»Von einer Aberkennung der bürgerlichen Ehrenrechte konnte natürlich keine Rede sein, weil die Handlungsweise des jungen, politisch unmündigen Mannes, nicht niedriger Gesinnung, sondern der glühendsten Liebe zu seinem Volke und Vaterlande entsprang und ein Ausfluß seines Draufgän-

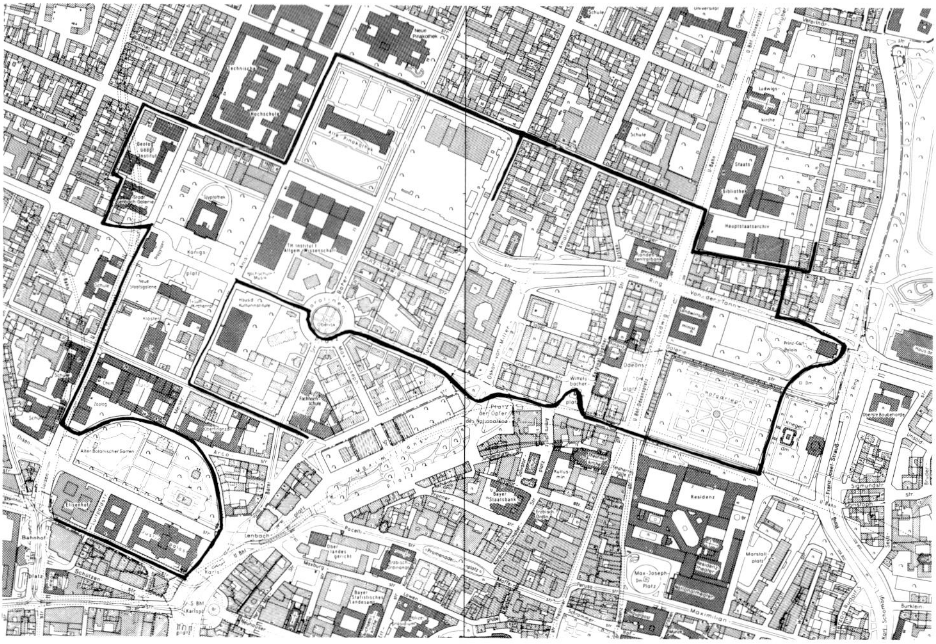

Neue Pinakothek
Technische Hochschule
Alte Pinakothek
Geolog. Institut
Stadt. Lenbach-Galerie
Glyptothek
Propyläen
Königs-
platz
Arcis-
TH Institut f. Allgem. Wissenschaften
Neue Staatsgalerie
Kloster
Haus d. Kulturinstitute
Obelisk
Barer
Türken-
Schule
Chem.
Zoolog.
Fachhochschule
Alter Botanischer Garten
Arco-
Str
Luisen-
Elisenhof
Luitpoldstr.
Justiz-
palast
Bahnhof
Schützen-
Lenbach-
platz
Karls-
S Bhf Karlspl.
Pacelli-
Ober landes gericht
Maxburg
Promenade-
Erzbisch. Ordinariat
Bayer. Statistisches Landesamt
Löwen
Maximilians-
platz
Universität
Schule
Veterinär-
Prof.-Huber-
Ludwigs-
kirche
Staats-
bibliothek
Hauptstaatsarchiv
Amalien-
Landeszentralbank
U-Bahn
Ring
Von-der-Tann-
Landwirtsch. Minist.
Ludwig-
Galerie
Prinz-Carl-Palais
Oskar-von-Miller-
Wittelsbacher-
platz
Odeons-
platz
U-Bhf Odeonsplatz
Hofgarten
Platz der Opfer des Nationalsoz.
Theatiner-
kirche
Feldherrnhalle
Kultus-
min.
Salvator-
platz
Bayer. Staatsbank
Erzbisch. Ordin.
Kardinal-Faulhaber-
Residenz
Krieger-
Dm
Franz-Josef-Strauß-
Ring
Oberste Baubehörde
Sigmundstr
Christoph-
Marstall-
platz
Max-Joseph-
Platz
Residenz-
theater
Nationaltheater
Maximilian-
Perusa-
Maffei-
Theatiner-
Burklein-
Karl-Scharnagl-
Haus der

Ernst Müller-Meiningen

gertums und der in weiten Volkskreisen herrschenden Empörung gegen Eisner war, weil ferner der Angeklagte seine Tat in allen ihren Einzelheiten ohne jeden Versuch der Beschönigung oder Verschleierung mit offenem, edlem Mute in achtungsgebietender Weise als aufrechte Persönlichkeit eingestand.«

Einen Tag später wurde Arco zu lebenslanger Festungshaft begnadigt; bereits im Mai 1924 wurde er entlassen. Kein Wunder, hatte doch der damalige nationalliberale Justizminister Ernst Müller-Meiningen bekannt: *»Ich würde mich vor meinen Kindern schämen, einen Mann wie Arco ins Zuchthaus zu schicken.«*

Im August 1922 übernahm der deutschnationale Franz Gürtner (→ Prinzregentenstraße 66) das Amt des Justizministers; er nannte die Nationalsozialisten *»Fleisch von unserem Fleische.«* In seiner Amtszeit fand vor dem Landgericht München I (1924) der Hitler-Prozeß (→ Pappenheimstraße 14) statt, der die Verbindungen zwischen den Putschisten und der bayerischen Regierung eher vertuschte als aufdeckte.

Genau wie die Justiz im übrigen Deutschen Reich war die Münchner Justiz jener Zeit auf dem rechten Auge eher blind. Sie tat sich hervor durch Rechtsbeugungen und Komplizentum mit den Nationalsozialisten, deren Aufstieg ohne die Protektion Münchner Richter und Staatsanwälte nicht denkbar gewesen wäre.

Sophienstraße

Gegenüber dem Justizpalast stand der 1854 eröffnete Glaspalast, in welchem jedes Jahr die großen Kunstausstellungen stattfanden. Am 6. Juni 1931 brannte er aus ungeklärter Ursache nieder. Zu diesem Zeitpunkt wurde gerade die Kunstausstellung 1931 gezeigt.

Eine Abteilung dieser Ausstellung bestand aus 110 Werken deutscher Romantiker wie Caspar David Friedrich und Moritz von Schwind, die aus ganz Deutschland hierher zusammengetragen worden waren. Auch sie wurden ein Raub der Flammen.

In der damaligen *»raschlebigen, von hunderttausend Dämonen gehetzten Zeit«* (Eugen Roth) wirkte das Unglück wie ein Fanal:

»Irgend etwas im Lauf der Gestirne muß in Unordnung geraten sein. Wir haben in den letzten Wochen und Monaten die Wirkung dieser kosmischen Ereignisse gespürt, im Privatleben ebenso wie im Leben des Staates. (...) Der Erdkreis hielt einen Augenblick den Atem an, als er durch Funkspruch vernahm, der Münchner Glaspalast sei mit allem, was er enthielt, niedergebrannt. Unsere Geisteskultur ist durch dieses Unglück in ihren Grundlagen und Voraussetzungen wie

durch ein Erdbeben erschüttert worden,« so der Kunsthistoriker Richard Braungart nach der Katastrophe.
Als Ersatz für den Glaspalast wurde 1937 das »Haus der Deutschen Kunst« an der Prinzregentenstraße eröffnet.

Königsplatz

Am Rande der Innenstadt und in der Nähe des Hauptbahnhofes gelegen, bot sich der Königsplatz als Ort für große politische Versammlungen an; hauptsächlich die Kräfte der Rechten nahmen ihn dafür in Anspruch. Einige ihrer Veranstaltungen, die Münchens Weg zur rechtsradikalen »Ordnungszelle« markieren, werden im folgenden geschildert:
Am 26. September 1920 fand das 1. Landesschießen der Einwohnerwehren statt. Diese waren von Georg Escherich 1919 gegen die Rätebewegung in Bayern, mit Schwerpunkt in München, gegründet worden und konnten bald mehr als eine Million Mitglieder in ganz Deutschland und Österreich verzeichnen. 1921 mußten sich die bewaffneten Verbände auf Drängen der Siegermächte auflösen, die nach der Abrüstung des kaiserlichen Heeres auf 100.000 Reichswehrsoldaten endlich auch die illegale Bewaffnung weiter Bevölkerungskreise aus Kriegsbeständen beenden wollten.
60.000 ausgewählte und mit Gewehren bewaffnete Männer der Einwohnerwehr drängten sich auf dem großen Platz. Fanfarenklänge erschollen, um die Ankunft des bayerischen

Landesschießen der Einwohnerwehren, 26. September 1920: Der »Rütli-Schwur«

Ministerpräsidenten Gustav von Kahr anzukündigen. Dieser hielt von den Stufen der Glyptothek herab eine Rede, in der er unter anderem äußerte:
»In Bayerns schwerster Not, in der Stunde größter Gefahr sind beherzte, um das Wohl des Vaterlandes treubesorgte Männer zusammengekommen, um als echte, rechte Volkswehr dem Unheil Halt zu gebieten, um Haus und Hof zu beschützen, dem schwerbedrängten Volke Ruhe und Frieden, die staatliche Ordnung wiederzugeben. Darum wird unserer Einwohnerwehr ein Ruhmesblatt in der Geschichte aller Zeiten gesichert bleiben ... Die Stätte, an der wir stehen, Zeugin einer langen, ruhmvollen bayerischen Geschichte, sie werde uns zum Rütli, das Gelöbnis zum Schwur der ganzen Nation. Wir wollen sein ein einig Volk von Brüdern, in keiner Not uns trennen und Gefahr.«
»60.000 Gewehre erhoben sich spontan zum Rütlischwur der bayerischen Einwohnerwehr«, wie eine anläßlich des Ereignisses erschienene Festschrift mitteilt. *»Was am Königsplatz geschah, war aber auch ein Akt von weltgeschichtlicher Bedeutung. Denn das bayerische Volk – und alle ordentlichen Deutschen sind darüber mit ihm eins – hat vor der ganzen Welt kundgetan, daß es sich nicht vom asiatischen Geist durchseuchen läßt und daß es der Weltanschauung des Bolschewismus einen Damm entgegenstellt.«*
Die Einwohnerwehren verstanden sich also als Bollwerk gegen die »Linken« in Deutschland und insbesondere gegen die Sowjetunion. In dieser Hinsicht wähnte man sich in der Rolle von Frontkämpfern, die das »Abendland« vor den »Nachfahren der Hunnen« schützen zu müssen glaubten. Da diese nicht als Menschen, sondern als »Seuche« aufgefaßt wurden, erschien jedes Mittel zu ihrer Bekämpfung recht. Die Politik des späteren Dritten Reiches wurde in den Köpfen der Einwohnerwehrmänner bereits vorweggenommen.
Als Reaktion auf die Ermordung des Außenministers Walther Rathenau am 24. Juni 1922 durch Nationalsozialisten trat am selben Tag die Verordnung zum Schutz der Republik in Kraft. Sie enthielt Strafbestimmungen zum Schutz von Regierungsmitgliedern und gegen die Verächtlichmachung der Staatssymbole und der Verfassung. Außerdem ermöglichte es das Verbot extremistischer Parteien und Zeitungen. Aus Protest dagegen fand am 28. Juni 1922 eine große Demonstration der »Vaterländischen Verbände« (→ Oberwiesenfeld) auf dem Königsplatz statt, zu der auch die Nationalsozialisten geladen hatten. In der Einladung hatte es geheißen, man möge doch »Taschenfeuerzeug« und »Radiergummi« mitbringen, das hieß: Revolver und Gummiknüppel zum »Schutz« gegen eventuelle sozialistische Störversuche.

Adolf Hitler, der das Ereignis auf September 1922 verlegt, erinnert sich daran in »Mein Kampf«: *»Das Eintreffen der Nationalsozialisten auf dem bereits zur Hälfte gefüllten großen Platz erregte eine unermeßliche Begeisterung. Ich selbst hatte die Ehre, vor der nun sechzigtausend Köpfe zählenden Menschenmenge als einer der Redner sprechen zu dürfen ... Die nationalsozialistische Bewegung hat damals zum ersten Male ihre Entschlossenheit gezeigt, künftighin auch für sich das Recht auf die Straße in Anspruch zu nehmen und damit dieses Monopol den internationalen Volksverrätern und Vaterlandsfeinden aus der Hand zu winden.«*
Zu demselben Ereignis schrieb die sozialdemokratische »Münchener Post«: *»Protestkundgebung der Vaterländischen«. Münchener Eigenart. Im ganzen Reich hatten die vaterländischen Vereine unter dem Eindruck des wahnsinnigen Verbrechens an Rathenau auf die geplanten Demonstrationen verzichtet. (...) Von solchen ruhigen und vernünftigen Gefühlen aber ließ man sich in der Münchener Ordnungszelle nicht leiten. So wie in München die Dinge gehandhabt wurden, mußte die Demonstration als Provokation der Revanchehetzer und Monarchisten wirken!«*
Tatsächlich wurde die Durchführung des am 21. Juli 1922 verabschiedeten Gesetzes zum Schutz der Republik in Bayern nur durchgesetzt, wenn man gegen linke Gruppierungen vorgehen wollte. Die Anwendung des Republikschutzgesetzes wurde in der Regel, wenn es galt, gegen die wirklichen Feinde der Weimarer Republik, die Rechtsradikalen, einzuschreiten, verweigert. Das folgenreichste Beispiel dafür war der Hitler-Prozeß des Jahres 1924 (→ Pappenheimstraße 14).
Auch für den Katholikentag am 27. August 1922 wurde der Königsplatz benutzt. Die Straßen der Stadt waren mit Fahnen geschmückt, nur das Schwarz-Rot-Gold der Republik war demonstrativ vergessen worden. Auf dem Königsplatz versammelten sich Zehntausende von Gläubigen zum Festgottesdienst, bei dem sich die katholische Kirche mit eindrucksvollem Gepränge darstellte.
Kardinal Michael von Faulhaber (→ Kardinal-Faulhaber-Straße 7) rief in seiner Ansprache zum Kampf der Kirche gegen den Staat auf:
»Wehe dem Staat, der seine Rechtsordnung und Gesetzgebung nicht auf den Boden der Gebote Gottes stellt, der eine Verfassung schafft ohne den Namen Gottes, der die Rechte der Eltern in seinem Schulgesetz nicht kennt, der die Theaterseuche und die Kinoseuche nicht fernhält von seinem Volk, der Gesetze gibt, die die Ehescheidung erleichtern, die die uneheliche Mutterschaft in Schutz nehmen. Wo die Gebote Gottes nicht mehr gelten, werden 10.000 Staatsgesetze die Ordnung

Katholikentag, 27. August 1922

nicht aufrichten. Wenn die Staatsgesetze mit den Gottesgesetzen in Widerspruch sind, gilt der Satz: Gottes Recht bricht Staatsrecht.«

Diese politischen Ansichten des Kardinals führten zum Eklat. Der 1. Präsident des Katholikentages, der Kölner Oberbürgermeister Konrad Adenauer, wandte sich drei Tage später gegen Kardinal Faulhaber: *»Es sind hie und da Äußerungen gefallen, die man sich aus Verhältnissen örtlicher Natur erklären kann, hinter denen aber die Gesamtheit der deutschen Katholiken nicht steht ... Es verrät Mangel an historischem Blick, die heutige Verfassung verantwortlich zu machen für die heutigen Zustände.«*

Die Rede Faulhabers auf dem Königsplatz veranlaßte die Reichsregierung, sich bei Papst Pius XI. zu beschweren, so daß der Kardinal sich in Zukunft öffentlich weniger kontrovers äußerte.

Brienner Straße 40

Der »Verein für Fraueninteressen und Frauenarbeit« hatte 1910–1935 seine Geschäftsräume im Gebäude Brienner Straße 40 (damals 37), das heute nicht mehr steht.

Vor dem Ersten Weltkrieg waren Frauen weitgehend rechtlos. Sie hatten kein Wahlrecht, mußten bei Heirat häufig ihren Beruf aufgeben und waren in allen Rechtsgeschäften ihren Ehemännern unterworfen. Der Krieg hatte eine zweifelhafte Gleichstellung insofern gebracht, als die freigewordenen Arbeitsplätze der Soldaten besetzt werden mußten. Erst

Verein für Fraueninteressen und Frauenarbeit

Geschäftsstelle Briennerstr. 37/0 · Telefon 52931

durch die Revolution im November 1918 erhielten Frauen wenigstens das Wahlrecht.
»*Der Verein für Fraueninteressen und Frauenarbeit wendet sich an die Frauen aller Stände, aller Berufs- und Gesellschaftskreise und Bekenner jeder Weltanschauung und fordert sie zur Mitarbeit auf*«, formulierte 1924 die 1. Vorsitzende Luise Kiesselbach (→ Kurfürstenstraße 30), die für die Deutsche Demokratische Partei im Stadtrat saß. Unter ihrer Führung vertrat der Verein bürgerlich-liberale Interessen, wie die Zulassung der Frauen zur Universität, die Reform der Armenpflege und des Vormundschaftswesens, ferner die Zulassung von Schöffinnen bei Rechtsfällen, die Jugendliche und Frauen betrafen. Der Verein wollte »*dem öffentlichen Wohl dienen, sei es in Bekämpfung der Unsittlichkeit, des Alkohols, des Wohnungselends, der Mutter- und Kindernot.*«
Im Haus in der Brienner Straße 40 befanden sich auch der »Hauptverband Bayerischer Frauenvereine« und der »Stadtbund Münchner Frauenvereine«, die die Arbeit der ihnen angeschlossenen Vereine in ganz Bayern bzw. in München koordinierten.
Die Arbeit des »Vereins für Fraueninteressen« hatte folgende Schwerpunkte: Informationen über Rechtsschutz, Auskunftsstelle für die Wohlfahrtseinrichtungen Münchens, Berufsberatung für Frauen, Hilfe für Frauen in Notsituationen, Hinterbliebenenfürsorge. Eine Sonderrolle nahm dabei die »Stelle für akademisch gebildete Frauen« ein, da es hier weniger um finanzielle, als vielmehr allgemein-juristische Probleme ging. Ein weiterer Schwerpunkt des Vereins war die Sorge um vernachlässigte oder gefährdete Kinder. Der Verein unterhielt im Westend eine »Kinderherberge für 20 Armen- und Fürsorgepfleglinge« und im Forstenrieder Park das »Gabrielenheim«, ein von der Stadt überlassenes Forsthaus. Es wurde umgebaut und renoviert und bot jeweils 45 Kindern das ganze Jahr über Erholung und Ruhe fern der Großstadt und ihren meist schlechten Lebensbedingungen.
Im Jahr 1935 kauften die benachbarten Isar-Amper-Werke das Anwesen und kündigten dem »Verein für Fraueninteressen und Frauenarbeit« den Mietvertrag. Die sich als unpolitisch verstehende Organisation löste sich auf.

Richard-Wagner-Straße 27

Fritz Gerlich

Eine Gedenktafel am Haus erinnert daran, daß hier Dr. Fritz Gerlich von 1921 bis 1934 gewohnt hat. Gerlich wurde 1883 in Stettin geboren. Seine Eltern gehörten der calvinistischen Konfession an.

Im Ersten Weltkrieg tat sich Gerlich als alldeutscher und annexionsbegeisterter Propagandist einer deutschen Weltmachtrolle hervor. Wegen seiner politischen Einstellung wurde er 1920 zum Chefredakteur der Münchner Neuesten Nachrichten, MNN, (→ Sendlinger Straße 8) berufen, nachdem Vertreter der rheinischen Schwerindustrie die Zeitung gekauft hatten, um sie zur Propagierung ihrer Ziele einzusetzen.

Unter Gerlichs und Paul Nikolaus Cossmanns Führung schwenkten die MNN auf einen scharf rechten Kurs ein: gegen die »Erfüllungspolitik« der Berliner Reichsregierung bezüglich der Forderungen des Versailler Vertrages, gegen die aus der Niederlage entstandene Republik mit ihrer Parteienvielfalt, gegen Sozialismus und Kommunismus oder das, was man darunter verstand. Als unter Mitwirkung des Generalstaatskommissars Gustav von Kahr (→ Maximilianstraße 39) der Staatsstreich gegen das Reich vorbereitet wurde, war Gerlich mit Begeisterung dabei. Kahrs Rede am 8. November 1923 im Bürgerbräukeller (→ Hitler-Putsch) stammte aus den Redaktionsräumen der MNN. Gerlich hatte an ihr mitgearbeitet. Trotz seiner Vorliebe für autoritäre Regierungsformen hatte Gerlich von Adolf Hitler und seinen Braunhemden die denkbar schlechteste Meinung; sie erschienen ihm als brutal, primitiv, wortbrüchig und als Verräter am Wohl der Nation.

Im Jahr 1928 besuchte Gerlich die damals populäre Therese Neumann in Konnersreuth. Angeblich traten bei ihr zu bestimmten Zeiten die Leidensmale Jesu Christi an Händen und Füßen auf. Darüber hinaus behauptete sie, vollständig ohne Nahrung auszukommen.

Gerlich wollte, wie er sagte, *»dem Schwindel auf die Spur kommen.«* In einem zweibändigen Werk legte er die Ergebnisse seiner Untersuchungen dar: Es ließen sich keine wissenschaftlichen Erklärungen für das Wunder, an das er nun selbst glaubte, finden. Er selber zog daraus persönliche Konsequenzen und wurde 1931 katholisch – mit dem rastlosen Eifer des Konvertiten. Schon vorher hatte er die MNN infolge persönlicher Differenzen verlassen und 1930 die Wochenschrift »Der Gerade Weg – Deutsche Zeitung für Wahrheit und Recht« gegründet. In ihr führte Gerlich nun einen fanatischen Kampf gegen die Nationalsozialisten. An seinen christlichen Maßstäben gemessen erschienen ihm aber auch die Deutschnationalen unter Alfred Hugenberg als politisch verbrecherisch und persönlich aufs äußerste unmoralisch.

Bald verkauften sich 100.000 Exemplare seiner Wochenzeitung, im März 1932 sogar 1,25 Millionen im ganzen Deutschen Reich.
Seine Gegnerschaft zu den Nationalsozialisten hatte ihn inzwischen zu einem Befürworter der Weimarer Republik und einem gemäßigten Freund der Arbeiterschaft gemacht. Noch am 8 März 1933 bezeichnete er Hitler und seine Politik als undemokratisch und verbrecherisch. Am 9. März wurde er verhaftet, am 30. Juni 1934 im KZ Dachau ermordet.

Gabelsbergerstraße 26

Die Freimaurerloge »In Treue fest« bezog 1916 das Rückgebäude des von ihr erworbenen, im Krieg 1944 zerstörten Hauses Gabelsbergerstraße 26. Die Adresse wurde bald ein Zentrum der Freimaurerei in München. Folgende Logen hatten im Jahr 1930 hier ihren Sitz: »Constantia vom Fels zum Meer«, »Deutsche Wacht im Süden«, »Freundschaft im Hochland«, »Sturmfried« und »Zum aufgehenden Licht an der Isar«. Die Freimaurer traten aus Achtung vor der Würde jedes Menschen für Toleranz, Brüderlichkeit und Hilfsbereitschaft sowie eine allgemeine Menschenliebe ein. Sie hielten das Austragen von Konflikten ohne Gewalt für möglich, falls ein Vertrauensverhältnis zwischen Menschen auch verschiedener Ansichten vorhanden sei. Da *»die Freimaurerei in Kreisen der sogenannten Intelligenz eine allgemeine pazifistische Lähmung des nationalen Selbsterhaltungstriebes einleitet.«* (»Mein Kampf«), wurde der Besitz 1934 enteignet und der Gauleitung München-Oberbayern des »Nationalsozialistischen Lehrerbundes« übergeben.

Arcisstraße 21

Hermann Hahns Rosselenker

Die steigenden Studentenzahlen an der damaligen Technischen Hochschule machten den Bau zweier Erweiterungsbauten an der Arcis-/Gabelsbergerstraße und Arcis-/Theresienstraße notwendig, für die 1923 der Architekt German Bestelmeyer den Auftrag erhielt. Er leitete seit 1924 die Akademie der Bildenden Künste und übte starken Einfluß auf das künstlerische Leben in München aus.
Die 1926/1928 vollendeten Eckbauten weisen in der Architektur und bei Stilelementen unübersehbare Parallelen zu den benachbarten, 1933 begonnenen Gebäuden der NSDAP-Parteileitung auf (Arcisstraße 12, Meiserstraße 10). Die Anordnung und Umfassung der Fenster sowie die Fenstersimse ebenso wie der trutzige Gesamteindruck und die Innenarchitektur lassen die gestalterischen Prinzipien des Dritten Reiches bereits vorausahnen.
Die Zeitschrift »Die Baukunst« widmete Bestelmeyer anläßlich seines Todes im Juli 1942 eine eigene Nummer, in der seine Arbeit gewürdigt wurde:

Vordergebäude Gabelsbergerstraße 26 (Tabakladen)

»Mit dem neuen Bauwillen des Großdeutschen Reiches erfuhr Bestelmeyers Tätigkeit eine außerordentliche Steigerung. Im Getümmel des Anschauungskampfes der Nachkriegsjahre gehörte er zu jenen, die für die deutsche Kunst die Ziele der Bewegung verfolgten, für die die Machtübernahme die Erfüllung ihrer Lebensarbeit bedeutete.«

Zwischen den beiden Erweiterungsbauten kamen ein »Rosselenker« von Hermann Hahn und ein »Roßbändiger« von Bernhard Bleeker zur Aufstellung. Das Pferd des letzteren wurde ein Opfer des Bombenkrieges. Der »Lenker« steht heute auf der anderen Straßenseite. Er wurde im »Völkischen Beobachter« vom 8. Juli 1930 begeistert gewürdigt:

»Des Gedankens kühner Flug findet Erfüllung in jäher Steigerung zu majestätischem Höhepunkt, als Denkmal von Hoheit und Kraft, im Pferdelenker von Bernhard Bleeker. Es beherrscht, von kleinlichem Beiwerk unbeirrt, allein und selbstherrlich, Ruhe und Bewunderung heischend, den Raum.«

Völlig anderer Meinung war das separatistisch-reaktionäre »Bayerische Vaterland«: *»Fast ganz München, soweit es sich zu den anständigen Leuten rechnet, ist empört über den Skandal der zwei nackat'n Lackl vor der Technischen Hochschule in der Arcisstraße mit den ganz besonders betonten Geschlechtsmerkmalen.«*

Türkenstraße 17

Von der Prinz-Arnulf-Kaserne ist nur noch der Haupteingang in der Türkenstraße 17 übriggeblieben. Die Inschrift »Dem ruhmreichen Kgl. Bayerischen Infanterie- Leib-Regiment 1814–1919« erinnert daran, daß hier die Traditionstruppen der bayerischen Armee untergebracht waren. Deshalb fand an diesem Ort am 25. August 1919 in Anwesenheit des Reichspräsidenten Friedrich Ebert die Übernahme des bayerischen Heeres in die Reichswehr statt. Fortan bildete Bayern den Wehrkreis VII, dessen Kommando bis 1922 in der Kaserne einige Dienststellen hatte. Von 1923–1925 belegte das Finanzamt die Räume, danach das Kommando der Landespolizei. Sie sollte, wenn die Schutzpolizei zahlenmäßig überfordert war, für Ruhe und Ordnung in den politisch unruhigen zwanziger und frühen dreißiger Jahren sorgen. Ihr Kommandeur war Hans Ritter von Seisser (→ Hitler-Putsch).

Theresienstraße 25

Im Rückgebäude des Anwesens Theresienstraße 25, das nicht mehr steht, befand sich im Erdgeschoß die Öffentliche Speisehalle III für Arme; im ersten Stock war 1918-1941 die »Soziale und karitative Frauenschule des Katholischen Frauenbundes« untergebracht.

Das Haus gehörte Ellen Ammann und ihrem Mann, dem Arzt Othmar Ammann; sie wohnten im Vordergebäude. Ellen Ammann wurde 1870 in Stockholm geboren, nahm mit ihrer Heirat die bayerische Staatsangehörigkeit und den katholischen Glauben an, und fühlte sich seitdem als Bayerin und Münchnerin, wie ihre Biographin Marie von Godin versichert.

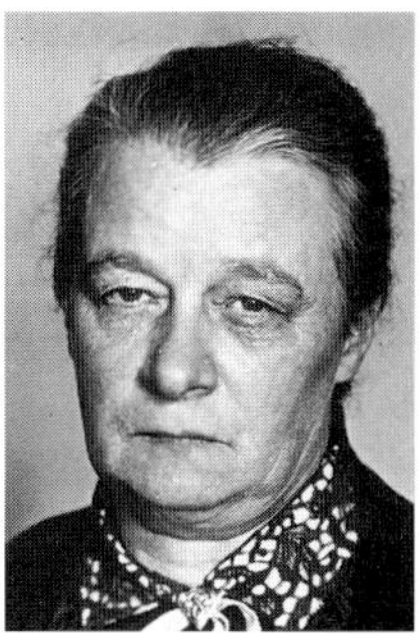

Ellen Ammann, ca. 1930

Im Herbst 1904 gründete sie den »Katholischen Frauenbund« in München, um den Frauen den ihnen gebührenden Platz in der Gesellschaft zu erkämpfen. Ein Mitbegründer des Frauenbundes, Pater Benno Auracher, hatte schon früher darauf hingewiesen, *»welch bedeutsamer Faktor im wirtschaftlichen Leben der Vergangenheit die Frau gewesen war durch die Erzeugnisse ihres umsichtigen Fleißes.«* Sie sei der schlechthin entscheidende wirtschaftliche Faktor gewesen, weil der Mann lediglich dem Krieg, der Jagd und der Herstellung von Waffen huldigte und bestenfalls nur noch die Haustiere versorgte. Pater Benno beklagte dementsprechend, daß die ehemals dominierende Rolle der Frau im Laufe der Jahrhunderte *»verschrumpft sei und sich im Kochtopf und Linnenspind verkrochen«* habe. Diesen *»unhaltbaren Zuständen«* abzuhelfen, war das Ziel der Frauenschule. Aber erst mit der politischen Gleichberechtigung der Frau, die die Revolution vom November 1918 gebracht hatte, trat die Organisation an die Öffentlichkeit. Ihr Ziel war, *»die katholische Frau für die Arbeit im Staate zu rüsten«.*

Im Lehrplan des Schuljahres 1928/29 beispielsweise waren enthalten: Stadt- und Betriebsführungen, ein Besuch des Frauengefängnisses Aichach, der Arbeiterhochschule Seehof und des Walchenseekraftwerkes, Teilnahme an Jugendgerichtsverhandlungen, Führungen durch soziale Einrichtungen etc. Weiterhin Kurse über Schulkinderpflege, Sozialarbeit, Trinkerfürsorge und über »Die Bedeutung moderner Seelenforschung für die christliche Erziehung«.
Daneben wurde ein theoretisches, zweijähriges Lehrprogramm angeboten, das 1928/29 66 Schülerinnen hauptsächlich aus München, aber auch aus Düsseldorf und Gladbeck, belegten. Unterrichtsinhalte waren Staatsbürgerkunde, Strafrecht, Volkswirtschaft, Bürgerliches Recht, Frauenfrage und Frauenbewegung usw., vermittelt von qualifizierten Frauen und Männern des öffentlichen Lebens. Den Abschluß bildete ein vom Innenministerium und der Regierung von Oberbayern anerkanntes Staatsexamen.
Ellen Ammann selbst gehörte 1918 zu den Gründungsmitgliedern der Bayerischen Volkspartei (BVP) (→Maffeistraße 4), für die sie 1919-1932 im Landtag saß.
»Jetzt war sie – wie der Fisch im Wasser – in ihrem naturgemäßen Element« (Godin). *»Man hat sie oft zu Rate gezogen, wenn auch ihre unbeugsame Entschiedenheit und die Energie, mit der sie die Gleichberechtigung der Frau vertrat, für die Männer der Fraktion nicht immer bequem gewesen ist. Wo es nämlich galt, dieser Gleichberechtigung der Frau gegen männliche Herrschaftsgelüste Anerkennung zu erzwingen,«* kannte Ellen Ammann keine Kompromisse.
Ihre eigene Partei, die BVP, schlug Ende der zwanziger Jahre eine immer reaktionärere Richtung ein. Auch eine angemessene Vertretung der Frauen in ihren Reihen – entsprechend der weiblichen Wählerschaft – war nicht mehr durchzusetzen. Ellen Ammann empfand dies als faktische Aberkennung der Staatsrechte der Frau und dachte an die Gründung einer Frauenpartei. Am 22. November 1932 erlitt sie am Rednerpult des Landtages einen Schlaganfall und starb kurz darauf. An ihrer Beerdigung im Alten Südfriedhof nahmen Tausende von Trauergästen teil. Das Domkapitel wurde von Kardinal Faulhaber angeführt, der Ministerpräsident Heinrich Held und das gesamte Kabinett waren anwesend, ebenso die Spitzen der Stadtverwaltung und Mitglieder des ehemaligen königlichen Hauses. Kardinal Eugenio Pacelli, der frühere Nuntius in München und spätere Papst Pius XII. teilte schriftlich aus Rom mit, er schließe die Verstorbene in sein Gebet ein. Heute ist Ellen Ammann fast vergessen.

Ludwigstraße 14

Seit August 1919 bildete Bayern den Wehrkreis VII der Reichswehr, dessen Kommando sich im ehemaligen Kriegsministerium an der Ludwigstraße 14 befand (→ Türkenstraße 17).

Am 28. September 1921 übernahm Generalleutnant Otto von Lossow (1868 – 1938) die Befehlsgewalt über die in Bayern stationierte 7. Division. Der Zusammenbruch des Deutschen Kaiserreiches (1918) hatte Lossow beruflich wie privat erschüttert. Die politischen Verhältnisse wollte er fortan – wenn nötig mit Gewalt – wenden. Der dabei denkbare Krieg gegen Frankreich sollte mit einer durch rechtsradikale Wehrverbände verstärkten Reichswehr gewonnen werden. Zu diesem Zweck wurden sie von der Armee ausgebildet und mit Waffen versorgt.

Adolf Hitler hatte Lossow mit seiner Kompromißlosigkeit beeindruckt, und Hitlers Parteigänger Ernst Röhm (→ Hohenzollernstraße 110) sorgte in seiner Eigenschaft als Stabsoffizier im Wehrkreiskommando für ein Gedeihen der Beziehungen zwischen der Armee des demokratischen Staates und seinen erbitterten Gegnern. Als z. B. am 27. Januar 1923 der 1. Reichsparteitag der NSDAP auf dem (→) Marsplatz abgehalten werden sollte, unterlief Lossow den von der Regierung verhängten Belagerungszustand. Er ließ sich von Hitler das Ehrenwort geben, keinen Putsch durchführen zu wollen. Hitler erreichte so die Durchführung der geplanten NS-Aufmärsche.

Am 26. September 1923 ernannte die bayerische Regierung Gustav von Kahr (→ Maximilianstraße 39) zum Generalstaatskommissar, auf den die gesamte vollziehende Gewalt in Bayern überging. Am nächsten Tag verlangte die Reichsregierung das Verbot des »Völkischen Beobachters« wegen eines beleidigenden Artikels über die Berliner Reichswehrführung. Lossow verweigerte die ihm befohlene Durchsetzung des Verbotes und wurde am 20. Oktober von der Reichsregierung abgesetzt. Nun übernahm die bayerische Regierung das Kommando über die 7. Division. Lossow, Kahr und der Chef der Landespolizei, Hans Ritter von Seisser, regierten das Land als eigenständiges Triumvirat und bereiteten zusammen mit Rechtsradikalen in Norddeutschland den Staatsstreich in München und Berlin vor.

Die Spannungen zwischen München und Berlin wollte die NSDAP für ihren eigenen (→) Hitler-Putsch ausnützen. Am 9. November 1923 besetzten Nationalsozialisten unter Führung von Ernst Röhm das Wehrkreiskommando, um Generalleutnant Lossow zum Mitmachen zu bewegen. Dieser aber erschien nicht, sondern ließ die Landespolizei gegen die Aufständischen antreten.

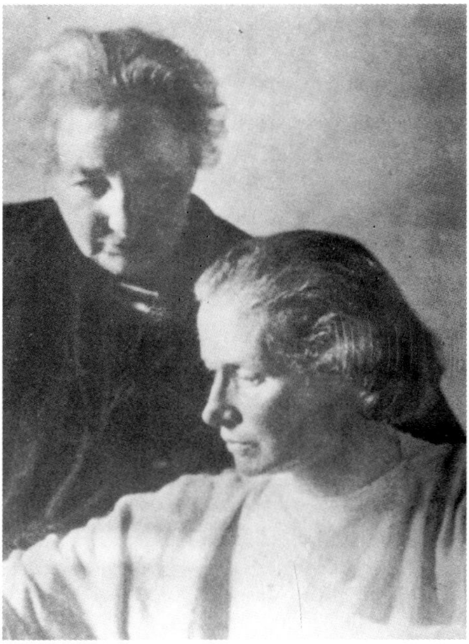

Anita Augspurg und Lida Gustava Heymann, ca. 1920 (beides aus: Rudolf Herz, Brigitte Bruns [Hrsg.], Hof-Atelier Elvira 1887–1928. Ästheten, Emanzen, Aristokraten, München 1985)

Plakat zu einer Wahlveranstaltung zur Landtagswahl am 12. Januar 1919

Am 29. Februar 1924 enthob der Reichswehrminister Otto Geßler Lossow seiner Funktion als Landeskommandant. Dieser trat kurz darauf als Zeuge im Hitler-Prozeß (→ Pappenheimstraße 14) auf, ohne jedoch selber unter Anklage gestellt zu werden. Danach zog sich Lossow völlig ins Privatleben zurück.

Kaulbachstraße 12

Im Gartengebäude der Kaulbachstraße 12 lebte bis 1933 die Frauenrechtlerin Anita Augspurg (1857-1943). Sie mußte in Zürich studieren, um 1897 in den Rechtswissenschaften promovieren zu können, da dies damals den Frauen im Deutschen Reich nicht möglich war. Danach wurde sie Präsidentin des »Verbandes für Frauenstimmrecht«. Während des Ersten Weltkrieges gründete Anita Augspurg mit anderen Frauen in den neutralen Niederlanden den »Internationalen Ausschuß für einen dauernden Frieden«, der 1918 in »Internationale Frauenliga für Frieden und Freiheit« umbenannt wurde.

Antonie Pfülf, ca. 1930 (aus: Antje Dertinger, Dazwischen liegt nur der Tod. Leben und Sterben der Sozialistin Antonie Pfülf, Berlin 1984)

Als am 12. Januar 1919 in Bayern Landtagswahlen stattfanden, kandidierte Anita Augspurg auf der Liste der sozialistischen Unabhängigen Sozialdemokratischen Partei (USPD) des Ministerpräsidenten Kurt Eisner, ohne dieser Partei anzugehören. Zum ersten Mal in der bayerischen Geschichte konnten Frauen wählen. Dies hatten sie der Revolution vom November 1918 zu verdanken. Sie machten 54 Prozent der Wählerschaft aus. Das Wahlergebnis selbst war für die regierende USPD eine Katastrophe: Mit drei Sitzen schnitt sie am schlechtesten ab, die klerikale Bayerische Volkspartei (BVP) erzielte mit 66 Mandaten das beste Ergebnis.

Anita Augspurg exponierte sich als eine der Vorsitzenden des deutschen Zweiges der »Internationalen Frauenliga« als radikale Frauenrechtlerin und Pazifistin. Sie und ihre Lebensgefährtin, Lida Gustava Heymann (1868-1943), forderten 1923 die Ausweisung Adolf Hitlers, worauf sie auf eine »Schwarze Liste« der Nationalsozialisten gesetzt wurden. Nach deren Machtübernahme sollten sie ermordet werden.

Im Januar 1933 befanden sich die beiden Frauen auf einer Mittelmeerreise, als sie vom Regierungsantritt Hitlers hörten. Eine Rückkehr nach München war unmöglich, wie Augspurg in ihren Memoiren schreibt: *»Es wäre Wahnsinn gewesen, uns den Hitler-Schergen auszuliefern, diesen sadistischen Psychopathen, diesen Landsknechten schlimmster Sorte.«*

Also emigrierten Augspurg und Heymann nach Zürich, wo sich die Zentrale der »Internationalen Frauenliga« befand. Die Nationalsozialisten ließen ihre Wut auf die radikale Frauenbewegung im Gartenhaus in der Kaulbachstraße aus: Die gesamte Einrichtung und alle Unterlagen wurden stellvertretend für ihre Besitzerinnen vernichtet.

Das Schicksal der Weimarer Republik und ihren Untergang hatten Lida Gustava Heymann bereits 1919 vorgezeichnet. In der von ihr und Augspurg herausgegebenen Zeitschrift »Die Frau im Staat« schrieb sie im Januar 1919:

»Dieselben altersschwachen Greise, dieselben Parteigötzen, die seit Jahrzehnten zu jedem Kuhhandel, zu jeder Konzession bereit waren, die sich von der verflossenen preußisch-monarchistischen, militärischen Regierung so schmachvoll hatten betrügen lassen, die deren verbrecherische Kriegspolitik mitgemacht haben und dadurch eine nie wieder gutzumachende Schuld auf sich luden, diese Männer ziehen wieder in die Nationalversammlung ein.«

Ab 1928 wohnte im Gartengebäude der Kaulbachstraße 12 die Hauptlehrerin Antonie (»Toni«) Pfülf (1877-1933). Seit 1902 arbeitete sie als Lehrerin – u.a. in Oberammergau. Im selben Jahr war sie in die SPD eingetreten. Innerhalb der Sozialdemokratie setzte sie sich für die juristische, berufliche und politische Gleichberechtigung der Frauen ein.

Sie selbst gehörte der Nationalversammlung von Januar 1919 bis Juni 1920 für den Wahlkreis Oberbayern/Schwaben an, danach dem Reichstag bis Dezember 1924. Seitdem vertrat sie ununterbrochen bis zum 8. Juni 1933 den Wahlkreis Nieder-

bayern/Oberpfalz im Reichstag. Dies war für eine Frau in der damaligen Zeit umso erstaunlicher. Auch ihr Parteigenosse Wilhelm Hoegner war überrascht, *»wie sie mit ihrem Antialkoholismus und ihrer Freigeisterei bei dieser gut katholischen und trinkfesten Bevölkerung zurechtkam.«*
Nach den Reichstagswahlen vom März 1933 wurde Antonie Pfülf zeitweise in »Schutzhaft« genommen. Der Terror der Nationalsozialisten, der geduldet oder unterstützt wurde von den Kirchen, dem Militär und der Industrie, und der kampflose Untergang der einst mächtigen deutschen Arbeiterbewegung brachen die Lebenskraft der Reichstagsabgeordneten. Nachdem sie ihren Besitz unter Freunden verschenkt hatte, wählte sie in ihrer Wohnung am 8. Juni 1933 den Freitod. Anläßlich ihres 60. Todestages ließ die Stadt München 1993 auf dem Nordfriedhof eine Gedenkstele enthüllen.

Kaulbachstraße 10

Im gleichen Anwesen, in der Kaulbachstraße 10, wohnte von 1912 bis zu seinem Tod 1934 der Architekt Paul Ludwig Troost (1878-1934) im Erdgeschoß links. Seit 1903 lebte er in München. Er entwarf Wohnhäuser und insbesondere Inneneinrichtungen. Er ließ sich vom Klassizismus inspirieren und entwickelte dabei einen ausgeprägten Hang zu Pathos und Monumentalität. Einer seiner wichtigsten Kunden war der Norddeutsche Lloyd, der sich von Troost die Inneneinrichtung seiner Passagierschiffe entwerfen ließ.
Auch ein anderer Auftraggeber fand Gefallen an der Architektur des Professors an der Akademie der Bildenden Künste in München. Die NSDAP hatte 1930 das Palais Barlow an der (→) Brienner Straße 45 erworben, um dort ihre neue Parteizentrale unterzubringen. Die steigende Bedeutung und Finanzkraft der Partei ermöglichten eine repräsentative Umgestaltung des Gebäudes. Als Innenarchitekten wählte Hitler Troost aus, der das Palais zum »Braunen Haus« umbaute.
Den »Führer« hatte Troosts Arbeit so überzeugt, daß er ihn schon 1932 beauftragte, die Parteizentrale an der Arcisstraße 10-12 und das Haus der Deutschen Kunst zu entwerfen: *»Nächstes Jahr kommen wir an die Macht! Schaffen Sie mir einen Idealentwurf!«*
Trotz seines frühen Todes am 21. Januar 1934 gilt Troost als der Architekt, der in seinen Plänen bereits die Grundzüge der nationalsozialistischen Stadtplanung festgelegt hat, wie sie später im gesamten Deutschen Reich zur Ausführung kam.

Hofgarten

Am 14. Dezember 1924 wurde das Münchner Kriegerdenkmal im Hofgarten vor dem Armeemuseum eingeweiht. Es erinnert an die 13.000 Münchner, die im Ersten Weltkrieg

Einweihung des Kriegerdenkmals, 14. Dezember 1924

gefallen sind und deren Namen in der Plattenverkleidung eingemeißelt waren. Die Bomben des nächsten Weltkrieges haben diese Verkleidung vernichtet.

Das Denkmal selbst überstand den Bombenkrieg. Es steht in einer zwei Meter tiefen Senke, in die zwei enge, abgewinkelte Treppen führen, und ist einem verbunkerten Gefechtsstand nachempfunden. Die Deckplatte allein wiegt 5.000 Zentner; dies erschien notwendig, um den überlebensgroßen toten Soldaten im Inneren zu schützen. Obwohl es sich hier um die Darstellung eines Opfers der mörderischen Schlachten in Frankreich handelt, sehen wir einen völlig unverletzten, korrekt und sauber gekleideten Soldaten vor uns. Die Inschriften im Innenraum und auf der Deckplatte sind Ausdruck der Kriegsverherrlichung der damaligen Zeit.

Über die Enthüllung des Denkmals schrieb die sozialdemokratische »Münchener Post«:

»Die Überbleibsel einer versunkenen verstaubten Zeit gaben sich bei der Eröffnung des in der Hauptsache aus öffentlichen Mitteln vor dem Armeemuseum erstellten Denkmals für die 13.000 gefallenen Münchener ein kleines monarchistisches Stelldichein. Man sah königliche Hoheiten, Exzellenzen, den Ministerpräsidenten, ordenbesäte Offiziere, Etappenkämpfer, Biertischpatrioten und neugieriges Volk.«

Der »Bund republikanischer Kriegsteilnehmer« wollte am selben Tag eine eigene Gedenkfeier abseits des militärischen Zeremoniells und der *»Reden von ewiger Dankbarkeit und dergleichen Phrasen«* veranstalten, doch wurde diese vom Polizeipräsidenten verboten. So konnte Kronprinz Rupprecht von Bayern, im Weltkrieg Generalfeldmarschall, mit seinem Marschallstab in der Rechten das Denkmal ungestört enthüllen.

Das Kriegerdenkmal diente immer wieder als Kulisse für militaristische Aufzüge und Totengedenken. Eines dieser Ereignisse sei herausgegriffen: der »10. Reichsfrontsoldatentag« der Organisation »Stahlhelm«, der am 1. und 2. Juni 1929 in München mit angeblich 100.000 Teilnehmern stattfand (→ Reichenbachbrücke, → Dante-Stadion). Der »Stahlhelm« stellte sich und seine Ziele zu diesem Anlaß wie folgt vor:

»Aus eigener Kraft hat der Stahlhelm zum 1. Juni nach München eine Kraft geworfen, zahlenmäßig so stark wie die gesamte Reichswehr, ihr an geistigem Schwung und innerer Geschlossenheit vielleicht noch überlegen. Der Aufmarsch war eine Organisationsleistung von imponierender Größe, eine Demonstration gewaltiger ideeller Kräfte. Der Abtransport erweckte bei Truppe und Bevölkerung eine Stimmung ähnlich der vom August 1914. Wir glauben, daß dieser lebendige Willenskörper aus dem politischen Leben des neuen Deutschland nicht mehr wegzudenken ist, daß er im deutschen Volk eine große politische Sendung hat: Totengräber des heutigen Regimes und Wegbereiter für Recht und Freiheit der deutschen Nation zu sein!«

Der »Stahlhelm, Bund der Frontsoldaten« war Ende 1918 als politischer Wehrverband gegründet worden. Er sah seine Daseinsberechtigung im Wiederaufbau eines starken Deutschlands unter autoritärer Führung. Mitte der 20er Jahre hatte der Stahlhelm rund 400.000 Mitglieder. Eines seiner Ehrenmitglieder war Hindenburg, der seit 1925 als Reichspräsident amtierte.

Odeonsplatz 4

Der letzte bayerische König, Ludwig III., hatte nach der Revolution im November 1918 zwar seine Beamten und Soldaten von ihrem Treueid auf ihn entbunden, nicht jedoch vom Thron abgedankt. Als er im Oktober 1921 starb (→ Frauenplatz), erneuerte sein erstgeborener Sohn Rupprecht (1869-1955) den Anspruch der Wittelsbacher auf die bayerische Krone. So wurde sein Wohnsitz im Leuchtenberg-Palais am Odeonsplatz 4 der Mittelpunkt der monarchistischen Bestrebungen in Bayern. Diese waren in erster Linie gegen den Zentralismus der Berliner Reichsregierung und auf den Erhalt der bayerischen Eigenständigkeit gerichtet. Schon im Welt-

Kronprinz Rupprecht von Bayern im Gespräch mit Kriegsverwundeten, 2. Oktober 1932

krieg war der königlich-bayerische und königlich-preußische Generalfeldmarschall Rupprecht vom Oberbefehlshaber Erich Ludendorff in strategischen Fragen übergangen worden. Nun trat eben dieser Ludendorff als einer der Führer der Völkischen (→ Hitler-Putsch) in München als Vorkämpfer für ein straff-zentralistisch geführtes Großdeutschland auf.
Was die demokratische Staatsverfassung betraf, so stellte sich Prinz Rupprecht zwar gegen die Republik, nicht aber gegen eine konstitutionelle Monarchie mit allgemeinem Wahlrecht. Er konnte dabei sicher sein, viele bayerische Bürger auf seiner Seite zu haben. Auch die Bayerische Volkspartei (BVP) (→ Maffeistraße 4) war ebenso wie die katholische Kirche monarchistisch ausgerichtet. Kardinal Michael von Faulhaber (→ Kardinal-Faulhaber-Straße 7) ließ kaum eine Gelegenheit

aus, die angestammten Rechte der Wittelsbacher auf die politische Führung in Bayern zu betonen.
Auch die SPD unter ihrem Parteiführer Erhard Auer (→ Ganghoferstraße 56) hatte das Ende der Monarchie abgelehnt, während sie gleichzeitig natürlich eine Demokratisierung der Gesellschaft anstrebte. Daher nannte man die bayerischen Genossen auch »königlich-bayerische Sozialdemokraten«.
Die Kreise um Kronprinz Rupprecht faßten mehrmals seine Inthronisierung ins Auge, so bei den Trauerfeierlichkeiten für seinen Vater am 5. November 1921 in der (→) Frauenkirche. Kardinal Faulhaber sollte ihn zum König ausrufen, doch der Kronprinz hielt den Zeitpunkt für ungeeignet. Die Wiedererrichtung der Monarchie hätte auch eine Trennung vom republikanischen Reich erfordert. Dagegen standen wirtschaftliche und militärische Bedenken. Die bayerische Reichswehr lehnte derartige Pläne wegen der zu befürchtenden Schwächung Gesamtdeutschlands ab.
Als die Weimarer Republik im wirtschaftlichen und politischen Chaos versank, und der Regierungsantritt der NSDAP immer wahrscheinlicher wurde, setzten die nicht-nationalsozialistischen Kräfte in Bayern ihre letzten Hoffnungen auf Kronprinz Rupprecht. Er sollte als Staatskommissar mit diktatorischen Vollmachten die Machtergreifung Adolf Hitlers in Bayern verhindern. Selbst die SPD hatte im Januar 1933 beschlossen, *»angesichts des Berliner Zündelns mit der Hitlerschen Anarchie die Herbeiführung oder zum mindesten die Unterstützung der Monarchie in Bayern zu unterstützen«*, wie der Monarchist Erwein von Aretin in seinen Erinnerungen »Krone und Ketten« berichtet.
Doch die sogenannte Machtergreifung und Gleichschaltung Bayerns mit dem Reich erfolgten so schnell und kompromißlos, daß diese Pläne nicht mehr realisiert werden konnten. Gegen Prinz Rupprecht wurde ein Prozeß wegen Hochverrates vorbereitet, seine Frau und seine Kinder verschwanden zeitweilig in Konzentrationslagern. Als Rupprecht am 2. August 1955 starb, erhielt er vom Freistaat Bayern unter seinem SPD-Ministerpräsidenten Hoegner (→ Römerstraße 4) ein beinahe königliches Begräbnis.

Wittelsbacherplatz

Westlich des Odeonsplatzes, auf welchem am 9. November 1923 der (→) Hitler-Putsch von der Landespolizei gewaltsam beendet wurde, liegt der Wittelsbacherplatz. Hier fand am 14. Januar 1923 eine Kundgebung der SPD und des Allgemeinen Deutschen Gewerkschaftsbundes (ADGB) (→ Pestalozzistraße 40-42) gegen die Besetzung des Ruhrgebietes durch französische Truppen statt. Die SPD-Zeitung »Münchener

Post« berichtete über die für die politische Atmosphäre der Stadt typischen Vorkommnisse auf dem Platz:
»Die mitgeführten Reichsfahnen waren wahrscheinlich Veranlassung, sich [die Passanten, d.V.] *sofort in den gemeinsten Beschimpfungen der ruhig ihres Weges ziehenden Arbeitervertreter zu ergehen. Die Anwesenden* [stimmten, d.V.] *in ein dreimaliges Hoch auf die Deutsche Republik ein. Dies war scheinbar wiederum Veranlassung, mit fanatischem Wutgeheul und Beschimpfungen auf die Arbeitervertreter einzudringen. Kommandostimmen erschallten: ›Los, auf die Judenknechte!‹, andere schrien: ›Nieder mit den Vaterlandsverrätern!‹ Gummiknüttel flogen aus den Taschen von Herren mit Zylindern, um mit den ›Ebertschweinen‹ abzurechnen. Grüne Polizeimannschaften trieben den schon vorher abgeriegelten größeren Teil des Zuges mit aufgepflanztem Bajonett in verschiedene Straßen ab. Grüne Polizisten rissen zu dreien und vieren einzelnen Fahnenträgern die schwarz-rot-goldenen Fahnen, die Farben der Republik, aus den Händen, zerbrachen und zerrissen sie unter widerlichen Beschimpfungen der Republik.«*

Karolinenplatz 5

Aus dem Verlagsprogramm des Bruckmann-Verlages, 1919

Im ehemaligen Prinz-Georg-Palais wohnte in den zwanziger Jahren das Verlegerehepaar Else und Hugo Bruckmann im zweiten Stockwerk. Insbesondere Elsa Bruckmann (1866-1946) spielte beim politischen Aufstieg Adolf Hitlers eine entscheidende Rolle.
Bereits am 6. Mai 1919 stand dieses Haus im Blickpunkt des öffentlichen Interesses. In den Tagen nach der Niederschlagung der Münchner Räterepublik kam es zu schweren Ausschreitungen seitens der siegreichen Regierungstruppen und der rechtsradikalen Freikorpsverbände. Aufgrund einer Denunziation wurden 26 Mitglieder eines katholischen Gesellenvereins, alle Mitglieder der Bayerischen Volkspartei (BVP), als angebliche Spartakisten von Angehörigen der »weißen« Freikorps festgenommen. Nach schweren Mißhandlungen brachte man sie in den Keller des Hauses Karolinenplatz 5, wo 21 von ihnen ermordet wurden. Die Soldateska hatte alle Beteuerungen ihrer Opfer, sie seien bekennende Katholiken, mit Beschimpfungen wie »katholische Schweinebande« erwidert. In diesem Gebäude wurde somit bereits im Jahr 1919 vorweggenommen, was ab 1933 gang und gäbe war: Der Kampf der Rechtsradikalen gegen bayerische Konservative.
Das Ehepaar Bruckmann spiegelte in seinem sozialen Verhalten die Wandlung Münchens von der liberalen Kunststadt zur braunen »Ordnungszelle« wider. Ihre luxuriöse Wohnung war jahrzehntelang ein einzigartiger geistiger Mittelpunkt

gewesen: Friedrich Nietzsche, Oswald Spengler, Rainer Maria Rilke, Hugo von Hofmannsthal und viele andere verkehrten in diesem Haus.
Nach dem Weltkrieg wehte ein anderer Geist. Der Schwiegersohn Richard Wagners, der englische Antisemit Houston Stewart Chamberlain gehörten nunmehr zu den Autoren des Bruckmann-Verlages. Dieser gab seiner Hochschätzung der »arischen Rasse« auch persönlich am Karolinenplatz Ausdruck. Die Nicht-»Arierin« Elsa – sie war Rumänin – saugte seine Herrenmenschtheorien begierig auf.
Auffällig war Elsa Bruckmanns Engagement für Adolf Hitler. Frau Bruckmann bemühte sich um die persönliche Bekanntschaft mit Hitler und lud ihn zu sich nach Hause ein. Der Unbekannte aus den Randbereichen der Gesellschaft faszinierte sie: *»Durch die offene Tür sah man, wie er auf dem schmalen Gang die Gastgeberin fast unterwürfig höflich begrüßte, wie er Reitpeitsche, schließlich einen Gürtel mit Revolver abschnallte und gleichfalls am Kleiderhaken abhängte.«* (Karl Alexander von Müller, → Mauerkircherstraße 12).
Für diesen Mann und sein politisches Fortkommen tat Frau Bruckmann alles. Sie kleidete ihn standesgemäß ein und brachte ihm die Verhaltensregeln der besseren Gesellschaft bei, bevor sie Hitler in diesen Kreisen persönlich bekannt machte. Durch Elsa Bruckmanns Vermittlung wurde Hitler auch mit der Berliner Klavierfabrikantin Helene Bechstein und mit Richard Wagners Witwe Cosima bekannt. Die Beziehungen der Tochter Cosimas, Winifred, zu Hitler gaben zu verschiedenem Gemunkel Anlaß.
Nach dem (→) Hitler-Putsch vom 9. November 1923 mußte Hitler eine kurze Haftstrafe in Landsberg absitzen. *»Zu den freigiebigsten Gönnerinnen, die ihn auch in Landsberg nicht vergaßen, zählten natürlich nach wie vor die Damen Bruckmann und Bechstein«*, berichtet Ernst Hanfstaengl (→ Widenmayerstraße 18), dessen Schwester Erna (→ Mauerkircherstraße 12) auch zu den Verehrerinnen des »Führers« gehörte. Während der Haft hatte Hitler seinem ebenfalls dort inhaftierten Sekretär Rudolf Heß seine politischen Erinnerungen und Pläne diktiert. Diese Manuskripte wurden nach seiner Entlassung Ende 1924 von den oben genannten Damen für den Druck vorbereitet. Darunter befand sich folgender Passus über die *»Erziehung des Mädchens«: »Auch dort ist das Hauptgewicht auf die körperliche Ausbildung zu legen, erst dann auf die Förderung der seelischen und zuletzt der geistigen Werte. Das Ziel der weiblichen Erziehung hat unverrückbar die kommende Mutter zu sein.«* Die hier zum Ausdruck gebrachte Einschätzung der Frauen scheint seine Bewunde-

rinnen nicht irritiert zu haben. Das Buch »Mein Kampf« wurde bis 1945 in fast 10 Millionen Exemplaren unter die Leute gebracht und machte seinen Autor Hitler zum Millionär.
Weitere gerngesehene und hochgeschätzte Gäste im Hause Bruckmann waren Rudolf Heß, Baldur von Schirach und Alfred Rosenberg, der Autor des rassistischen Buches »Mythos des 20. Jahrhunderts«.
Nach ihren eigenen Worten hatte sie es sich zur *»Lebensaufgabe«* gemacht, Hitler *»mit den leitenden Männern der Schwerindustrie in Verbindung zu bringen«*. So vermittelte sie 1927 die Bekanntschaft zu dem Industriellen Emil Kirdorf, der auf eigene Kosten Hitlers politische Gedanken als Privatdruck an einflußreiche Männer versandte.

Brienner Straße 45

Seit 1929 konnte die NSDAP verstärkt auch außerhalb Bayerns Wahlerfolge verbuchen. So verdreifachten sich ihre Wählerstimmen bei der Landtagswahl in Thüringen im Dezember 1929, und Dr. Wilhelm Frick (→Seitz-/ Prinzregentenstraße) übernahm als erster Nationalsozialist ein Ministeramt. Anfang 1930 hatte die Partei mehr als 250.000 Mitglieder, so daß die Parteizentrale in der (→) Schellingstraße 50 zu klein wurde.
Aber auch ein allgemeines Repräsentationsbedürfnis verlangte nach einer vornehmen Adresse, die im Barlow-Palais an der damaligen Brienner Straße 45 zwischen Königs- und Karolinenplatz (nördliche Straßenseite) gefunden wurde. Mit Geldern, die u.a. von dem Industriellen Fritz Thyssen und

Das »Braune Haus«

aus Spenden der Parteimitglieder stammten, erwarb man im Juli 1930 das Palais und baute es zum »Braunen Haus« um. Hitler arbeitete zusammen mit dem Architekten Paul Ludwig Troost (→ Kaulbachstraße 10) die Pläne für die Innenausstattung aus, die ganz den hochfliegenden Zielen des »Führers« entsprach. Büsten von Friedrich dem Großen und Otto von Bismarck steckten den historischen Rahmen ab, in dem sich Hitler selbst wähnte.

Das »Braune Haus« steht symbolisch für die Gewalttätigkeit der Nationalsozialisten. Es war – seit seiner Fertigstellung im September 1930 – die Zentrale der Partei, die vor dem Januar 1933 für die politisch motivierten Gewalttaten hauptsächlich verantwortlich war. Das »Braune Haus« selbst wurde 1932 in einer Artikelserie der sozialdemokratischen »Münchener Post« als »Mörderzentrale« bezeichnet. In den Beiträgen wurde geschildert, wie dort selbst unter den Naziführern ein Kampf auf Leben und Tod tobte. Diese Artikel enthielten Informationen und Details, die nur aus der innersten Führung der NSDAP stammen konnten. Der Informant der SPD war niemand anderer als der SA-Chef Ernst Röhm, der aus Angst um sein Leben die Flucht an die Öffentlichkeit antreten mußte. Am 30. Juli 1934 wurde er dann tatsächlich ermordet.

Das »Braune Haus« fiel 1944 den alliierten Bomben zum Opfer, die Reste wurden nach dem Krieg eingeebnet. Seitdem ist das Grundstück unbebaut.

Brienner Straße 15

Gegenüber der Parteizentrale der NSDAP befand sich seit 1887 die Päpstliche Nuntiatur in der damaligen Brienner Straße 15 (heute unbebaut). Sie bestand bereits seit 1785 und blieb bis 1920 die einzige päpstliche Gesandtschaft in Deutschland.

Papst Benedikt XV. startete im Jahr 1917 eine »Offensive des Friedens«, um den Weltkrieg zu beenden. Die Verhandlungen mit der deutschen Regierung sollte Eugenio Pacelli (1876-1958), der spätere Papst Pius XII., führen; am 20. April 1917 wurde er deswegen zum päpstlichen Nuntius in München ernannt.

Seine Friedensbemühungen in Berlin blieben ohne Ergebnis, seine Tätigkeit in München jedoch (*»meine zweite Heimat«*) trug für die katholische Kirche reiche Früchte. Zusammen mit Kardinal Michael von Faulhaber (→ Kardinal-Faulhaber-Straße 7), der ebenfalls 1917 sein Amt in München antrat, übte Pacelli starken Einfluß auf die regierende Bayerische Volkspartei (→ Maffeistraße 4) aus. Was ihm mit der Reichsregierung in Berlin, wo er gleichzeitig die 1920 neu errichtete Nuntiatur leitete (bis 1929), nicht gelang, das konnte er in München erreichen: Den Abschluß eines Konkordates mit

Die päpstliche Nuntiatur

der Regierung Eugen von Knilling (BVP) am 29. März 1924. Bereits 1817 war ein Konkordat mit dem Königreich Bayern geschlossen worden, das die rechtliche Stellung der katholischen Kirche im Staat regelte und das sie zu einer regelrechten Staatskirche machte.

Infolge der Revolution im November 1918 war die bayerische Monarchie durch den republikanischen Freistaat ersetzt worden, wodurch dem Konkordat das Fundament entzogen worden war. Die Kirche sah sich daher plötzlich in die Rolle einer Institution versetzt, die zwar immer noch aufs engste mit dem Staat verflochten war, aber nunmehr ohne staatsrechtliche Grundlage existierte.

Das Konkordat sicherte der Kirche nach außen den Schutz durch den Staat zu bei gleichzeitiger völliger Unabhängigkeit nach innen. Die Ernennung und Abberufung von Professoren an den theologischen Fakultäten der Universitäten und der Religionslehrer an den höheren Schulen oblagen allein den Bischöfen, die wiederum nur vom Papst ernannt wurden. Der Religionsunterricht wurde zum Hauptfach an den Schulen erklärt und die Bekenntnisschule zur Regelschule gemacht. Schulgebet und Schulgottesdienste wurden staatsrechtlich abgesichert.

Eine besondere Rolle für die konservativ-klerikale Schulpolitik in Bayern spielte Artikel 8, § 2:

»Dem Bischof und seinen Beauftragten steht das Recht zu, Mißstände im religiös-sittlichen Leben der katholischen Schüler wie auch ihre nachteiligen oder ungehörigen Beeinflussungen in der Schule, insbesondere etwaige Verletzungen ihrer

Glaubensüberzeugung oder religiösen Empfindungen im Unterrichte bei der staatlichen Unterrichtsbehörde zu beanstanden, die für entsprechende Abhilfe Sorge tragen wird.«
Damit war jeder kirchenkritischen Haltung in Bayerns Schulen ein Riegel vorgeschoben.
Weiter wurde festgelegt, daß der Freistaat feste Beträge an die Kirche abzutreten und bei finanziellen Notlagen die Kirche zu unterstützen habe.
Der Steuerzahler finanzierte die Gehälter und Wohnungen der Geistlichen, ihre Ruhestandsgelder, Gebäude usw. Die katholische Kirche in Bayern ließ sich ihre Ausgaben zu einem großen Teil vom Staat zahlen, ohne gleichzeitig dessen Kontrolle dulden zu müssen. Zudem wurde die Kirchensteuer festgeschrieben.
Nach diesem Triumph der päpstlichen Diplomatie konnte Eugenio Pacelli am 14. Juli 1925 sein Amt in München aufgeben und sich auf seine Aufgaben in Berlin konzentrieren. Sein Nachfolger wurde Alberto Vasallo di Torregrossa (1865-1959), der bereits 1898-1905 als Nuntiatursekretär in München gewirkt hatte.
Das bayerische Konkordat hatte Vorbildfunktion für weitere Abkommen zwischen Staat und Kirche: Im Jahr 1929 folgten das Konkordat mit Preußen (ebenfalls von Pacelli ausgehandelt), 1932 mit Baden und 1933 mit dem Deutschen Reich.
Der Fraktionsvorsitzende der BVP im Landtag, Prälat Georg Wohlmuth, begrüßte die Übereinkunft des Jahres 1924 in Bayern: *»Das Konkordat ist ein Akt der Souveränität, der Bayerns Staatshoheit laut zum Ausdrucke bringt. Der Heilige Stuhl als die erste Macht der Welt hat damit auch das heutige Bayern als gleichberechtigt mit allen anderen Staaten anerkannt.«*
Im Jahr 1934 schloß die Münchner Nuntiatur im Rahmen der »Gleichschaltung« der Länder ihre Pforten. Das Gebäude wurde von der NSDAP gekauft, und der »Stab des Stellvertreters des Führers«, Rudolf Heß, zog ein.

Meiserstraße 13

Parallel zum Konkordat wurde das Verhältnis zwischen dem Freistaat und der Evangelisch-Lutherischen Landeskirche geregelt, deren Konsistorialpräsident Friedrich Veit (1861-1948) von 1917 bis 1933 von der Meiserstraße 13 (damals Arcisstraße 13) aus die Geschicke der bayerischen Protestanten lenkte.
Als in der Revolutionsnacht des 7. November 1918 der katholische König Ludwig III. fliehen mußte, verloren die eineinhalb Millionen bayerische Protestanten mit ihm ihren obersten Kirchenherrn. Gemäß dem 13. Kapitel des Römerbriefes nämlich erkannten die evangelischen Landeskirchen

Friedrich Veit

ihren jeweiligen Landesherrn als Oberhaupt an: *»Denn es ist keine Obrigkeit ohne von Gott; wo aber Obrigkeit ist, ist die von Gott verordnet.«*

Mit dem Verschwinden der Monarchie befand sich die evangelisch-lutherische Kirche in völliger Freiheit, aber auch ohne Schutz von oben. Dem ungeliebten revolutionären Freistaat stellte man sich distanziert zur Verfügung, *»mit Rücksicht auf das Vaterland, das jetzt mehr als je alle Arbeitskräfte braucht«* (Veit).

Im Januar 1920 löste die Regierung Hoffmann (SPD) die staatsrechtlichen Bande zwischen Kirche und Staat offiziell auf und entließ die Protestanten in die Eigenständigkeit. Am 16. September 1920 gab sich die Landeskirche ihre eigene Verfassung.

Am 25. November 1924 wurde zwischen der Landeskirche und der bayerischen Regierung ein Staatsverwaltungsvertrag geschlossen. Mit ihm trat zum ersten Mal in der Geschichte der evangelischen Kirche in Deutschland eine Landeskirche als gleichberechtigte Partnerin dem Staat gegenüber. Bayern betonte damit seine Eigenständigkeit im Deutschen Reich und seinen christlichen Charakter im Gegensatz zur weltanschaulich neutralen Weimarer Verfassung.

Ähnlich wie die katholische Kirche erhielt die Landeskirche vom Staat finanzielle Zuwendungen, den Einzug der Kirchensteuer und den Einfluß auf den Religionsunterricht zugesichert. Die Kirche mußte sich im Gegenzug verpflichten, vor der Wahl eines neuen Kirchenpräsidenten die Regierung um ihre Meinung zu fragen. Die evangelische Landeskirche blieb damit dem bayerischen Staat untergeordnet.

Das Verhältnis der evangelischen Kirche zur ersten deutschen Demokratie kam in der Zeitschrift »Der Freimund« im Dezember 1923, einen Monat nach dem Hitler-Putsch, zum Ausdruck: *»Es zeigt sich eben die absolute Unfähigkeit der parlamentarisch-demokratischen Regierungsform, die für uns Deutsche ein für allemal nicht paßt. Was wir in Deutschland brauchen, ist ein starkes Königtum, beziehungsweise Kaisertum.«*

Das aus dem Weltkrieg hinübergerettete, kriegsverherrlichende »Fronterlebnis«, das viele Pastoren pflegten, ebenso wie ihr Nationalismus und ihre dienende Staatstreue, die sie der Republik nicht geben wollten, führten ab dem Ende der zwanziger Jahre zu einer latenten Spaltung der Protestanten. Während der Kirchenpräsident Veit noch im Oktober 1932 die parteipolitische Betätigung seiner Pastoren mit Disziplinarverfahren bedrohte, wählten im protestantischen Franken manche Kirchengemeinden bereits fast 100%ig nationalsozialistisch.

Erich und Mathilde Ludendorff

Auf der Landessynode am 4. Mai 1933 wurde Hans Meiser zum neuen Landesbischof gewählt. Friedrich Veit war vorzeitig und verbittert zurückgetreten, weil er die Annäherung der evangelischen Kirche an die Regierung Adolf Hitlers nicht nachvollziehen konnte und wollte.

Karlstraße 10

General Erich Ludendorff (1865-1937), zusammen mit Generalfeldmarschall Paul von Hindenburg (1847-1934) praktisch Militärdiktator während des Weltkrieges, flüchtete im November 1918 aus dem revolutionären Berlin nach Schweden, wo er seine Abrechnung mit den *»wahrhaft Schuldigen«* an der militärischen Niederlage niederschrieb (»Meine Kriegserinnerungen 1914-1918«). Um diese ihrer – wie er meinte – verdienten Strafe zuzuführen, kehrte er im Februar 1919 nach Berlin zurück und stellte seine politischen Einfluß-

möglichkeiten bei den Umsturzvorbereitungen der Republikfeinde zur Verfügung.
Im März 1920 versuchten Rechtsradikale unter Wolfgang Kapp, die Berliner Reichsregierung militärisch zu stürzen. Dieses Unternehmen wurde durch einen Generalstreik der Gewerkschaften beendet. Die Mehrheit der Kapp-Putschisten – unter ihnen Ludendorff – floh vor Strafverfolgung in die Sicherheit – nach Bayern. In seiner Villa in Solln-Ludwigshöhe kam der Ex-General zu der Erkenntnis, daß die Geschichte ausschließlich aus Kriegs- und Zwischenkriegszeiten bestehe, und das Überleben von Staaten und Völkern vom Grad ihrer Kriegsbereitschaft abhinge. Die NSDAP erschien Ludendorff als das für seine Ideen und Ziele am ehesten geeignete Instrument, so daß er beim (→) Hitler-Putsch als militärischer Führer des geplanten »Marsches auf Berlin« mitmachte. 1925 schließlich kandidierte er für die NSDAP bei den Reichspräsidentschaftswahlen.
Ende 1928 gründeten Erich und die seit 1926 mit ihm vermählte Mathilde Ludendorff (1882-1966) den »Volkswarte-Verlag«, dessen Geschäftsräume sich in der Karlstraße 10 befanden. Hier wurden Werke verlegt, die der Verbreitung der »deutschen Gotterkenntnis« dienen sollten. Insbesondere Mathilde Ludendorff war zu der Überzeugung gelangt, daß christliche Ethik und Moral Elemente eines knechtischen Selbsterhaltungswillens seien, weil sie den Menschen hindern, selbst »vollkommener Gott« zu werden. Feinde dieser Evolution wurden in der angeblich jüdisch-freimaurerischen Weltverschwörung gefunden, die nach Ludendorffscher Meinung schon seit langem das Deutschtum schädigten. Im Verlag erschien seit 1929 das Wochenblatt »Die Volkswarte« mit einer regelmäßigen Beilage »Am Heiligen Quell«, in denen antichristliche, germanisch-deutsche Religiosität propagiert wurde. Die gesamte Entwicklungsgeschichte der Natur wurde als Prozeß zunehmender »Gotterkenntnis« begriffen, dessen Höhepunkt und gleichzeitiger Abschluß der Mensch sei. Allerdings war diese Gotterkenntnis nur möglich, wenn arisch-germanisches »Rasseerbgut« im Menschen vorhanden war.
Der NSDAP paßte diese völkische Konkurrenz nicht in ihren Alleinvertretungsanspruch, sie wagte jedoch nicht, etwas gegen den Held des Ersten Weltkrieges zu unternehmen. Im Jahr 1935 siedelte der »Volkswarte-Verlag« nach Tutzing um. Der von Mathilde Ludendorff geleitete »Bund der Gotterkenntnis« wurde 1961 wegen verfassungsfeindlicher Betätigung verboten. Der angegliederte rechtsradikale »Verlag Hohe Warte« existiert immer noch in der Nähe von Tutzing (Pähl), geleitet von Mathilde Ludendorffs Tochter Ingeborg.

Neuhausen

Das vom Arbeiter- und kleinen Angestelltenmilieu geprägte Viertel Neuhausen entstand in seiner städtischen Gestalt erst seit der Jahrhundertwende. Post und Bahn waren die hauptsächlichen Arbeitgeber, die großen Wohnbaugenossenschaften erstellten ihre Häuserblocks seit den zwanziger Jahren. Die Bewohner zeigten ein dem Münchener Durchschnitt entsprechendes demokratisches bis konservatives Wahlverhalten, das Leben verlief in ruhigen Bahnen. Dennoch weist Neuhausen einige scharfe politische Schlaglichter auf.

Mettingh-/Burghausener Straße 6

Entlang der Richelstraße, dort wo heute die Bundesbahndirektion steht, zog sich seit 1871 die Königlich-Bayerische Staatsbahn-Centralwerkstätte hin. Dieser Großbetrieb mit bis zu 2.000 Arbeitern prägte den Stadtteil Neuhausen, insbesondere seine nähere Umgebung.

Die Mettinghstraße mit ihren nur sechs Adressen sowie die Burghausener Straße mit ihren damals lediglich drei Häusern, die am Anfang des Jahrhunderts entstanden waren, waren fast ausschließlich von Beschäftigten der Zentralwerkstätte bewohnt. Alle Anwesen gehörten einem einzigen Mann, dem »Grundbesitzer« Georg Wild, der seine Initialen über dem Eingang der Mettinghstraße 2 verewigen ließ. Bis heute ist dieses in sich geschlossene kleine Eisenbahnerquartier baulich erhalten geblieben.

Anton Drexler

In der Burghausener Straße 6 wohnte im ersten Stock zusammen mit vier weiteren Mietparteien der Werkstättengehilfe Anton Drexler, ein sehr bodenständiger Mensch. Er war 1884 in München geboren worden und wechselte kaum seine Wohnung – damals ein im Arbeitermilieu äußerst ungewöhnliches Verhalten. Drexler starb auch in München, und zwar nur einige hundert Meter entfernt, am Schäringerplatz 2, im Jahr 1942.

Den größten Teil seines Arbeitslebens verbrachte er in der Zentralwerkstätte, wo er es im Laufe der Zeit zum Oberinspektor brachte. Hier mußte der bedächtige, allem Neuen und Ungewohnten skeptisch gegenüberstehende Mensch die Erschütterungen des Weltkrieges und der Revolution miterleben.

Mit einigen Arbeitskollegen gründete Drexler im Oktober 1918 einen »Politischen Arbeitszirkel«, dem es um eine Versöhnung der Arbeiterschaft mit der nationalen Rechten ging. Die bürgerlichen Parteien hatten in seinen Augen versagt, der »Marxismus« erschien ihm für seine nationalistischen Ziele als ungeeignet. Am 5. Januar 1919 gründete Anton Drexler zusammen mit 25 Arbeitern der Zentralwerk-

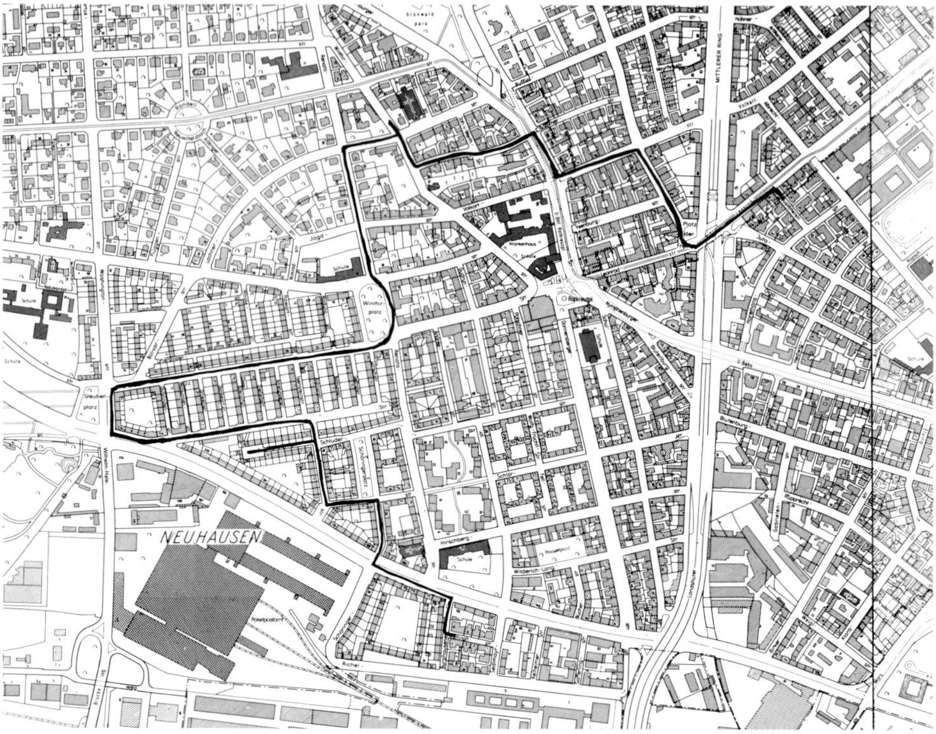
NEUHAUSEN
MITTLERER RING
Steuben platz
Winthir platz
Krankenhaus
Schule
Paketpostamt
Grünwald park

stätte die »Deutsche Arbeiterpartei« (DAP), die einmal wöchentlich im Sterneckerbräu (→ Tal 38) tagte. Am Stammtisch wurde dabei über Deutschlands Erniedrigung durch den Versailler Vertrag, den angeblich verderblichen Einfluß der Juden, den zersetzenden Marxismus sowie die verlorenen Bande der Ordnung, des Rechts und der Sitte phantasiert und geklagt. Drexler war der Vorsitzende dieses Zirkels und blieb es bis zum Juni 1921, nachdem Adolf Hitler der Partei beigetreten war und sie in NS-DAP umbenannt hatte.
Anton Drexler wurde als Parteiführer abgelöst, wie in »Mein Kampf« erläutert wird: *»Herr Drexler war einfacher Arbeiter, als Redner ebenfalls wenig bedeutend, im übrigen aber kein Soldat. Er hatte nicht beim Heer gedient, war auch während des Krieges nicht Soldat, so daß ihm, der seinem ganzen Wesen nach an sich schwächlich und unsicher war, die einzige Schule fehlte, die es fertigbringen konnte, aus unsicheren und weichlichen Naturen Männer zu machen.«* Drexler sei nicht fähig, *»mit brutalster Rücksichtslosigkeit die Widerstände zu beseitigen, die sich beim Emporsteigen der neuen Idee in die Wege stellen mochten.«*
Der so Charakterisierte übernahm in der »Bewegung« und auch beim Hitlerputsch keine aktive Rolle. Bei der Neugründung der Partei im Februar 1925 im Bürgerbräukeller war er nicht anwesend. Als Strafe für seine verweigerte Mitarbeit unter Hitlers Führung wurde er später mehrmals von der SA verprügelt.
Noch einen Blick auf die Gaststätte Mettinghhof (Mettinghstraße 2). Sie war der Treffpunkt der Bewohner des kleinen Viertels. Der Mettinghhof diente gleichzeitig als Wahllokal des 115. Münchner Stimmbezirkes. Bei den Gemeindewahlen im Dezember 1924 ergab sich hier folgende Reihenfolge der Parteien: 1. SPD, 2. Bayerische Volkspartei, 3. Deutschnationale Volkspartei, 4. KPD, 5. Völkischer Block. Und bei den Wahlen im Dezember 1929: 1. SPD, 2. BVP, 3. NSDAP, 4. KPD, 5. DNVP. Damit entsprach das Wahlverhalten dem Münchner Gesamtergebnis. Trotzdem bleibt diese Gegend als Geburtsort der NSDAP in Erinnerung.

Arnulf-/Burghausener Straße

In der Nachbarschaft entstand 1928-1929 die Versuchssiedlung des Bayerischen Post- und Telegraphenverbandes (Arnulf- /Burghausener Straße). Die Gebäude mit ihren 300 Wohnungen wurden – äußerlich ähnlich bis identisch – aus Forschungsgründen mit verschiedenen Materialien und Konstruktionen gebaut und mit unterschiedlichen Heizsystemen ausgestattet.
Die Anlage gehörte (und gehört) der »Baugenossenschaft des bayerischen Post- und Telegraphen-Personals in München«;

demgemäß wohnten hier ausschließlich Bedienstete der Reichspost. Typisch für die Architektur der zwanziger Jahre ist die durchgängige Bebauung der Grundstücksgrenzen, wodurch im Inneren Platz für einen großen, parkähnlichen Innenhof geschaffen wurde.

Arnulfstraße 165

Das heutige Paketpostamt entstand auf dem Gelände des Postsportvereines an der Arnulfstraße 165. Im Jahr 1926 wurden das Stadion für 15.000 Zuschauer und die Sporthalle mit 850 Plätzen ihrer Bestimmung übergeben.

Arnulfstraße 168-178
Menradstraße 7

Im selben Jahr konnten auf der anderen Straßenseite die Häuser Arnulfstraße 168-178 bezogen werden. Sie waren ebenfalls im Besitz der »Baugenossenschaft des bayerischen Post- und Telegraphen-Personals in München«, wie die Postsymbole über den Eingängen Nr. 170 und 172 und der Name der Gaststätte »Posthorn« in der Menradstraße 7 erkennen lassen.

Die Wohngebäude Menradstraße 2 und 4 gehörten der Reichsbahn, die geraden Nummern 8-12 der »Eisenbahn-Baugenossenschaft München-Hauptbahnhof«, die ungeraden Nummern 9-15 der »Baugenossenschaft München-West des Eisenbahn-Personals«. An diesen Besitzständen hat sich bis heute nichts geändert.

Gastwirtschaft »Eisenbahnerheim«

Stupfstraße 6

Das Wahlverhalten der Wohn-»Genossen« unterschied sich nicht vom Münchner Gesamtergebnis. So wurden im Wahllokal des 113. Stimmbezirkes, dem Keglerheim an der Stupfstraße 6, bei der Wahl im Dezember 1929 für die beiden linken Parteien SPD und KPD mehr Stimmen abgegeben als für die restlichen zusammen.

Stupfstraße 17

In der Stupfstraße 17 befindet sich die Verwaltung der GEWOFAG für die Siedlung Neuhausen. Die Zahl der Wohnungssuchenden in München war bis 1927 auf 20.000 angestiegen, obwohl von 1919 bis 1927 mehr als 14.000 Wohnungen mit öffentlichen Geldern gebaut worden waren. Auf Initiative des städtischen Wohnungsreferenten Karl Preis (1884-1946) von der SPD kam es am 6. Juni 1928 zur Gründung der GEmeinnützigen WOhnungsFührsorge AktienGesellschaft, bei der die Stadt mit einem Aktienpaket von 500.000 RM das Sagen hatte. In der Satzung der Gesellschaft heißt es: *»Die Gesellschaft dient dem ausschließlich gemeinnützigen Zwecke, durch Förderung des Baus von Wohnungen, insbesondere von preiswerten und gesunden Wohnungen für die minderbemittelte Bevölkerung und Angehörige des Mittelstandes unter Berücksichtigung der Bedürfnisse kinderreicher Familien, zur Behebung der Wohnungsnot und zur Herstellung geordneter Wohnungsverhältnisse in München und Umgebung beizutragen.«*

Stupfstraße 7

Bereits 1928 wurde mit einem umfassenden Bauprogramm begonnen, zu dem auch die Siedlung Neuhausen gehörte. Auf einem 19 ha großen Gelände nördlich der Arnulfstraße entstanden in nur drei Jahren 1.900 Wohnungen. Ein Fresko am Haus Stupfstraße 7 stellt den Grundriß dieser ausgedehnten Wohnanlage dar.
In der Stupfstraße zeigte sich der Unterschied zwischen den Genossenschaften und der GEWOFAG: Während im Haus Nr. 2 nur Post-, in den geraden Nummern 4-14 nur Bahnbedienstete wohnten, zogen auf der anderen Straßenseite Menschen aus allen Berufssparten ein, sofern sie vom Wohnungsamt dazu ausgewählt worden waren.

Zum Künstlerhof

Die Architektur der Siedlung zeichnet sich durch Schmucklosigkeit und traditionelle Stilelemente aus. Allerdings zeigen sich ab und zu überraschende Auflockerungen wie Brunnen oder kleine Plastiken. Bemerkenswert ist auf alle Fälle die Sackgasse Zum Künstlerhof mit ihren Ateliers im obersten Stockwerk und dem Atelierhof selber.

Steubenplatz

Ganz aus dem Rahmen fällt das imposante Wohngebäude am Steubenplatz. Es entstand erst 1930 und konnte nur über Kredite , die Oberbürgermeister Scharnagl persönlich in den USA ausgehandelt hatte, finanziert werden, weshalb es noch heute »Amerikanerblock« genannt wird. Zur Erinnerung an diese Finanzierung benannte die Stadtverwaltung die Straßen, an denen das Gebäude liegt, nach George Wahington und Karl Schurz. Das Adressbuch erklärt dazu: *»Karl Schurz,*

Siedlung Neuhausen
Luftaufnahme der Siedlung Neuhausen, am rechten Rand das Stadion des Postsportvereins

geb. 2. März 1829, gehörte zu jenen Deutschen, die in Amerika zum Aufbau der deutschen Nation wesentlich beigetragen haben; sein Name genießt in den Vereinigten Staaten bei allen Bevölkerungskreisen größtes Ansehen.«
»Friedrich Wilhelm von Steuben, General, der George Washington seit 1778 im nordamerikanischen Befreiungskampf unterstützte.«
Der »Amerikanerblock« fällt wegen seiner glatten, monumentalen Fassade auf, deren Massigkeit von den Eckbalkonen noch unterstrichen wird. Auch der burgartige Innenhof zeigt, daß hier die Neue Sachlichkeit der zwanziger Jahre Stein geworden ist.

Wendl-Dietrich-Straße 20

Die Idee des Jugendwanderns entstand aus der Erkenntnis, daß Heranwachsende aus industriell verschmutzten Gebieten die Möglichkeit haben sollten, Natur zu erleben. Dafür waren billige Unterkünfte notwendig. Seit 1909 wurden in Deutschland für diesen Zweck systematisch Jugendherbergen gegründet.
Über das Jugendwandern ergaben sich bald politische Differenzen. Die Sozialistische Arbeiterjugend, verschiedene kommunistische Gruppierungen sowie eine neoromantische Bewegung, die hauptsächlich von der großstädtischen bürgerlichen Jugend getragen wurde, griffen die Idee auf. Die

sozialistischen und kommunistischen Gruppierungen sahen im gemeinsamen Naturgenuß eine Erholungsmöglichkeit vom harten Alltag der Arbeiter sowie einen Ausdruck der Solidarität der Arbeiterklasse. Die Wanderungen waren oft verbunden mit politischen Schulungen und Diskussionen. Die bürgerliche Jugend dagegen verherrlichte als Gegensatz zur modernen Industriegesellschaft die bäuerliche Dorfkultur, und das elitäre Leben in »Einfachheit« und »Wahrhaftigkeit«. Theorien von »reiner Rasse«, »Führer-Gefolgschaft-Verhältnissen«, »Volkstum«, »Gemeinschaft« und »Heldentum« hinterlassen einen bitteren Vorgeschmack auf 1933. Der Gründer der ersten Jugendherberge auf der Burg Altena (1909) und des Deutschen Jugendherbergswerkes (1920), Richard Schirrmann (1874-1961), amtierte von 1933 bis 1937 als Vorsitzender des Weltjugendherbergswerkes.
»Der deutschen Jugend« ist die am 26. Mai 1927 eröffnete Jugendherberge in der Wendl-Dietrich-Straße 20 gewidmet, die damals größte Jugendherberge in Deutschland. Pro Jahr

Die Jugendherberge wurde »Der deutschen Jugend« gewidmet

zählte man über 50.000 Übernachtungen. Hinter der Jugendherbergsidee stand die 1925 formulierte Ideologie des »Landesverbandes Bayern für Jugendwandern und Jugendherbergen«: *»Jugendwandern ist etwas, was die große Menge der Erwachsenen nur vom Hörensagen kennt. Jugendwandern ist das Hinausführen unserer Jugend in die engere und weitere Heimat, unter bewährter Führung. Die Wanderungen sollen* *in den Herzen der Jugend Verständnis für Lebensbedingungen der Landbevölkerung schaffen, es soll eine Verständigung anbahnen zwischen der Großstadtjugend und der Bevölkerung des flachen Landes, es soll aber auch der Kräftigung der Jugend dienen, es soll endlich in unserer Jugend Liebe zur Heimat, zu Volk und Vaterland wecken und fördern.«*

Winthirstraße 15

Auf dem kleinen, idyllischen Friedhof aus dem frühen 14. Jahrhundert an der Winthirstraße 15 ruhen zwei Persönlichkeiten, die im München der Weimarer Zeit eine Rolle spielten: Im Familiengrab Miller der Gründer des Deutschen Museums, Oskar von Miller, und Anton Pfeiffer, Generalsekretär und Landtagsabgeordneter der Bayerischen Volkspartei (→Maffeistraße 4).

Aldringenstraße 10

Aus einem alten Adelsgeschlecht stammend, lebte der 1873 geborene Jurist Theodor von der Pfordten im dritten Stock der Aldringenstraße 10. Er gehörte seit 1900 der Münchner Justiz an. Seine immer rechtsradikaler werdenden Ansichten führten 1919 zu seiner Abberufung als Oberregierungsrat im Justizministerium. Allerdings fand diese Abberufung recht elegant statt: Von der Pfordten wurde zum Rat am Bayerischen Obersten Landesgericht (→Prielmayerstraße) befördert.

In einem »Aufruf an die Gebildeten deutschen Blutes« sah er 1919 die deutsche Niederlage im Weltkrieg in folgendem Licht: *»Und als das Schreckliche geschah, als irregeleitete Menschen, von jüdischem Geiste geführt und verführt, unser Heer zerbrachen, Land und Volk in Schande und Elend stürzten, bespien, was uns heilig war, und eine Menge unfähiger kleiner und selbstsüchtiger Geschöpfe ans Ruder brachten, ...«*

Von der Pfordten glaubte, die verhaßte Weimarer Demokratie könne nur von einer aggressiven und gegen alle Andersdenkenden kompromißlos zuschlagenden Kampfbewegung beseitigt werden. Dazu erschien ihm auch eine Änderung der Rechtsordnung notwendig: *»Das Recht der alten liberalen Epoche, die alle Wirrnisse der inneren Zerrissenheit der deutschen Nation widerspiegelt, dieses Recht, das durch den Einbruch der fremden Lehren von Rezeption und Aufklärung einen volksfremden, undeutschen Gehalt angenommen hatte, wollte er ersetzen durch das Gemeinrecht seines Volkes.«* (Gedenkschrift 1937)

Dieses *»Gemeinrecht«* wurde definiert durch folgende drei politischen Leitmotive: *»Abkehr von der materialistischen Weltanschauung«, »Prinzip der autoritären Staatsführung« und »Völkische Staatsidee«.*

Diese Ziele juristisch auszugestalten, hatte sich von der Pfordten zum Anliegen gemacht. Er entwarf eine neue Reichsverfassung, die nach der geplanten nationalsozialistischen Machtergreifung gültig sein sollte. Er bereitete verschiedene verfassungsrechtliche Gesetze und ein neues Strafgesetzbuch vor.
Während des (→) Hitler-Putsches im November 1923, der von von der Pfordten maßgeblich mitgestaltet worden war, war er einer der Anführer. Auf dem Odeonsplatz trafen ihn die Kugeln der Polizei tödlich. In der Jackentasche des Toten fand sich ein »Verfassungsentwurf« mit folgenden Inhalten: Abschaffung aller parlamentarischen Körperschaften und der Pressefreiheit, Enteignung der Gewerkschaften und aller Juden, Einrichtung von Konzentrationslagern, Todesstrafe für Streik und jeden anderen Widerstand, Auflösung aller Parteien, Aufhebung des Postgeheimnisses usw.
Nachdem die NSDAP knapp zehn Jahre später diese Maßnahmen durchgeführt hatte, wurde von der Pfordten offiziell zum »Blutzeugen der Bewegung« ernannt. Im Justizpalast wurde für ihn ein Denkmal errichtet. Reichsminister Hans Frank (→ Barer Straße 57) erklärte ihn bei dieser Gelegenheit feierlich *»im Namen des deutschen Rechts zum Heros des deutschen Rechtslebens«.*

Volkartstraße 24

Die Gaststätte Volkarthof in der Volkartstraße 24 war gegen Ende der Weimarer Zeit Treffpunkt der KPD-Sektion Neuhausen, ihr Wirt Josef Amberger ebenfalls KPD-Genosse. Die Endzeitstimmung bei den Linken beschreibt Alfred Andersch – auch er ein KPD-Mitglied – in seinem Bericht »Die Kirschen der Freiheit«: *»Die Genossen saßen auf den Wirtshausstühlen und unterhielten sich halblaut. Sie lauschten auf die Geräusche von der Straße. Das Licht im Gasthaus Volkartshof war trüb. Die meisten Genossen trugen schlechte Kleider, aber sie hatten gute Köpfe. Wir waren damals, zu Beginn des Winters 1932/33, schon fast illegal.«*
Andersch schildert weiter, wie die Besucher des Volkarthofes auf einen angekündigten SA-Aufmarsch im Winter 1932/33 warten. Wie sie eine kurze, vom Zentralkomitee der KPD als sektiererisch verbotene »Stoßdemonstration« auf die Straße unternehmen und vor der Polizei fliehen, und wie dann die SA tatsächlich angreift.
1933 verlor der Wirt Amberger die Konzession für die Gaststätte und mußte aus seiner Wohnung im 2. Stock ausziehen. Der Volkarthof, diese *»Münchner Arbeiterwirtschaft, Zellenlokal der KPD, mit Bierflecken auf den Tischen«* (Andersch), verlor seine politische Funktion.

Neustätterstraße 6

Alfred Andersch um 1938 (aus: Bernhard Jendricke, Alfred Andersch, Reinbek 1988)

Eine etwas längere Wegstrecke entfernt wuchs Alfred Andersch in der Neustätterstraße 6, dritter Stock, auf.
»Wenn ich an meine Kindheit denke, ergreift mich wieder das Gefühl der Langeweile, das mich umklammert hielt, als ich zwischen den charakterlosen Fassaden der bürgerlichen Mietshäuser aufwuchs, aus denen der Münchner Stadtteil Neuhausen besteht. Meine damals schon bebrillten Augen blickten in eine Landschaft verwaschener Häuserfronten, toter Exerzierplätze, aus roten Ziegelwänden zusammengesetzter Kasernen.«
So beschreibt Andersch (1914-1980) in »Kirschen der Freiheit« seine Kindheit. Die politische Polarisierung der Weimarer Zeit hatte auch vor der Familie Andersch nicht haltgemacht. Die kleinbürgerlichen Eltern waren deutschnational eingestellt, der Vater hatte – obwohl im Krieg schwerverletzt – am Hitler-Putsch teilgenommen. Sohn Alfred dagegen trat 1929 in die KPD ein, in der er 1932 bereits den Kommunistischen Jugendverband Südbayern leitete. Wie seine Genossen mußte er der nationalsozialistischen Machtergreifung 1933 in ohnmächtiger Tatenlosigkeit zusehen. Er wurde im Jahr 1933 zweimal verhaftet und verbrachte drei Monate im KZ Dachau.
Alfred Anderschs schriftstellerisches Werk hat später in der Bundesrepublik Deutschland Aufsehen erregt und zu Kontroversen geführt (→Marsplatz 1). Die »Kirschen der Freiheit« lösten einen Sturm der Empörung, aber auch eine Welle der Zustimmung aus. Andersch berichtet dort nämlich über seine eigene Fahnenflucht aus der Wehrmacht.

Oberwiesenfeld/Gern

Die Münchner Garnison hatte während der Revolution 1918 und der Räterepublik im Frühjahr 1919 eine Rolle gespielt, die ihren Offizieren nicht behagte: Zum Teil hatten sich die Mannschaften neutral verhalten, zum Teil hatten sie die Umwälzung ausgesprochen begrüßt. Nur eine Minderheit war gegenrevolutionär eingestellt gewesen.

Lothstraße 29

Zu diesen gehörte der Gefreite Adolf Hitler, der nach dem verlorenen Krieg ohne Arbeit und Perspektive und ohne jede soziale Bindung in der Kaserne des 2. Infanterie-Regiments »Kronprinz« in der Lothstraße 29 seine Zeit verbrachte.
In »Mein Kampf« schrieb er später zurückblickend: *»In jener Zeit jagten in meinem Kopfe endlose Pläne einander. Tagelang überlegte ich, was man überhaupt tun könne, allein immer war das Ende jeder Erwägung die nüchterne Feststellung, daß ich als Namenloser selbst die geringste Voraussetzung zu irgendeinem zweckmäßigen Handeln nicht besaß.«*
Dem wurde bald durch seine Vorgesetzten abgeholfen: *»Wenige Tage nach der Befreiung Münchens wurde ich zur Untersuchungskommission über die Revolutionsvorgänge beim 2. Infanterieregiment kommandiert. Dies war meine erste mehr oder weniger rein politische aktive Tätigkeit.«*
Hitler konnte jetzt in höherem Auftrag Soldaten ausfindig machen und denunzieren, die als Befürworter der Rätedemokratie besonders hervorgetreten waren.
Da er seine Aufgabe zur Zufriedenheit seiner Vorgesetzen erfüllte, bekam er den Befehl, *»an einem Kurs teilzunehmen. In ihm sollte der Soldat bestimmte Grundlagen zu staatsbürgerlichem Denken erhalten. Wir waren alle mehr oder weniger fest überzeugt, daß Deutschland durch die Parteien des Novemberverbrechens, Zentrum und Sozialdemokratie, nicht mehr aus dem heranreifenden Zusammenbruche gerettet werden würde. So wurde dann in unserem kleinen Kreise die Bildung einer neuen Partei erörtert. (...) So kamen wir auf den Namen »Sozialrevolutionäre Partei«.«*
In dieser Kaserne erfuhr Hitler auch seine endgültige Politisierung: *»Zum ersten Male in meinem Leben vernahm ich eine prinzipielle Auseinandersetzung mit dem internationalen Börsen- und Leihkapital. Ich begann wieder zu lernen und kam nun erst recht zum Verständnis des Inhaltes und Wollens der Lebensarbeit des Juden Karl Marx.«*
Der gestrandete Außenseiter erhielt hier die geistige Bestätigung seines diffusen Antisemitismus, den er später radikal in die Tat umsetzte.

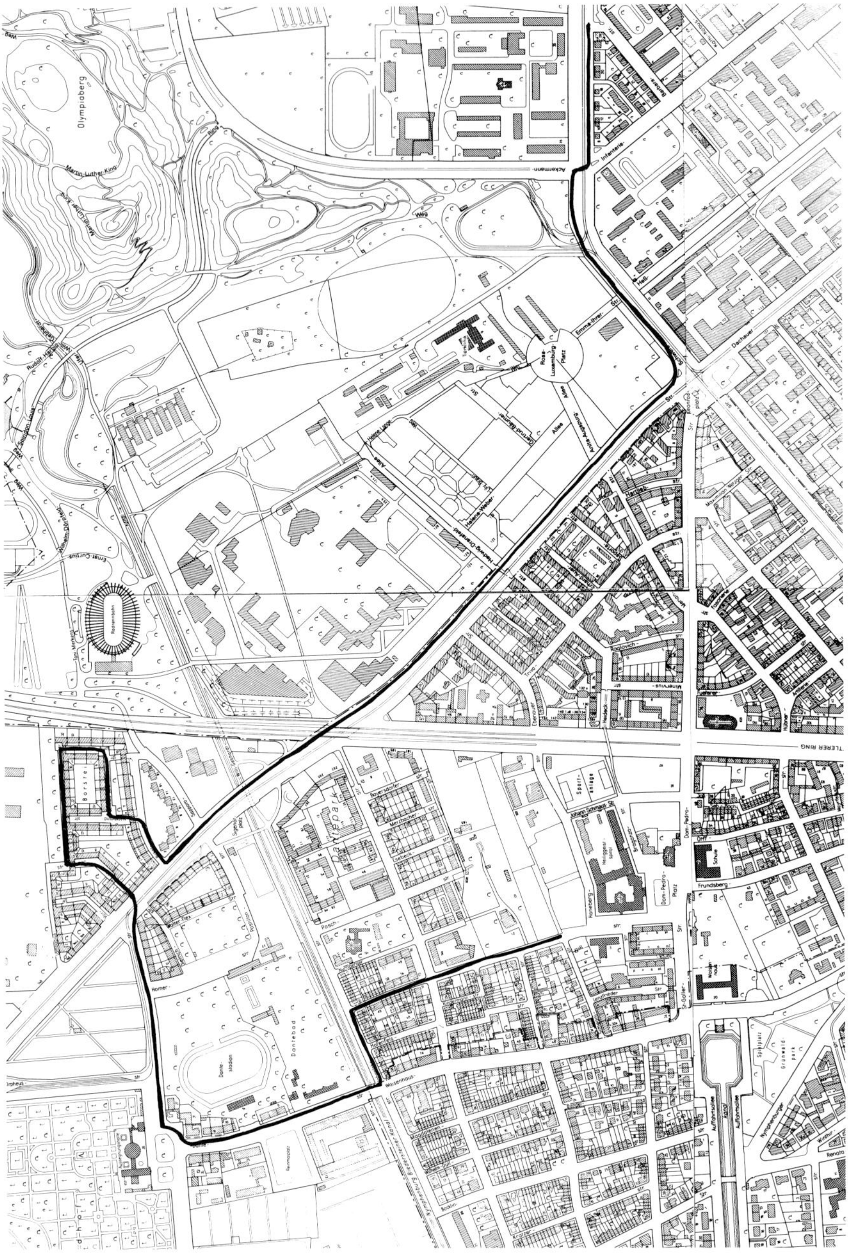
Olympiaberg
Dantebad

Ende März 1920 zog Hitler aus der Kaserne aus; er hatte in der (→) Thierschstraße 41 ein Zimmer zur Untermiete gefunden.

Oberwiesenfeld

Das Oberwiesenfeld war bis 1918 das Exerziergelände der Münchner Garnison, deren Kasernen das Gesicht der Gegend immer noch prägen.
Die Münchner Freien Gewerkschaften hatten zum 1. Mai 1923 ihren traditionellen Festzug angekündigt, der auch von der Polizei genehmigt wurde. Diese Maifeier stieß bei den Rechten auf großen Widerspruch, da man die Meinung vertrat, der 1. Mai sei der Tag der Befreiung Münchens von der kommunistischen Räterepublik. Die rechtsradikalen Verbände riefen deswegen ihre Anhänger zu bewaffneten Gegenaktionen nach München. Die Sozialdemokraten sollten *»abgeschossen werden wie tolle Hunde«*, wie das Polizeipräsidium in Erfahrung brachte. Die bayerische Regierung und das Polizeipräsidium waren der Meinung, daß eine solche Demonstration durchaus erlaubt werden könne.
Am Morgen des 1. Mai sammelten sich die »Vaterländischen Verbände« auf dem Oberwiesenfeld, aufgeheizt durch gezielte Gerüchte, es stünde ein sozialistischer Putsch bevor. Um ihn abwehren zu können, drangen einzelne Gruppen in die umliegenden Kasernen ein und brachten Gewehre, Maschinengewehre, Geschütze sowie einen Panzerwagen in ihren Besitz. Die Reichswehroffiziere ließen dies geschehen.

Aufmarsch der Hitler-Anhänger auf dem Oberwiesenfeld, 1. Mai 1923

Inzwischen hatten sich auf der (→) Theresienwiese 40.000 Menschen zur Gewerkschaftsfeier eingefunden. Um ein Blutbad zu verhindern, kreisten Reichswehr und Landespolizei die Verbände, die inzwischen unter Hitlers Oberbefehl standen, ein. Sie gewährten ihnen freien Abzug unter der Bedingung, daß sie vorher ihre Waffen abgäben.
Hitler hatte bereits 1922 eine Gefängnisstrafe auf Bewährung wegen Landfriedensbruches erhalten. Nach den Vorgängen am 1. Mai 1923 hätte er jetzt als Ausländer nach Österreich abgeschoben werden müssen. Dies jedoch verhinderte der deutschnationale Justizminister Franz Gürtner (→ Prielmayerstraße, Prinzregentenstraße 66), weil Hitler gedroht hatte, er würde die Verbindung zwischen den rechtsradikalen Wehrverbänden und der Reichswehr publik machen.
In den zwanziger Jahren baute die Stadt den ehemaligen Exerzierplatz zum Münchner Verkehrsflughafen aus. Bis zur Eröffnung des neuen Flughafens in Riem im Oktober 1939 war hier Münchens Tor zur Welt.

Zum 50. Jahrestag der Gründung der Bayerischen Eisenbahner- und Minenwerfertruppen fand in München ein großes Treffen statt. Es war der 28. Oktober 1923, als sich die

Vaterländische Verbände

Die sogenannten »Vaterländischen Verbände« waren nach dem 1. Weltkrieg und während der revolutionären Unruhen im Winter/Frühjahr 1918/1919 entstanden. Als bewaffnete, selbsternannte Heimatschutztruppen wollten sie die politische Entwicklung des Deutschen Reiches in Richtung parlamentarische Demokratie sowie die Auflagen des Versailler Vertrages rückgängig machen.
Die »vaterländische« Bewegung in Bayern war seit 1920 in zwei Lager gespalten: Die schwarz-weiß-rote Richtung Ludendorff-Pöhner-Hitler, für die Bayern und die Monarchie keine Rolle spielten, und die danach strebte, das Deutsche Reich von Bayern aus zu erobern. Die weiß-blaue Richtung unter Gustav von Kahr strebte die Vorherrschaft Bayerns unter dem früheren Kronprinzen Rupprecht im Reich an.
Zur ersteren gehörten die Organisationen der Kampfverbände, nämlich Nationalsozialisten, »Reichsflagge« und »Bund Oberland«, zur letzteren »Bayern und Reich« und ein Teil der »Vaterländischen Verbände Bayerns.«
Das Landeskommando der bayerischen Reichswehr sorgte für die Finanzierung, Ausbildung und Bewaffnung der »Vaterländischen Verbände«, allerdings unter der unbedingten Verpflichtung, niemals gegen die bayerische Reichswehr oder die Landespolizei Front zu machen. Den gemeinsam zu bekämpfenden Gegner sah man in den »Marxisten«, unter denen man alle Kräfte verstand, die sich für eine friedlich-realistische Außenpolitik und eine parlamentarisch-demokratische Innenpolitik einsetzten.

ehemaligen Kriegsteilnehmer zu einer Reihe von Veranstaltungen trafen: Morgens Messe in der Michaelskirche mit den Wittelsbacher Prinzen Alfons und Leopold und hohen Offizieren der Reichswehr, abends gemütliches Beisammensein im Löwenbräukeller. »*Weiß Ferdls köstlicher Humor ließ den Abend in eine freudige und heitere Stimmung ausklingen*«, so der »Völkische Beobachter« (→Pappenheimstraße 14).

Dachauer Straße 128

Am Nachmittag fand die feierliche Enthüllung des Denkmals der Bayerischen Eisenbahntruppen (Dachauer Straße 128) statt. Es war ein turmähnlicher Bau, der von einem geflügelten Rad aus Bronze bekrönt wurde. Die Inschrift lautete: »*Sie starben / für Deutschlands / Ruhm und Ehre. / Den Toten der / Bayerischen Eisenbahntruppe / im Weltkrieg 1914-18 / Die Lebenden / der Mitwelt zur Mahnung / der Nachwelt zum Vorbild*«.

Das im Krieg zerstörte und 1962 wiedererrichtete Denkmal: Das geflügelte Rad und die Inschrift wurden nicht geändert.

Dachauer Straße 140

Weit außerhalb der bebauten Stadt, allerdings direkt am Flughafen, entstand 1924-1931 die Borstei an der Dachauer Straße 140, benannt nach ihrem Architekten und Besitzer Bernhard Borst. Die Wohnanlage umfaßt 77 Häuser mit 773 Wohnungen und besitzt an der Franz-Marc-Straße ein eigenes Zentrum mit Geschäften, Café, Postamt und Kindergarten. Die Schriftzüge über den Geschäften sind im Original erhalten, ebenso wie der Adler der Reichspost. Die Innenhöfe sind wegen ihrer Begrünung und ihrer Gestaltung sehenswert.

Bei den Planungen zur Borstei spielten vor allem soziale und politische Überlegungen eine Rolle, nachzulesen in der Zeitschrift »Baukunst« 1931: »*Kein städtisches Wohnungsbauprogramm, keine Baugenossenschaft war Urheberin dieses Unternehmens, es entstand aus völlig privater Initiative, das*

Werk eines Einzelnen.« »Bernhard Borst, ein deutscher Baumeister von der Art, wie sie heute kaum noch anzutreffen sind,« beabsichtigte, mit seiner Wohnanlage ein Zeichen zu setzen gegen *»die schrankenlose Konjunkturbauerei, die unter der Flagge der »Neuen Sachlichkeit« nur die Elendsquartiere der Zukunft hervorbrachte«.* Die *»ideale deutsche bürgerliche Mietwohnung«* in der Borstei sollte da bessere Perspektiven aufweisen.

Löfftzstraße 3

In der Löfftzstraße 3, dritter Stock links, fühlte sich von 1930 bis 1933 der »Privatsekretär« Hitlers, Rudolf Heß, wohl. Seit 1919 studierte er an der Münchner (→) Universität einige Semester Geschichte und Geopolitik. Bereits damals war er Mitglied in der antisemitischen Thule-Gesellschaft (→ Maximilianstraße 17), seit 1920 in der NSDAP. Heß nahm im November 1923 am (→) Hitler-Putsch teil und saß anschließend zusammen mit Hitler in Landsberg in Haft. Dort half er seinem »Führer« als dessen »Privatsekretär« bei der Abfassung von »Mein Kampf«. Da Heß seit April 1933 »Stellvertreter des Führers« war, erhielt er nach dem Krieg in Nürnberg eine lebenslange Haftstrafe. Dieser setzte er als 93jähriger im August 1987 in Berlin-Spandau selbst ein Ende.

Dantestraße 14

In den Jahren 1926-1927 entstand in der Dantestraße 14 das Dante-Stadion als erstes Bezirksstadion in München. »Der Münchner Jugend« war es zugedacht, wie über dem Eingang zu lesen steht. Eröffnet wurde es mit einem großen Turnfest. Die Stadtverwaltung vermietete das Stadion für Massenveranstaltungen aller Art. So fand hier am 1. Juni 1929 anläßlich des 10. Reichsfrontsoldatentages des Wehrverbandes »Stahlhelm« (→ Hofgarten, → Reichenbachbrücke) eine »Stahlhelm-Abendfeier« statt. Musikkorps und Spielmannszüge gaben vor Tausenden von »Kameraden« Armeemärsche, Parademärsche der langen Kerls, den Radetzkymarsch, den Bayerischen Defiliermarsch etc. zum besten. Es folgten ein »Großes Schlachtenfeuerwerk«, ein »Großer Zapfenstreich«, schließlich noch ein »Bayerisches Militärgebet«: »Ich bete an die Macht der Liebe«. Danach forderten die Spielleute zum »Abschlagen nach dem Gebet« auf und zu allerletzt erklang tausendstimmig »Deutschland, Deutschland über alles.« (Festschrift und Programm zur Veranstaltung)
Aber auch die andere Seite des politischen Spektrums war hier vertreten, wie z. B. die SPD und die sozialistischen Gewerkschaften, die vom 23.-24. Juli 1932 zum Bayerischen Fest der Arbeit ins Dantestadion einluden. Erhard Auer (→ Ganghoferstraße 56), Vizepräsident des Bayerischen Landtages, schickte ein Grußwort der sozialdemokratischen Landtagsfraktion: *»Das Bayerische Fest der Arbeit wird ein Markstein*

»Der Münchner Jugend« ist das Dantestadion gewidmet

und ein Zeugnis sein für die innere Verbundenheit der Arbeitersportler mit der sozialdemokratischen Arbeiterbewegung, mit der Eisernen Front. Wir begrüßen Euch als Kämpfer für die Idee des Sozialismus, ohne deren Verwirklichung der gesunde Sport für das arbeitende Volk nicht möglich ist. Der Faschismus ist die Geißel des Volkes. Darum müßt ihr sein schärfster Gegner sein!«

»Mit roten Freiheitsfahnen« und »wuchtigem Tritt der Arbeiterbatallione« zogen die Arbeitersportler in das Dante-Stadion ein. Es folgten Wettkämpfe in Leichtathletik, Fußball etc., und als Höhepunkt stand »Das lebende Schach« auf dem Programm. Es lief unter dem Motto »Der Sieg der schaffenden Arbeit über den raffenden Kapitalismus ab.« Mit der Devise »Schach dem Kapital« traten kostümierte Mitglieder des Arbeiter-Schachklubs München (→ Trappentreustraße 25) auf einem 450 qm großen Schachbrett gegeneinander an: Die weißen Figuren stellten »das Kapital« dar, die roten »die Arbeit«: *»Das Kapital greift an, und Zug um Zug wogt der Kampf. Unter großen Opfern erreichen die Arbeiter Angriff und gewinnen die Oberhand. Es folgt Drohung auf Drohung des Kapitals. Die Freiheitsgöttin opfert sich für den endgültigen Sieg. Die Parteipresse im Verein mit dem Turm der freien Gewerkschaften setzen das Kapital lahm.«* (»Münchener Post«, Juli 1932)

Dieser Optimismus war allerdings nicht mehr berechtigt, denn gerade erst am 20. Juli 1932 war die preußische SPD-Regierung mit einem Staatsstreich durch eine autoritäre Regierung der Barone ersetzt worden. Dadurch hatte der demokratische Weimarer Staat praktisch zu bestehen aufgehört.

Taxisstraße 12

Der Militarismus und die Verherrlichung des Krieges, wie sie in den zwanziger Jahren üblich waren, haben ihre Spuren auch im Taxisgarten an der Taxisstraße 12 hinterlassen. Das Anwesen wurde als Kriegsversehrtenheim errichtet, und über der heutigen Weißbierschenke klärt eine Inschrift über die damalige Funktion auf: *»Ihr gabt im heiligen Opfermut / für unser Deutschland Gut und Blut. / Mög dieses Heim nach Müh und Pein / Euch Stätte der Erholung sein. / Den Kriegsbeschädigten der Stadt München erbaut 1924.«*

Der nur leicht verwundete Kriegsrückkehrer wird von einer Grazie zu Hause willkommen geheißen.

Schwabing

Das vielerorts großbürgerlich wirkende Schwabing war durch Universität und Kunstakademie geprägt. Seine Bewohner erfreuten sich einer überdurchschnittlich hohen Bildung. Trotzdem – oder vielleicht gerade deshalb – konnte hier der Nationalsozialismus etliche seiner Wurzeln schlagen. Gleichzeitig gab es aber auch zahlreiche Persönlichkeiten, die dem Ruf Schwabings als demokratischem und freiheitlichem Viertel gerecht wurden.

Geschwister-Scholl-Platz

Ludwig Quidde

Karl Voßler

Die 1826 von Landshut nach München verlegte Universität (Geschwister-Scholl-Platz) war im Königreich Bayern ein Hort ruhigen, liberal-angepaßten Lebens und Studierens. Professoren wie der seit 1910 hier lehrende Romanist Karl Voßler (1872-1949) trugen zum guten Ruf der Ludovica Maximiliana bei.

Mit dem Krieg und der Revolution im November 1918 änderte sich auch im akademischen Betrieb vieles, wie der Geschichtsprofessor Karl Alexander von Müller (→ Mauerkircherstraße 12) anhand seiner eigenen Erfahrungen beschreibt: *»Meine erste innere Erwiderung auf den Zusammenbruch von 1918 war der Wunsch, in den stillen Bereich der Wissenschaft zurückzukehren, wieder in die alten Geleise einzulenken, deren Weichen der Kriegsausbruch über Nacht umgestellt hatte.«*

Die beschworene gute, alte Zeit war endgültig vergangen. Die Mehrheit der Professoren dachte liberal-monarchistisch und fand sich nun plötzlich in einer ungewohnten parlamentarischen Demokratie wieder. Die auf konservative Werte bedachte Politik des bayerischen Kultusministeriums (→ Salvatorplatz 2) aber milderte die ungewollte Umstellung ab, so daß sich der größere Teil des Lehrkörpers mit den neuen politischen Gegebenheiten abfand. Dabei arbeiteten an der Universität auch republikanisch gesonnene Professoren wie der Historiker Ludwig Quidde, der 1919-1920 Mitglied der Nationalversammlung für die Deutsche Demokratische Partei war und 1927 den Friedensnobelpreis erhielt. 1933 mußte er in die Schweiz emigrieren.

Der eigentliche Umschwung, die Radikalisierung nach rechts einer enttäuschten Kriegsgeneration, fand unter den Studenten statt. Sofort nach der militärischen Niederschlagung der Münchner Räterepublik im April/Mai 1919, an der viele Studenten als Freiwillige teilgenommen hatten, begannen im Sommersemester 1919 geschichtspolitische Kurse. K.A. v. Müller beispielsweise legte seine Sicht der Dinge Hörern wie Adolf Hitler dar, den er als »Rednertalent« an die Reichswehr

Schule
Elisabeth-platz
Habs-burger-platz
Kaiser-platz
Universität
Monopteros
Garten

weiterempfahl. Auch Rudolf Heß und Hermann Göring mit Gattin Karin nahmen von 1919 bis zum Sommer 1923 an Müllers Kursen teil.
Die chronische Unterernährung vieler Studenten, von denen jeder Zehnte Tbc-erkrankt oder -gefährdet war, verletzter Patriotismus und Nationalstolz sowie die stets drohende Perspektivlosigkeit nach dem Studium ließen die Mehrheit der Studenten nach rechts außen rutschen. Heinrich Himmler oder der Fememörder Edmund Heines gehörten ebenso zu ihnen wie Rudolf Heß, der Ende 1922 an der Universität eine eigene SA-Hundertschaft aufstellte. Unter dem Druck dieser Mehrheit durften seit 1921 keine ausländischen Juden mehr in München ihr Studium beginnen. In welcher Atmosphäre die deutschen Juden studieren mußten, läßt sich leicht ermessen.
Am 15. Dezember 1922 hielt Professor Voßler vor Studenten eine Rede, in der er die damalige Situation an der Universität darstellte: *»Daher das Merkwürdige, daß man heute einer echten menschlichen Bildung bei den sogenannten Gebildeten und Akademikern kaum begegnen kann. Die gemeinsten und nachhaltigsten Kriegs- und Revolutionsgreuel sind von studierten Literaten mit der Schreibfeder verübt worden: Verstümmlungen der europäischen Gemüter, an denen wir noch lange kranken. Wenn die akademische Jugend fortfährt, sich trennend und abschließend mit Parteiprogrammen des Klassen- und Rassenhasses, mit Hakenkreuzen und ähnlichem Stacheldraht zu umgeben, wird sie ihre menschliche Bildung schwerlich fördern. Es gibt nur eine Autorität, die über allen steht, die Wahrheit. Bei uns wird mit dem Kopf gearbeitet, nicht gesungen und nicht gebetet.«*
Nebenbei sprach Voßler noch eine studentische Gruppe an, die sich erst seit Anfang des 20. Jahrhundert an der Universität einschreiben durfte, die Frauen: *»Die von der Universität vermittelte Charakterbildung zielt auf eine strenge, männliche Unerschütterlichkeit, auf das Stoische. Davon wird sich wohl oder übel auch den Damen, die hier ein- und ausgehen, einiges mitteilen. Ich hoffe, daß es ihrer weiblichen Anmut nicht schaden soll.«*
Der (→) Hitler-Putsch vom 8./9. November 1923 wurde nach Schätzung K.A. v. Müllers von 70% der Studenten unterstützt. Nach seinem Scheitern führten schwere Krawalle am 13. November zu einer mehrtägigen Schließung der Universität. Der Senat, unter ihnen der Chemiker und Nobelpreisträger (1915) Richard Willstätter, maßregelte einige Rädelsführer. Der dennoch weiterhin wachsende Antisemitismus veranlaßte Willstätter 1925 zum Rücktritt von seinem Lehramt. 1939 kam er seiner Verhaftung durch Emigration in die Schweiz zuvor.

Im Februar 1926 wurde an der Münchner Universität der »Nationalsozialistische Deutsche Hochschulbund« (→ Schellingstraße 29) gegründet. Die Atmosphäre für die jüdischen Studenten wurde immer unerträglicher. Viele von ihnen dachten konservativ bis reaktionär wie ihre christlichen Kommilitonen und waren als enttäuschte Patrioten aus dem verlorenen Weltkrieg heimgekehrt. Nun mußte sich der inzwischen zum Rektor gewordene Karl Voßler am 27. November 1926 in einer Ansprache an die studentischen Verbindungen wenden, die den Ausschluß ihrer jüdischen Mitglieder erzwingen wollten. Er erinnerte an die für König und Vaterland gefallenen jüdischen Studenten und an die Leistungen jüdischer Wissenschaftler. Insbesondere kritisierte er die Rassetheorie als zoologischen Begriff.
Aber umsonst: Juden mußten die Verbindungen verlassen und konnten sich fortan ausschließlich in der »Vereinigung Jüdischer Akademiker« oder im »Zweckverband Jüdischer Studenten« organisieren. Als weitere Alternative bot sich das verlorene Häuflein der »Sozialistischen Studenten-Gemeinschaft« an. Die übrigen rund 270 Verbindungen – schlagende oder katholische – blieben ihnen verschlossen.
Einige weitere Schritte der Universität auf ihrem Weg ins Dritte Reich seien kurz dargestellt: Am 18. Januar 1928 sagte Voßler in seiner Rektoratsrede: *»Kommilitonen! Sie haben in den letzten Jahren viel getan, um den Alkoholismus aus dem studentischen Leben zu entfernen. Aber seit einigen Jahren laufen Sie Gefahr, sich an politischen Phrasen und Mythen geistig zu betrinken. Wenn die akademische Jugend es nicht vermag, sich nüchtern zu halten, so sehe ich der Zukunft des Reiches mit Besorgnis entgegen.«*
Im Sommersemester 1931 erklärte der NS-Hochschulbund den jüdischen Professor für Staatsrecht, Hans Nawiaski, zum Hauptziel seiner Aggressionen. Er lehrte seit 1919 an der Universität, und nun wurden seine Vorlesungen durch Rufe wie »Juda verrecke« und »Haut Nawiaski« gestört, und hörwillige Studenten zusammengeschlagen. Parallel zu diesen Vorgängen lief im »Völkischen Beobachter« eine Verleumdungskampagne gegen Nawiaski, er habe durch Befürwortung des Versailler Vertrages Hochverrat am deutschen Volk begangen. Nawiaski trat von seinem Lehrstuhl zurück und emigrierte 1933 in die Schweiz. 1946 kehrte er zurück und gestaltete die Verfassung des Freistaates Bayern maßgeblich mit.
Am 10. Mai 1933 schließlich fand an der Universität – wie überall in Deutschland – die Verbrennung von Büchern mißliebiger Autoren statt. Vor einer begeisterten Menge der Münchner akademischen Jugend, angeblich Träger abendlän-

Schließung der Universität nach rechtsradikalen Krawallen, 30. Juni–6. Juli 1931

discher Kultur, wurde dem Feuer alles übergeben, was die deutsche Kultur in Wirklichkeit darstellte: 134 Schriftsteller von Bertolt Brecht über Lion Feuchtwanger bis Thomas Mann und Carl Zuckmayer, um nur einige zu nennen.
Karl Voßler konnte sich noch bis 1938 an dieser Stätte des Ungeistes halten. Dann wurde der weltberühmte Ordinarius für Romanistik entlassen und zog sich ins Privatleben zurück. Im Jahr 1945 begann unter seinem Rektorat der Wiederaufbau der zerstörten Universität.

Schellingstraße 29

Die beiden Jurastudenten Wilhelm Tempel und Helmut Podlich gründeten im Februar 1926 den Nationalsozalistischen Hochschulbund, der wegen seiner Betonung des »Sozialistischen« auf Distanz seitens der NSDAP stieß. Erst als der Germanistikstudent Baldur von Schirach (1907-1974), der seit dem Wintersemester 1927 in München studierte, 1928 die Vereinsführung übernahm und sich von den Theorien seiner Vorgänger distanzierte, wurde der »Studentenbund« als offizielle Vertretung der Partei an der Universität anerkannt.
Der radikale Antisemit aus großbürgerlichem Hause trat, nachdem er Hitler persönlich kennengelernt hatte, bereits als Schüler in die NSDAP ein. 1928-1932 leitete er den NS-Studentenbund, der von 1930 bis 1933 im ersten Stock der Schellingstraße 29 seine Zentrale und seinen Zeitungsverlag

hatte. Von hier aus forderte der Verband die Wiederbewaffnung Deutschlands und die Ausschaltung der Juden aus dem Leben Deutschlands. Der Vermieter der Büroräume und von Schirachs Privatwohnung im 2. Stock war übrigens der jüdische Kaufmann Charles Monninger, dessen Haus nach der Pogromnacht vom 9./10. November 1938 zugunsten der Deutschen Arbeitsfront enteignet wurde.

Schellingstraße 39-41

Alfred Rosenberg, 1936 (aus: Adolf Dresler, Geschichte des Völkischen Beobachters und des Zentralverlages der NSDAP, München 1937)

Das Münchner Buchgewerbehaus in der Schellingstraße 39-41, dessen Druckerei- und Gewerberäume noch stehen, und wo heute BILD München hergestellt wird, beherbergte eine Vielzahl von Verlagen, Filmvertrieben, Druckereien etc., etwa die der »Deutschen Alpenzeitung« oder des »Bayernland«, von 1919 bis 1921 auch die »Verlagsgenossenschaft Der Kampf«, deren Chef Alfred Rosenberg (1893-1946) war. Er war in Estland geboren worden und zog aus Furcht vor einer sich etablierenden Sowjetmacht 1918 nach München. Hier wurde er Ende 1919 mit Hitler bekannt. Rosenberg, der einen ähnlichen Lebenslauf wie der Balte Max von Scheubner-Richter (→ Widenmayerstraße 38) hatte, war ein fanatischer Antisemit. Die Schlagworte der Nationalsozialisten von »Judenrepublik« und »jüdischer Bolschewismus« stammten von ihm. Mit seinem 1927 gegründeten »Kampfbund für deutsche Kultur« agitierte er gegen Marxismus, Judentum, Demokratie und Liberalismus. Rosenbergs bekanntestes Werk ist das kirchenfeindliche, rassistische Buch »Der Mythos des 20. Jahrhunderts« (1930), in dem er die Unterordnung von Recht und Wahrheit unter den Nutzen der »germanischen Rasse« fordert. Von 1941 bis 1945 »arbeitete« Rosenberg als Reichsminister für die besetzten Ostgebiete. Als Hauptkriegsverbrecher wurde er am 16. Oktober 1946 in Nürnberg hingerichtet.
Die Besitzer und Vermieter des Buchgewerbehauses waren die Kaufleute Adolf Müller und Otto Georg Königer. Königer war erstaunlicherweise gleichzeitig Besitzer des ebenfalls im Hause arbeitenden »Münchner Sozialistischen Buch- und Zeitschriftenverlages«.
Im Jahr 1922 zog die Redaktion des »Völkischen Beobachters«, des »Kampfblattes der nationalsozialistischen Bewegung Großdeutschlands«, als Mieterin in den ersten Stock des Vordergebäudes ein. Der Umzug war notwendig geworden, weil die bisherigen Räume im Eher-Verlag in der (→) Thierschstraße 15 zu eng geworden waren. Außerdem erschien es günstig, wenn sich Redaktion und Druckerei der Zeitung im selben Gebäude befanden.
Das Blatt war 1920 von der NSDAP erworben worden, um der damals noch unbekannten Bewegung ein »Zentralorgan«

VÖLKISCHER BEOBACHTER

Herausgeber Adolf Hitler

Kampfblatt der national-sozialistischen Bewegung Großdeutschlands

München, Samstag, 25. April 1925

Alle Deutschen für Hindenburg!

Alle Juden u. Judenknechte für Marx, den Kandidaten des Barmatblocks!

Ein jüdischer Dolchstoß

Tscheka – die Schächtungskommission

Betrüger u. Betrogene

Schlagzeile zur Wahl des Reichspräsidenten, 25. April 1925

zu verschaffen. Chefredakteur war von 1921-1923 Dietrich Eckart (→Thierschstraße 11/15), bis 1938 Alfred Rosenberg. Schon vor dem Verbot des »Völkischen Beobachters« am 9. November 1923 als Folge des (→) Hitler-Putsches erschien er seit dem 8. Februar 1923 als Tageszeitung. Während des Verbotes nannte sich die Redaktion »Niederbayerischer und Oberbayerischer Zeitungsblock« und bereitete die Herausgabe des »Beobachters« als politisch-propagandistisches Massenblatt vor. Seit dem 26. Februar 1925 konnte das »Kampfblatt« wieder erscheinen, jetzt mit dem charakteristischen und propagandawirksamen roten Balken unter der Überschrift auf der ersten Seite. Seit dem 1. Februar 1927 kam neben der Münchner- noch eine Bayern- und eine Reichsausgabe dazu.
Ab 1933 mietete die Redaktion das gesamte Gebäude an und verfolgte hier ihre Tätigkeit bis zum 27. April 1945, kurz bevor die US-Armee einmarschierte.

Schellingstraße 50

Im Jahre 1924 zog die Firma »Photographische Berichterstattung« in das Rückgebäude der Schellingstraße 50 ein. Ihr Chef war Heinrich Hoffmann (1885-1957), der durch seine Dokumentation der revolutionären Ereignisse in München 1918-1919 berühmt geworden war. Hoffmann hatte als einer der ersten in Deutschland die Photographie, wenn nicht als Ersatz, so doch als unentbehrliche Ergänzung des geschriebenen Wortes eingesetzt. Dabei hatte er aber nicht Objektivität walten lassen, sondern sich deutlich auf die Seite der Gegenrevolution gestellt.
Durch den Schriftsteller Dietrich Eckart (→Thierschstraße 11/15) kam er mit Adolf Hitler in Verbindung, der sich in Hoffmanns Atelier in gestellten, pathetischen Volksrednerposen ablichten ließ. Hoffmanns Sekretärin, Eva Braun, lernte dabei Adolf Hitler kennen. Hoffmanns Tochter Henriette heiratete den späteren Reichsjugendführer Baldur von Schirach. Heinrich Hoffmann selbst stieg 1933 zum »Reichsbildberichterstatter« auf. In dieser Funktion prägte er die Bildpropaganda der Nationalsozialisten entscheidend mit und erwarb sich durch seine Urheberrechte ein beträchtliches Vermögen.

Anzeige im «Völkischen Beobachter« vom 12. April 1924

In dasselbe Gebäude zog im April 1925 die Geschäftsstelle der im Februar 1925 wieder erlaubten NSDAP ein. Die Räume in der (→) Thierschstraße 11 waren zu klein geworden. Bis zum Umzug ins »Braune Haus« (→ Brienner Straße 45) im September 1930 wurde von hier aus die Partei reichsweit verwaltet und organisiert. Ein Adler über dem Eingang des Anwesens erinnert an die frühere Bedeutung dieses Hauses, auch wenn das Hakenkreuz inzwischen aus seinen Klauen verschwunden ist.

Barerstraße 37

Eine Tafel erinnert daran, daß der Schriftsteller Oskar Maria Graf von 1919 bis 1931 im Ateliergebäude der Barerstraße 37 lebte. 1894 in Berg am Starnberger See geboren, floh er als 17jähriger aus der Enge seiner bäuerlichen Heimat und speziell vor der brutalen Herrschaft seines ältesten Bruders, der nach dem Tod des Vaters die Bäckerei Graf leitete.

Barerstraße 47

In der Großstadt München mußte er tagsüber harte Arbeit unter unwürdigen Bedingungen verrichten (*»Mir ist mein Sozialismus von Kind an auf den Rücken geprügelt worden.«*); abends und nachts ging er seinen Lieblingsbeschäftigungen, Schreiben und Trinken, nach. Schon 1911 hatte er in der Schwabinger Anarchistengruppe »Die Tat« den Maler Georg Schrimpf kennengelernt, auch er ehemaliger Bäckerlehrling und künstlerischer Autodidakt. Die beiden Künstler, die sich wegen ihrer gemeinsamen sozialistischen und expressionistischen Vorstellungen gut verstanden, bildeten ein unzertrennliches Freundespaar. So lebte Schrimpf jahrelang gleich nebenan im vierten Stock des Hauses Barerstraße 47. Graf hatte den Kriegsdienst durch simulierte Geistesgestörtheit beenden können und trat noch während der Revolution im November 1918 der USPD des Ministerpräsidenten Kurt Eisner bei. Als Ende April 1919 die Münchner Räterepublik von gegenrevolutionären Truppen niedergeschlagen wurde, gehörte Graf zu den »Roten« und wurde nach der Niederlage inhaftiert.

Oskar Maria Graf

In volkstümlicher, ungekünstelter, manchmal sogar grober Sprache stellte Graf das Leben der ländlichen und städtischen

Bevölkerung dar. Aus eigenem Erleben schilderte er die Ereignisse in München zwischen 1918 und 1933 (»Wir sind Gefangene«, »Gelächter von außen«). Der Zusammenbruch der Demokratie, die Machtübergabe an die Nationalsozialisten in München im März 1933 und die Flucht der politisch Verfolgten stellte er in seinem Roman »Der Abgrund« dar – ein ebenfalls stark autobiographisches Werk.

Graf emigrierte am 17. Februar 1933, zuerst nach Österreich, dann über die tschechoslowakische Republik in die UdSSR, schließlich in die USA, wo er 1967 in New York starb.

Als am 10. Mai 1933 die Bücher unliebsamer Autoren verbrannt wurden, waren Grafs Werke nicht dabei. Die neuen Machthaber wollten seine »ländlichen Sachen« für ihre Zwecke einspannen und setzten sie sogar auf eine Empfehlungsliste. Diese Schmach ließ Graf nicht auf sich sitzen und forderte am 12. Mai von Wien aus in der »Arbeiterzeitung« öffentlich, seine Bücher ebenfalls zu verbrennen. Dies hatte die Aberkennung seiner deutschen Staatsbürgerschaft zur Folge.

Grafs Künstlerfreund Schrimpf sah den »harmloseren« Teil seines Werkes – Portraits und Landschaften – ebenfalls von den neuen Kulturpolitikern vereinnahmt. Er ließ dies geschehen und wurde 1933 als Professor an die Berliner »Hochschule für Kunsterziehung« berufen. Er starb 1938.

Barerstraße 57

Hans Frank (geboren 1900) meldete sich noch 1918 als Freiwilliger zum Kriegsdienst und nahm als Freikorps-Soldat an der Niederschlagung der Münchner Räterepublik teil. Er trat im Juni 1919 der völkisch-antisemitischen »Thule-Gesellschaft« (→ Maximilianstraße 17) und der rechtsradikalen »Deutschen Arbeiterpartei« (→ Tal 38) bei und begann im Wintersemester 1919 an der Münchner Universität mit dem Studium der Rechtswissenschaften.

Als SA-Mann war er beim (→) Hitler-Putsch dabei und mußte nach dessen Mißerfolg ins Ausland fliehen. 1926 kehrte er als Dr. jur. nach München zurück und mietete sich im ersten Stock des Hauses Barerstraße 57 ein. Ein Jahr später ließ er sich als Rechtsanwalt nieder, trat nun auch offiziell in die NSDAP ein und organisierte das Referat für Rechtsangelegenheiten der Reichsleitung in der Schellingstraße 50. Im Herbst 1928 gründete er im Auftrag Hitlers den »Bund Nationalsozialistischer Deutscher Juristen«. Frank wurde der juristische Berater Hitlers und der Partei und führte in dieser Eigenschaft zahlreiche Prozesse – z. B. den spektakulären Fall vor dem Leipziger Reichsgericht im Februar 1930, als drei Offiziere aus Ulm angeklagt waren, als Mitglieder der NSDAP für ein Verschmelzen der Reichswehr mit der SA

Die 1. bayerische NS-Regierung; obere Reihe: Ernst Röhm (→ Hohenzollernstraße 110), Hans Frank, Hermann Esser, Georg Luber; untere Reihe: Ludwig Siebert, Franz Xaver von Epp (→ Bauerstraße 36), Adolf Wagner, Hans Schemm

Stimmung gemacht und damit zum Hochverrat aufgerufen zu haben.

Georgenstraße 12

Im September 1930 wurde Frank in den Reichstag gewählt und fand in der Georgenstraße 12 eine größere Wohnung, die seinen gehobenen Ansprüchen eher entsprach. Seine Karriere verlief weiterhin steil nach oben: Am 10. März 1933 wurde er Bayerischer Staatsminister der Justiz (→ Prielmayerstraße), am 22. April 1933 »Reichskommissar für die Gleichschaltung der Justiz in den Ländern und für die Erneuerung der Rechtsordnung«, am 31. Dezember 1934 Reichsminister ohne Geschäftsbereich. Am 12. Oktober 1939 schließlich ernannte ihn Hitler zum Generalgouverneur für die besetzten polnischen Gebiete. Er trug die Verantwortung für die brutale Unterdrückungspolitik der dortigen deutschen Besatzung, unter anderem für die Vernichtungslager Belzec, Sobibor und Treblinka sowie die Niederschlagung der beiden Warschauer Aufstände im April/Mai 1943 und August/Oktober 1944. Auf Befehl Hitlers ließ Frank daraufhin die Stadt weitgehend dem Erdboden gleichmachen.
Am 16. Oktober 1946 wurde Hans Frank als Hauptkriegsverbrecher in Nürnberg hingerichtet.

Georgenstraße 24

Der Schriftsteller Lion Feuchtwanger war am 7. Juli 1884 in der Thierschstraße 9 im Lehel geboren worden (→ Sankt-Anna-Platz 2). Er entstammte einer alteingesessenen, ortho-

dox-jüdischen Familie, deren ganzer Stolz ihr Sohn Berthold war, der allein einen französischen Schützengraben erobert hatte und dafür 1915 mit dem Eisernen Kreuz I. Klasse ausgezeichnet worden war.
Lion Feuchtwanger hingegen war kränklich und körperlich ungeschickt, dafür aber überdurchschnittlich begabt und gebildet. In den Kreisen, in denen er und seine Frau Martha zum Mißfallen ihrer Familien verkehrten – Literaten, Pazifisten, Intellektuelle –, nannte man ihn den »weisen Juden«. Seit 1917 lebten die Feuchtwangers im Künstlerviertel Schwabing, im dritten Stock des Hauses Georgenstraße 24. Hier entstand 1917 Feuchtwangers Theaterstück »Die Kriegsgefangenen«, in denen er nationalen Chauvinismus und den Krieg selbst geißelte. Das Stück wurde verboten.
Die Feuchtwangers standen politisch links und sahen die Oktoberrevolution in Rußland und die Umwälzungen im Nachkriegsdeutschland als historisch legitimierte Vorgänge an. Dementsprechend schroff fiel ihre Ablehnung aus, wenn es um den Wandel ihrer Heimatstadt München zum Eldorado der Rechtsextremen und Antisemiten ging.

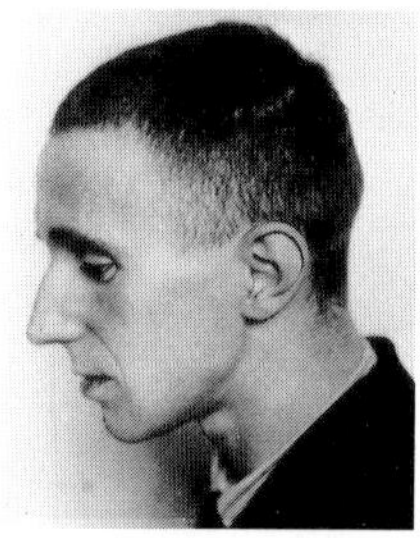

Bert Brecht. Er kam im Winter 1918/19 in die Wohnung der Feuchtwangers, um sein Stück »Spartakus« vorzustellen. Lion F. benannte es in »Trommeln in der Nacht« um und brachte es in den Kammerspielen auf die Bühne. Dies war der Beginn der dichterischen Laufbahn Brechts.

In seinem Roman »Erfolg« (1930) beschreibt Feuchtwanger »Drei Jahre Geschichte einer Provinz«. Mit seherischer Schärfe beobachtet er die Verhältnisse in Bayern und speziell in München der Jahre zwischen 1921 und 1924. Es ist erstaunlich, mit welch erschreckender Genauigkeit Feuchtwanger Aufstieg und Charakter des Nationalsozialismus und seiner Hintermänner analysierte und voraussagte. So schreibt er beispielsweise: *»In jenen Jahren war eines der beliebtesten Mittel, den politischen Gegner zu widerlegen, seine Ermordung. In Deutschland waren es vornehmlich Anhänger der Rechtsparteien, die, den Führern der Linken in der Handhabung geistiger Waffen nicht gewachsen, sich dieses Mittels bedienten. In München war die Widerlegung der Argumente der Linksparteien durch Tötung derer, die sie propagierten, besonders beliebt.«*
Im Jahr 1925 zogen die Feuchtwangers auf Einladung Bertolt Brechts nach Berlin um, so hofften sie, eine freiere Luft atmen zu können.
1933 mußten die Feuchtwangers ins Exil gehen, Lion Feuchtwangers Bücher wurden symbolisch am 10. Mai 1933 verbrannt. Er starb 1958 in Los Angeles, seine Frau Martha 1987 ebendort.

Elisabeth-/Isabellastraße

Am 1. Mai 1923 sammelten sich militärische Verbände der NSDAP auf dem (→) Oberwiesenfeld, während gleichzeitig auf der (→) Theresienwiese die Maifeier der Gewerkschaften abgehalten wurde. Die große Konfrontation konnte vermie-

den werden, aber an der Elisabeth-/Ecke Isabellastraße spielte sich ein für die Münchner Verhältnisse jener Zeit bezeichnendes Ereignis ab. Etwa 90 Gewerkschafter auf dem Weg von der Theresienwiese nach Hause wurden hier am Nachmittag jenes 1. Mai von etwa 1.700 Nationalsozialisten überfallen. Die sozialdemokratische »Münchener Post« schrieb unter der Überschrift *»Rechtsbolschewistische Überfälle am Maifeiertag«* über das Vorkommnis: *»... und sprengten die unbewaffneten Zugteilnehmer mit Gummiknütteln auseinander. Den Fahnenträgern wurden die Reichsfahnen entrissen, die Fahnen wurden angezündet und mit klingendem Spiel dem Freikorps Oberland brennend vorangetragen. Verschiedene Arbeiter wurden blutig geschlagen, Nationalsozialisten gaben mehrere Schüsse ab. Grüne Polizei, die anscheinend eingreifen wollte, fuhr mit Panzerauto und Lastauto unter Heil- und Hochrufen der Hitlerleute den Zug der Nationalsozialisten entlang, überholte ihn und – sprengte die Teilnehmer des Arbeiterzuges vollends auseinander. Die Nationalsozialisten nahmen zwei Arbeiter gefangen, fesselten ihnen die Hände auf den Rücken und führten die Gefangenen an der Spitze des Zuges mit durch die Ludwigstraße.«*
Dort marschierte der mit Stahlhelm, Lederzeug, Gepäck und Revolver ausgerüstete Zug in Richtung Innenstadt. Die Teilnehmer riefen: »Nieder mit der Judenregierung!« und drohten, den Landtag und die Ministerien zu besetzen. Das Polizeipräsidium, das über diese Vorfälle informiert war, stellte sich ungläubig und ließ erklären, man könne nichts dagegen unternehmen. Der Hinweis eines Sozialdemokraten, daß ein Zug Bewaffneter im Stadtzentrum marschiere, wurde mit der Versicherung erwidert, man werde der Sache nachgehen.

Bauerstraße 36

Franz Xaver Ritter von Epp (1868-1946) hatte in seiner Heimatstadt München die Kriegsschule und die Kriegsakademie besucht, bevor er als Freiwilliger 1900-1901 im Ostasiatischen Expeditionskorps mithalf, den chinesischen Boxeraufstand niederzuschlagen, damit auch in jenem Teil der Welt die deutschen Weltmachtinteressen gewahrt blieben. Das gleiche Ziel verfolgte er 1904-1906 als Kompaniechef der deutschen Schutztruppen in Südwestafrika, wo die einheimischen Hereros und Hottentotten den deutschen Kolonialinteressen im Wege standen. Sie wurden fast vollständig ausgerottet.
Während des 1. Weltkrieges befehligte er als Kommandant des bayerischen Infanterie-Leibregimentes Truppen in Frankreich, Südtirol, Serbien, Rumänien und am Isonzo.
Nachdem im April 1919 in München die kommunistische Räterepublik ausgerufen worden war, stellte Epp im Auftrag

des Reichswehrministers Gustav Noske (SPD) ein sogenanntes Freikorps auf, mit dem er erfolgreich am Kampf gegen die Münchener Rote Armee teilnahm. Als es 1920 galt, im Ruhrgebiet einen weiteren kommunistischen Aufstand niederzuschlagen, war auch Epp mit dabei – wiederum erfolgreich. Als Anerkennung für seine innenpolitischen militärischen Leistungen wurde er 1921 zum Infanterieführer der 7. (bayerischen) Reichswehrdivision ernannt und zum Generalmajor befördert.

Grundsätzlich war Epp der Auffassung, daß der Hauptfeind eines starken Deutschlands eine »marxistisch-jüdische Weltverschwörung« sei – eine Meinung, in der ihn sein politischer Berater Ernst Röhm (→Hohenzollernstraße 110) bestärkte. Seine auch öffentlich geäußerten Sympathien für den nationalsozialistischen »Deutschen Kampfbund« führten am 31. Oktober 1923 zu seinem Abschied von der Reichswehr.

Anfang 1928 trat Epp der NSDAP bei. Daß er der katholisch geprägten Münchner Oberschicht angehörte, hatte unübersehbare Auswirkungen für den Aufstieg der Partei, *»jener Genossenschaft von Betrügern und Sittlichkeitsverbrechern«*, wie 1934 der katholische Monarchist Erwein von Aretin urteilte. Später, im Oktober 1933, blickte der SA-Gruppenführer Friedrich Haselmayer auf Epps Parteibeitritt zurück: *»Der Eintritt des letzten Feldkommandanten des hochangesehenen Infanterie-Leibregimentes in die nationalsozialistische Partei, des Generals, der um die Befreiung Münchens aus Spartakistennot sich so verdient gemacht hatte, der in den breiten Massen besonders beliebt war und gleichzeitig zu den höchsten Gesellschaftskreisen Beziehungen besaß, erregte nicht nur in der Landeshauptstadt, sondern in ganz Bayern großes Aufsehen. Manchem Schwankenden erleichterte das Verhalten des Generals die weitere Einstellung; mancher politisch bisher Unachtsame wurde aufmerksam und begann, sich für die Bewegung zu interessieren.«*

Die NSDAP benötigte Zugpferde wie den Ritter von Epp. Bei der Reichstagswahl am 20. Mai 1928 erhielt er als Spitzenkandidat der Partei für den Wahlkreis Oberbayern-Schwaben 72.000 Stimmen und zog als Abgeordneter in den Berliner Reichstag ein. In dieser Zeit seiner zweiten, diesmal politischen Karriere zog Epp in den ersten Stock der Bauerstraße 36. Schon bei der Reichstagswahl am 14. September 1930 erhielt er in Oberbayern-Schwaben 218.000 Stimmen, als gleichzeitiger Spitzenkandidat für Franken noch zusätzliche 281.000 Stimmen.

Franz Xaver Ritter von Epp, der honorige Großbürger und Militärexperte, wurde 1932 von seiner Partei als inoffizieller, aber einflußreicher Beobachter und Ratgeber der deutschen

Delegation zur Eröffnung der Abrüstungskonferenz nach Genf und zur Reparationskonferenz nach Lausanne geschickt. Im September 1932 ernannte ihn Hitler zum Reichsleiter des Wehrpolitischen Amtes beim Stabe der Obersten SA-Führung seines Kollegen Ernst Röhm.
Nach der Machtübergabe vom 30. Januar 1933 führte Epp seit dem 16. März als Reichskommissar die sogenannte Gleichschaltung des Freistaates Bayern mit dem Deutschen Reich durch. Da sich seine Staatskanzlei im Montgelaspalais am Promenadeplatz 2 befand, benannte die Stadtverwaltung diesen in Ritter-von-Epp-Platz um. Sein Namensgeber starb nach dem Untergang des von ihm mitgetragenen Regimes am Silvestertag 1946 friedlich im Krankenhaus.

Hohenzollernstraße 110

Die Gedenktafel am Haus Hohenzollernstraße 110 erinnert daran, daß hier der Physiker Werner Heisenberg seine Jugend verbracht hat. Im ersten Stock desselben Anwesens lebte Ernst Röhm, der Stabschef der SA von 1931 bis 1934, also während der entscheidenden Jahre, in denen seine SA »die Straße freikämpfte«, wie es damals ausgedrückt wurde. Die »Geheime Regierungsrats- und Universitätsprofessorswitwe« Anna Heisenberg im 3. Stock erlebte 1931 den Einzug des ehemaligen Hauptmannes und seiner verwitweten Mutter Emilie in die gemeinsame Wohnung im ersten Stock rechts. Röhm arbeitete nach dem Krieg bei der Reichswehr als politischer Berater des Generalmajors Franz Ritter von Epp (→ Bauerstraße 36) und 1923 im Stab des Wehrkreiskommandanten Otto von Lossow (→ Ludwigstraße 14), von wo aus er Verbindungen zwischen der NSDAP und den Staatsorganen herstellte. Durch diese für die Partei wichtige Tätigkeit erwarb er sich das Vertrauen und die Duz-Freundschaft mit Hitler, der dem Militärexperten und Haudegen viel verdankte. Adolf Hitler: *»Meine entschiedensten Anhänger sollten keine Ehemänner sein und nicht Weib noch Kind kennen. Kein Familienvater taugt für Straßenkämpfe!«*
Und solch ein Mann war Ernst Röhm, geboren 1887 in München. Am 4. November 1921 war er zum ersten Mal auf einer Parteiversammlung der NSDAP im Hofbräuhaus als Redner in Erscheinung getreten. Er sah in Hitler weniger den »Führer« als vielmehr den »Trommler« für ein neues, starkes Deutschland, das er – Röhm – mit Hilfe seiner paramilitärischen Volksmiliz SA gegen innere und notfalls auch äußere Feinde erkämpfen wollte. Die als Revolutionsgarde verstandene SA wurde zwar mit Wissen der konservativen Reichswehr, aber in Konkurrenz zu ihr illegal bewaffnet. In den Sturmabteilungen der »Braunhemden« sollte einmal die kleine Berufsarmee der Reichswehr aufgehen.

Der (→) Hitler-Putsch wurde von Röhm militärisch vorbereitet, da er als Chef der SA für die Bewaffnung der Teilnehmer verantwortlich zeichnete. Nach seinem Scheitern mußte sich Röhm im Hitler-Prozeß (→ Pappenheimstraße 14) verantworten, erhielt aber nur 15 Monate Festungshaft auf Bewährung und wurde sofort auf freien Fuß gesetzt. Am 1. Mai 1925 legte er die Oberste SA-Führung nieder und ging als Militärberater nach Bolivien.
Hitler rief Röhm Ende 1930 nach München zurück, damit dieser die SA für den Kampf gegen das Weimarer »System« und gegen die Feinde der Nationalsozialisten aufrüste und organisiere. Nach seiner Rückkehr zog er in die Hohenzollernstraße 110 und begann mit der ihm übertragenen Aufgabe. Bis zum 30. Januar 1933 zählte die Parteiarmee rund 500.000 Mann, die zu allem entschlossen waren und keinen Zweifel daran ließen, was mit ihren Gegnern nach der erhofften Machtergreifung geschehen würde.
Nachdem im Laufe des Jahres 1933 alle NS-feindlichen Organisationen zerstört und vom Staat enteignet worden waren, erschien den Hintermännern der NSDAP die nationale Revolution als erfolgreich beendet. Aber Röhm und sein Stab beabsichtigten nun, die SA zum Volksheer auszubauen, mit dessen Hilfe das »Sozialistische« im nationalsozialistischem Parteiprogramm realisiert werden sollte. Industrie und Reichswehr sahen ihre Interessen gefährdet. Hitler ließ seinen Duzfreund Ernst Röhm wegen Vorbereitung einer zweiten Revolution am 30. Juni 1934 festnehmen und vom SS-Führer Theodor Eicke im Gefängnis Stadelheim ermorden.

Kurfürstenstraße 30

Als die Vorsitzende des »Vereins für Fraueninteressen und Frauenarbeit« (→ Brienner Straße 40), Ika Freudenberg, im Jahr 1912 gestorben war, übernahm ihre designierte Nachfolgerin, Luise Kiesselbach (1863-1929), ihre Stelle. Sie verlegte ihren Wohnsitz von Erlangen nach München, wo sie seitdem bis zu ihrem Tod 1929 im Erdgeschoß des Hauses in der Kurfürstenstraße 30 lebte. Ihr Sohn, der praktische Arzt Dr. Fritz Kiesselbach, hatte seine Praxis in der benachbarten Wohnung.

Luise Kiesselbach

Als Luise Kiesselbach nach München zog, war sie bereits verwitwet. Ihr Mann hatte in Erlangen als Universitätsprofessor gelehrt, so daß sie jetzt wegen seiner hohen Pension nicht gezwungen war, für Geld zu arbeiten. Sie empfand ihre finanzielle Unabhängigkeit als unverdienten Zufall und leitete daraus die Verpflichtung ab, für die Interessen der Menschen zu arbeiten, denen das Schicksal schlechter gesonnen war: »Den Frauen, den Kindern, der Menschheit dienen!«, war ihr Leitspruch.

Kiesselbach blieb in ihren Vorstellungen und Forderungen dem großbürgerlichen Milieu, dem sie entstammte, treu: Die Frauen sollten dieselben politischen und juristischen Rechte erhalten wie die Männer, soziale Not müsse aus humanitären Gründen beseitigt werden. Ihre Arbeit war daher auch geprägt von einem Pragmatismus, der sich an den bestehenden gesellschaftlichen Gegebenheiten orientierte. So bekämpfte sie nicht wie die radikalen Frauenrechtlerinnen um Anita Augspurg (→ Kaulbachstraße 12) den Weltkrieg als solchen, sondern suchte die durch ihn verursachte Not durch Armenspeisungen, Aufnahme von Kriegswaisen und finanzielle Zuwendungen (oft aus ihrem Privatvermögen) zu lindern.
Im Jahr 1919 wurde sie als Vertreterin Bayerns Mitglied des Gesamtvorstandes des »Bundes Deutscher Frauenvereine«. Die Fäden der Münchner und der bayerischen Frauenbewegungen liefen in ihren Händen zusammen. So wurde im Winter 1922 unter ihrer Federführung der »Münchner Paritätische Wohlfahrtsverband« gegründet. Diese konfessionell und politisch neutrale Dachorganisation der freien Wohlfahrtspflege war die Vorläuferin der 1924 gegründeten bayerischen und deutschen Paritätischen Wohlfahrtsverbände.
Die durch die Revolution vom November 1918 ermöglichte politische Gleichberechtigung der Frauen gestattete es Luise Kiesselbach, für ein politisches Amt zu kandidieren. Bei der Stadtratswahl im Juni 1919 gelangte sie als Stadträtin ins Rathaus. Sie gehörte der Fraktion der Deutschen Demokratischen Partei (DDP) an, jener linksliberalen Partei, die sich entschieden für die parlamentarische Demokratie und eine Privatwirtschaft mit sozialer Bindung einsetzte.
Als Stadträtin war Kiesselbach zuständig für die Verwaltung der Mädchenschulen, für die Alten- und Wohlfahrtspflege, für das Krankenhauswesen – kurz: für die damals so besonders drängenden sozialen Angelegenheiten. Eine schwere Krankheit zwang sie, ihr Stadtratsmandat und die Leitung der Frauenvereine 1927 aufzugeben. Am 27. Januar 1929 starb sie im Sanatorium Ebenhausen.

Römerstraße 4

Im Juli 1906 – in einer Zeit, als die SPD bei den staatstragenden bürgerlichen Schichten noch im Ruf der »vaterlandslosen Gesellen« stand – bewarb sich ein 19jähriger Abiturient und angehender Jura-Student schriftlich bei der Münchner SPD um Aufnahme. Er wollte als *»Mitkämpfer für die Sache der Besitzlosen, der Ausgestoßenen«* arbeiten. Er kenne *»nur eine Aufgabe, die jeder edle Mensch zu erfüllen hat, für das wirkliche Wohl der notleidenden Mitbürger einzutreten.«*

Wilhelm Hoegner, um 1930 (aus: Albrecht Graf Montgelas, Wilhelm Hoegner. Eine Lebensbeschreibung, München 1957)

Daß dies keine leichte Aufgabe sein würde, war dem jungen Idealisten bereits damals klar: *»Ich weiß, ich werde einen dornenvollen Weg gehen, von eklem Natterngezücht begeifert und verleumdet.«*
Der Schreiber des Briefes hieß Wilhelm Hoegner. Er war am 23. September 1887 in München geboren worden und starb am 5. März 1980 in seiner Heimatstadt. Dazwischen lag ein bewegtes Leben.
Während des Weltkrieges trat der junge Sozialdemokrat in den bayerischen Justizdienst ein. Er nahm die übliche Laufbahn vom Rechtspraktikanten über das Richteramt bis in die Staatsanwaltschaft. Im Justizpalast (→ Prielmayerstraße) galt er jedoch als Außenseiter, da seine demokratisch-rechtsstaatlichen Ansichten von den wenigsten seiner Kollegen geteilt wurden.
»Seit 1920 führten die Münchener Sozialdemokraten einen verzweifelten Kampf gegen den aufkommenden Nationalsozialismus. Dabei erhielten sie von der bayerischen Staatsregierung nicht die geringste Unterstützung.«, schrieb Hoegner später. 1924 wurde er für die SPD in den bayerischen Landtag gewählt, dem er bis 1932 angehörte. Einer der ersten Erfolge des Juristen war die Einsetzung eines Untersuchungsausschusses, der sich mit dem (→) Hitler-Putsch, dem Hitler-Prozeß (→ Pappenheimstraße 14) und der dubiosen Rolle der Bayerischen Staatsregierung dabei befaßte. Die vom Landesausschuß der SPD in Bayern herausgegebenen Untersuchungsergebnisse trugen den Titel »Hitler und Kahr. Die bayerischen Napoleonsgrößen von 1923«. Das Beharren Hoegners auf Rechtsstaatlichkeit zog ihm den Haß der Rechten und der Nationalsozialisten zu.
Kurz nach seiner Wahl in den Berliner Reichstag hielt er dort am 18. Oktober 1930 die erste große Rede eines Sozialdemokraten gegen den Nationalsozialismus. Von der Parteileitung wurde der Wortlaut dieser Rede als Broschüre mit dem Titel »Der Volksbetrug der Nationalsozialisten« in Millionenauflage im ganzen Deutschen Reich verbreitet. Als Reaktion setzte die NSDAP Hoegner auf ihre Liste der zu ermordenden Personen.
Sofort nach der Machtübergabe an die Nationalsozialisten in München am 9. März 1933 erließ der neue Leiter der Politischen Polizei in der Ettstraße, Reinhard Heydrich, einen Haftbefehl gegen Hoegner. Dieser konnte jedoch untertauchen und am 11. Juli 1933 über das Karwendelgebirge nach Österreich, später in die Schweiz ins Exil fliehen. 1945 kehrte er zurück und wurde bayerischer Justizminister und Ministerpräsident. Zwischen 1926-1933 lebte Hoegner im ersten Stock des Hauses Römerstraße 4.

Römerstraße 16

Karl Wolfskehl

Die Tafel am Haus Römerstraße 16 weist drauf hin, daß hier der Schriftsteller Karl Wolfskehl (1869-1948) »Repräsentanten des Schwabinger Geisteslebens« in seiner Wohnung um sich gesammelt hat.

Bis 1914 wohnte unter demselben Dach auch der Dichter und Denker Stefan George (1868-1933). George und sein Statthalter in München (bis 1933), Wolfskehl, hatten sich eine elitäre Weltsicht zurechtgelegt: Das Treiben der »normalen« Menschheit berührte sie nicht; es war ihnen, den von der Wirklichkeit abgehobenen, selbsternannten »Kosmikern«, zu gewöhnlich.

Ihre Theorie, daß die unruhigen modernen Zeiten durch eine Epoche abgelöst werden müßten, in der ausgewählte Führer nach altrömisch-strengen Maßstäben regierten, zog immer mehr Anhänger an. Sie alle fühlten sich der Elite zugehörig, in den »George-Kreis« aufgenommen wurden aber ausschließlich gutaussehende und gleichzeitig ernste junge Männer. Einer von ihnen war der spätere Hitlerattentäter Claus Schenk Graf von Stauffenberg, ein anderer der Schriftsteller Peter Paul Althaus. Er war eines Nachmittags bei Wolfskehl zum Tee eingeladen worden (*»Eine große Ehre für mich!«*), um den Werken dieses »Zeus von Schwabing« zu lauschen. Da geschah etwas für dieses Milieu Typisches: *»Mitten in der Vorlesung klingelte es. Zweimal kurz und zweimal lang. »Der Meister!«, sagte Karl Wolfskehl und erhob sich abrupt. »Du mußt jetzt gehen!« Und da der Meister, es war Stefan George, schon vor der Etagentür stand, hatte ich im dunklen Flur neben einem riesigen Kleiderschrank ein Versteck aufzusuchen.«*

Völlig unberührt vom heranziehenden Unheil des »Tausendjährigen Reiches« blieben auch die »Kosmiker« nicht – schließlich bekannte sich Wolfskehl zum jüdischen Glauben. 1927 veröffentlichte er das Gedicht »Nova Apocalypsis«, eine Endzeitprophetie, die später in Erfüllung gehen sollte:

Endchrist endchrist, du wurdest zum spott
Statt deiner kommt der fliegengott.
Larven aus faulenden hirnen gekrochen
Sind nun ins leben hereingebrochen
Breiten sich dreist über alle gassen:
›Das reich ist unser: wir kommen in massen.
Der geht noch aufrecht – reißet ihn um
Der hat noch antlitz – zerret es krumm!
Der schreitet noch – er schleiche und hinke
Der schaut noch – macht daß er schiele und zwinke!
Kein arm: wir brauchen nur taster und greifer
Kein blut: wir brauchen nur gallert und geifer.

Hinweg mit seelen und höhen und himmeln
Wir brauchen nur staub: wir kriechen und wimmeln.‹

Im Jahr 1933 boten die Nationalsozialisten George an, Präsident einer neu zu errichtenden Deutschen Akademie für Dichtung zu werden. Der »Meister« lehnte jedoch ab. Er starb Ende 1933 in der Schweiz. Wolfskehl flüchtete 1933 zusammen mit seiner Frau Hanna ebenfalls in die Schweiz. Seit 1938 lebte er in Neuseeland – das von Deutschland am weitesten entfernte Land. Dort starb er 1948. Auf seinem Grabstein stehen die Worte »Exul Poeta«.

Kaiserplatz 1

Im Pfarrhaus St. Ursula am Kaiserplatz 1 lebte Kaplan Joseph Roth, ein Vertreter des antidemokratisch-politisierenden Flügel des Katholizismus im München der Weimarer Zeit. Typisch für diese Geisteshaltung waren seine »Gedanken zum Münchner Stahlhelmtag« (→ Hofgarten), erschienen in den »Gelben Heften, historische und politische Zeitschrift für das katholische Deutschland« vom 7. November 1929: *»Der Stahlhelm hat eine große politische Sendung: Totengräber des heutigen Regimes und Wegbereiter für Recht und Freiheit der deutschen Nation zu sein (...) Widerstands- und Notwehrbewegungen haben in der deutschen Geschichte seit 1919 ihre moralische Berechtigung. Die christliche Weltanschauung läßt Raum für gewaltsame Auflehnung gegen Vergewaltigung und Ausbeutung. Auch der Sklave, der Feigling, der Trottel, der träge, passive, buddhistische Mensch ist friedfertig. Der, der die Friedfertigen selig pries, warf seinen böswilligen Gegnern, den Pharisäern, einst klirrende Worte ins Gesicht, griff zur Geißel und jagte die schachernden Juden aus dem Tempel. (...) Die Jünger trugen nicht ein süßliches, weichliches, weibisches, leidenschaftsloses, defaitistisch und pazifistisch frisiertes Heilandbild in ihren Herzen, sondern jenes Bild vom Heiland, der unerschütterlich glaubt und kämpft und stirbt und – aufersteht. (...) Noch weniger dürfen wir unseren geistigen katholischen Besitzstand überfremden lassen von Literaten, die aus jüdischer oder sonstiger nichtkatholischer Mentalität kommen. (...) Der Katholik wird darum alles aufwenden müssen, um die zukunftverheißende Symbolik des frontgeborenen Stahlhelm und den Rhythmus der Windjacke zu erhalten, um den Geist und die Symbolik der überholten Pickelhaube und des bürgerlichen Zylinders zu überwinden. Er wird sich frei zu machen suchen von den Kräften der Reaktion und mechanischen Restauration, von den Interessen der Plutokratie. Dann können wir in unserem Glauben verharren, daß er ein Totengräber des Zweiten Reiches und ein Wegbereiter zum Dritten Reich ist.«*

Leopoldstraße 59

Heinrich Mann

Nach dem Tod ihres Mannes Heinrich Mann zog die vermögende Witwe Julia Mann mit ihren fünf Kindern 1893 von Lübeck nach München. Sie folgte damit einem Trend, der bis zum Weltkrieg andauern sollte: München war Anziehungspunkt für Reiche, Prominente, Literaten, Künstler u.s.w. aus ganz Deutschland.

Ihr ältester Sohn Heinrich Mann (1871-1950) lebte 1914-1928 im 3. Stock der Leopoldstraße 59 (Gedenktafel). Am Anfang seiner schriftstellerischen Laufbahn brachte Mann noch konservative bis rechte politische Ansichten zu Papier: romantisch verklärter Antikapitalismus bei gleichzeitigem Antisozialismus, Rechtfertigung des Krieges mit Hilfe der christlichen Religion, völkischer Antisemitismus gepaart mit Antiparlamentarismus. Diese bunte Mischung wandelte sich bei Mann jedoch bald zur Satire, die er als Stilmittel bewußt einsetzte.

Im Jahr 1905 erschien sein Roman »Professor Unrat oder das Ende eines Tyrannen«, in dem der militärische Drill und die hohlen Lehrinhalte im deutschen Schulsystem kritisiert werden. Die spätere Filmversion »Der blaue Engel« mit Marlene Dietrich brachte Mann dann Weltruhm. Seit 1907 sammelte er Materialien für seinen bekanntesten Roman, »Der Untertan«, der 1918 erschien. In ihm kommt Manns inzwischen vollzogener Wandel zum Demokraten und vernunftgeleiteten Menschen zum Ausdruck. In diesem bedeutenden gesellschaftskritischen Werk der damaligen Zeit zeichnete Mann anhand seines Titelheldens, Diederich Heßling, ein Bild des Kaiserreiches in seinem Verfall hinter einer blendenden Fassade.

In den zwanziger Jahren setzte sich Heinrich Mann gegen die Verherrlichung des Weltkriegserlebnisses und gegen die chauvinistisch-imperialistischen Weltmachtpläne ein. Daß er gleichzeitig für die deutsch-französische Verständigung als Voraussetzung für eine europäische Einigung eintrat, isolierte ihn im Geistesleben Münchens.

Während sein literarisch noch erfolgreicherer Bruder Thomas (→ Thomas-Mann-Allee 10) in München blieb, verließ Heinrich Mann wie vorher schon Lion Feuchtwanger oder Bertolt Brecht München und zog nach Berlin. Dort wurde er 1931 zum Präsidenten der Sektion Dichtkunst der Preußischen Akademie der Wissenschaften berufen. Kurz nach Hitlers Ernennung zum Reichskanzler unterzeichnete Mann zusammen mit Käthe Kollwitz im Februar 1933 einen Aufruf des »Internationalen Sozialistischen Kampfbundes zur Einigung von SPD und KPD«. Dies war der Anlaß für Manns erzwungenen Austritt aus der Akademie und seine Emigration. Seine Bücher wurden verboten und im Mai 1933 symbolisch verbrannt. 1949 erhielt er den Nationalpreis 1. Klasse für Kunst und Literatur der DDR. Heinrich Mann starb kurz vor seiner geplanten Rückkehr nach Deutschland (-Ost) im Exil in Kalifornien.

Freystraße 1

Karl Gareis

Der Landtagsabgeordnete der Unabhängigen Sozialdemokratischen Partei Deutschlands (USPD), der Gymnasiallehrer Karl Gareis (1889-1921), setzte sich seit seiner Wahl am 6. Juni 1920 im Landtag für eine Entwaffnung und Auflösung der Einwohnerwehren (→ Königsplatz) und gegen die Vereinnahmung der Schulen durch die katholische Kirche ein. Er machte sich damit bei den Kreisen unbeliebt, die den Einfluß der Kirche förderten und ihre schützende Hand über das Treiben der bewaffneten Feinde der Demokratie hielten: die bayerische Staatsregierung, Justiz und Polizei.
Am späten Abend des 9. Juni 1921 kehrte Gareis zu seiner Wohnung in der Freystraße 1 zurück. Als er das Tor des Vorgartens öffnen wollte, wurde er aus der Dunkelheit heraus mit vier Schüssen ermordet.
Der Mord an Karl Gareis war offenbar von langer Hand vorbereitet worden. Es war allgemein bekannt, daß Gareis an jenem Abend eine Rede im Matthäser halten würde, die um 23 Uhr enden würde. Da er anschließend mit der Trambahn vom Stachus zum Feilitzschplatz fahren mußte, war der Zeitpunkt seines Eintreffens in der Freystraße für den oder die Mörder leicht vorherzubestimmen. Diese wurden nie gefaßt.
Als Reaktion auf diesen politischen Mord richtete die SPD einen von Thomas Wimmer unterzeichneten Aufruf »*An die Bevölkerung Münchens! Der politische Kampf hat in Bayern geradezu ungeheuerliche Formen angenommen. Politische, wirtschaftliche und wissenschaftliche Veranstaltungen werden terrorisiert, die Reichsregierung in widerlicher Weise beschimpft. Die Hemmungslosigkeit geht so weit, daß unverhüllt zur Mißhandlung und Ermordung politisch Andersdenkender aufgefordert wird. (...) Seit langem sieht die politisch ernst ringende Bevölkerung mit Ekel, Abscheu und Besorgnis diesem Treiben zu. Die Behörden scheinen diesen Vorkommnissen gegenüber machtlos zu sein.*« Für den 11. Juni wurde eine Versammlung im Ausstellungspark auf der Theresienhöhe angekündigt, auf der Erhard Auer zum Thema »Brutale Gewalt oder soziale Aufbaupolitik« sprechen sollte.
Diese Veranstaltung wurde vom Polizeipräsidenten Ernst Pöhner (→ Reitmorstraße 54, → Ettstraße) verboten. Seine lakonische Begründung lautete »*... weil Versammlungen unter freiem Himmel bei der gegenwärtigen Erregung der gesamten Bevölkerung mit der Behandlung des genannten Themas eine schwere Gefährdung der öffentlichen Ruhe und*

Ordnung darstellen, um so mehr, als die Möglichkeit gegeben ist, daß die erregte Menge ihren Führern, ähnlich wie im November 1918, aus der Hand gleitet.« Sollte die Versammlung trotzdem stattfinden, würde ihr *»mit allen verfügbaren Mitteln entgegengetreten werden.«*

Wegen dieser offenen Drohung mit staatlicher Gewaltanwendung sagte die Partei ihre Veranstaltung ab: *»Der Reaktion scheint die Gelegenheit für gekommen, nun mit einem Gewaltstreich weiterzutreiben. Dieser Zweck soll nicht erreicht werden. Arbeiterblut ist genug geflossen; wir wollen nicht, daß Männer aus dem werktätigen Volke der Reaktion zum Opfer fallen«*, ließ die Parteizeitung »Münchener Post« verlauten.

Der Mord an Gareis wurde nie aufgeklärt. Es war aber allgemein bekannt, daß Polizeipräsident Pöhner den oder die Täter kannte und vor behördlicher Verfolgung schützte, ohne daß dafür natürlich konkrete Beweise vorgelegt werden konnten. Im Juli 1924 sollte er als Zeuge im sogenannten Gareis-Prozeß auftreten. Der Justiz war es gelungen, die Vorermittlungen drei Jahre lang hinauszuzögern. Auch der Prozeß selbst verlief schleppend. Pöhner war nach neun Monaten immer noch nicht befragt worden. Er verunglückte bei einem dubiosen Verkehrsunfall am 11. April 1925 tödlich.

Sendling

Die Industrie- und Gewerbebetriebe entlang der Eisenbahnstrecken und das Industriegebiet in Obersendling boten Arbeitsplätze für die Bevölkerung, die sich in den Mietshäusern in Untersendling niederließen. Sendling wurde am Anfang des Jahrhunderts somit zu einer typischen Arbeiter-Vorstadt und Hochburg der Sozialisten und auch Kommunisten.

Lindwurmstraße 90 Auf dem Gelände des Berufsbildungszentrums an der Lindwurmstraße 90 befand sich seit 1872 ein Werk der Lokomotivfabrik Krauss. Diese Firma prägte ähnlich wie die Großmarkthalle das Gesicht des Arbeiterviertels Sendling.

Lindwurmstraße 124 Am 20. Februar 1886 gründeten elf Arbeiter – die meisten von ihnen waren bei Krauss angestellt – im »Maibräu« an der Lindwurmstraße 124 den Konsumverein Sendling-München. Zweck der Verbrauchergenossenschaften war der gemeinsame, kostengünstige Großeinkauf von Lebensmitteln und anderen Konsumgütern, die dann billiger als im Einzelhandel an die Mitglieder abgegeben wurden. Die erzielten Gewinne wurden an die Mitglieder entsprechend der getätigten Einkäufe teilweise wieder ausgeschüttet.

Konsumverein Sendling-München in der Boschetsrieder Straße 101–103, um 1930

Bavaria-
Lipowsky-
Senser-
Schmied-Kochel-
Lindwurm-
Airam-
Kyrein-
U-Bhf. Implerstr.
Schule
Kreisverwaltungsreferat
Schmeller-
Fleischer-
Thalkirchner
Str.
Kochelseestr.
Gotzinger
Platz
Königsdorfer
Reichersbeurer
Valley-
platz
Impler-
platz
Sudbad
Dankl-
Aberle-
Kidler-
Wackersberger-
Sportanlage
Tennisanlage
Gaißacher
Demleitner
Impler-
Wurz-

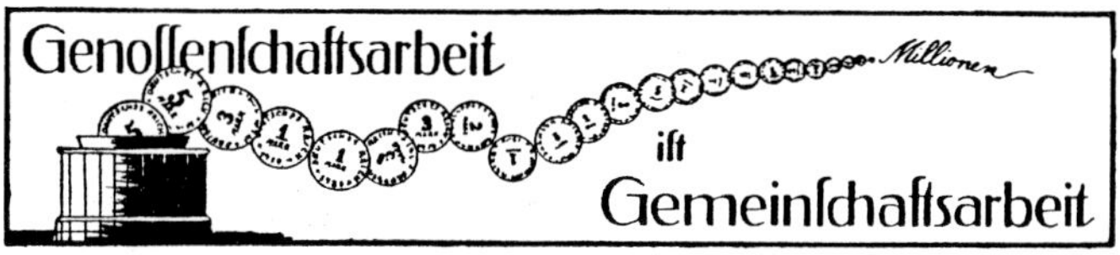

Auszug aus dem Jahresbericht 1932 des Konsumvereins

Lindwurmstraße 187

Um kreditwürdig zu sein, erwarb der Konsumverein bereits 1888 das Anwesen Lindwurmstraße 187, in dem der erste Laden eingerichtet und bis zum Juni 1936 geführt wurde. Der ständig steigende Umsatz machte 1902 den Ankauf eines großen Grundstückes an der Boschetsrieder Straße 101-103 am Ratzingerplatz in Obersendling notwendig. Hier entstanden im Lauf der Zeit eine eigene Großbäckerei, Lager- und Wohnhäuser, eine Teigwarenfabrik, eine Sauerkrautfabrik, eine Fleischwarenfabrik usw.

Im Jahr 1926, zum 40jährigen Gründungsjubiläum, hatte der Konsumverein 51.000 Mitglieder, die in den 106 Konsumläden für einen Umsatz von 13.500.000 Reichsmark sorgten.

Die wirtschaftliche Tätigkeit und der Erfolg des Konsumvereins waren verbunden mit einer politischen Festlegung, wie der folgende Aufruf aus dem Festjahr 1926 zeigt: *»Gewerkschafter! Hast Du schon Deine Pflicht getan als organisierter Arbeiter? Willst Du Deine Gewerkschaft im Kampfe gegen das Großkapital wirksam unterstützen, so mußt Du auch als Mitglied Deiner Genossenschaft Deine Pflicht erfüllen. Dazu gehört in erster Linie die Propagierung der Genossenschaftsidee im eigenen Heim, in der eigenen Familie und unter den Berufskollegen. Am notwendigsten aber ist die Aufklärung der Frau, die mit ihrem Einkaufskorb den größten Einfluß auf die Wirtschaft ausüben kann. Jeder Mann und jede Frau muß einsehen lernen, daß es ein Widerspruch und Selbstbetrug ist, wenn ein Gewerkschafter das Privatkapital bekämpft und gleichzeitig durch seine Einkäufe wieder stärkt. Frauen! Ihr werdet erst wirkliche Kampfgenossen Eurer Männer, wenn Ihr jedes Mittel zur Bekämpfung des Molochs Kapital benützt und Eure genossenschaftlichen Eigenbetriebe so ausbaut, daß sie jedes kapitalistische Unternehmen durch besondere Leistungsfähigkeit in den Schatten stellen.«*

Zu der erfolgreichen Geschäftsentwicklung des Konsumvereines gehörte auch die Eröffnung eines eigenen Warenhauses in der Innenstadt (→ Rosental 16) im Jahr 1928.

Mit der Weltwirtschaftskrise begann seit 1930 eine wilde Hetze gegen die Konsumvereine. Der private Einzelhandel sah sich in seiner Existenz bedroht, und die Nationalsozialisten griffen diese Stimmung als willkommenes Argument gegen die »Marxisten« auf.

Im Mai 1933 wurde ein Beauftragter der Deutschen Arbeitsfront als Kommissar für den durch die Wirtschaftskrise angeschlagenen Konsumverein eingesetzt. Die Vorstandsmitglieder und leitenden Angestellten wurden entlassen, und einige von ihnen ins KZ Dachau verschleppt. Der sozialistisch behaftete Name »Konsum« mußte der Bezeichnung »Verbrauchergenossenschaft« weichen, ein großer Teil der alten Mitglieder verließ den nunmehrigen NS-Betrieb. Nach drei Jahren war das ehemals stolze antikapitalistische Unternehmen heruntergewirtschaftet. Im Juni 1936 wurde die »Verbrauchergenossenschaft München GmbH« endgültig liquidiert. Die ehemaligen Konsumgeschäfte und -immobilien wurden größtenteils von dem Lebensmittelgroßhandel »Gemeinschaftswerk – Versorgungsring München« übernommen.

Lindwurmstraße 203

Mit der Gründung der KPD am 1. Januar 1919 in Berlin erschien in München die »Neue Zeitung«, das »Organ für das arbeitende Volk«. Diese Tageszeitung, die das »Bayerische Organ der Kommunistischen Partei Deutschlands (Sektion der Kommunistischen Internationale)« war, definierte am 4. Juni 1920 ihre Aufgabe:

»Die Neue Zeitung ist das Organ der sozialen Revolution in Bayern. Sie vertritt rücksichtslos die Parolen der Kommunistischen Partei (Spartakusbund), die Parolen der III. Kommunistischen Internationale. Sie ist die geistige Trägerin des Spartakusbundes in Bayern. Spartakus geht durch die großen Städte, geht durch das Land, sieht alle Dinge nackt, macht keinen Kompromiß mit der bürgerlichen Demokratie, keinen Kompromiß mit dem Parteisozialismus.«

Aufruf zur 1. Mai-Kundgebung der KPD auf dem Valleyplatz, 1929

Im Jahr 1925 zogen die Druckerei, der »Freie Verlag« und die Redaktion der »Neuen Zeitung« von der Baaderstraße 1a in das Erdgeschoß der Lindwurmstraße 203, deren Besitzer übrigens die Münchner Rückversicherungsgesellschaft war, die zur selben Zeit in der (→) Thierschstraße 11/15 den nationalsozialistischen Eher-Verlag zum Mieter hatte.

Für den Inhalt der »Neuen Zeitung« zeichneten Franziska Kaspeizer und Wilhelm Olschewski verantwortlich. Olschewski beteiligte sich seit 1933 am Aufbau einer reichsweiten kommunistischen Widerstandsorganisation, die 1942 von der Gestapo zerschlagen wurde. Er selbst wurde am 1. Mai 1943 im Gefängnis Stadelheim ermordet, sein Sohn Wilhelm am 28. Juni 1944 dort hingerichtet.

1929 zog der »Freie Verlag« in die (→) Nymphenburger Straße 32.

Daiserstraße

Untersendling wird geprägt von den Bauten der verschiedenen Wohnungsgenossenschaften. So steht entlang der Daiserstraße der Block, der damals dem »Verein für Verbesserung der Wohnungsverhältnisse« gehörte (Nr. 17-25), anschließend die Anwesen der »Münchner Kleinwohnungs-Baugenossenschaft« (Nr. 27-37). Die Bewohner waren fast ausschließlich Arbeiter und Arbeiterinnen und untere Angestellte.
Das für sie zuständige Wahllokal befand sich in der ehemaligen Gaststätte St. Margaret in der Daiserstraße 11. Bei der Gemeindewahl am 8. Dezember 1929 ergab sich hier folgendes Ergebnis: SPD 568 Stimmen, BVP 220, NSDAP 169, KPD 109. Dieses Wahlverhalten unterschied sich stark vom Münchener Gesamtergebnis (→Marienplatz).

Daiserstraße 12

Als das Haus Daiserstraße 12 im Jahr 1927 fertiggestellt war, zog im Erdgeschoß rechts die Münchener Zweigstelle des »Neuen Deutschen Verlages Willi Münzenberg« ein. Die Verlage und Filmunternehmen des Münzenberg-Konzerns verbreiteten mit Hilfe der neuen Medien Foto und Film das Gedankengut der KPD. Repräsentant in München war der Schlosser Karl Kebler, der von der Daiserstraße aus einen Versandbuchhandel führte.

Valleyplatz

Das mehrheitlich »rote« Arbeiterviertel Sendling wirkte auf die Nationalsozialisten als Provokation. So marschierten am 23. September 1922 bewaffnete Mitglieder des nationalsozialistischen Freikorps »Bund Oberland«, der dann im November 1923 maßgeblich am Hitler-Putsch beteiligt war, nach Sendling. Angehörige der »Sozialdemokratischen Sicherheitsabteilungen« versuchten, den Zug zu stoppen. Daraufhin entwickelten sich stundenlange Straßenkämpfe, die Hakenkreuzler sperrten ganze Häuserblocks ab, durchsuchten und zerstörten Wohnungen und nahmen Bewohner gefangen. Später verurteilte das Volksgericht München I (→Prielmayerstraße) etliche Sozialdemokraten wegen Landfriedensbruches. Lion Feuchtwanger hat diese »Sendlinger Schlacht« in seinen Roman »Erfolg« beschrieben (4. Buch, Kapitel 27).
Am 1. Mai 1929 fand auf dem Valleyplatz die Maikundgebung der KPD statt, während sich SPD und ADGB auf der (→) Theresienwiese sammelten. Das »Jahrbuch der Münchener Gewerkschaftsbewegung 1929« berichtet: *»Daß die Kommunisten ihr zerschlissenes Fähnlein auf dem Valleyplatz versammelt hatten, hat der historischen Bedeutung des Tages nur größere Weihe gegeben.«* Dagegen schreibt die »Neue Zeitung« der KPD: *»Der 1. Mai brachte in München nicht*

Ausflug der KPD-Jugend Sendling in die Pupplinger Au, 1927/28

nur eine klare Scheidung zwischen den sozialfaschistischen Knechten des Kapitals, den schwarzrotgelben Führern der SPD, und den revolutionären Arbeitern. (...) Am Valleyplatz, dem kommunistischen Demonstrationsplatz, waren es an die 5.000 Personen, die den Worten des kommunistischen Redners lauschten.«

Im Jahr 1932, als die 1. Mai-Feiern polizeilich behindert wurden, kam es insbesondere in Sendling zu schweren Ausschreitungen hauptsächlich durch die Polizei gegen demonstrationswillige Kommunisten. So wurde 1932 am Großmarkt einem Arbeiter von einem Polizeisäbel die Nase abgeschlagen.

Die »Sozialistische Arbeiterjugend« besaß am Valleyplatz ein Holzhaus als Treffpunkt, das am 10. März 1933 von der Hitlerjugend besetzt worden war. In der Nacht vom 15. zum 16. März überfielen Unbekannte das Gebäude und erschossen den 19jährigen HJ-Führer Joseph Neumaier. Der »Völkische Beobachter« charakterisierte daraufhin am 17. März den Stadtteil Sendling: *»Schrebergärten, Holzlagerplätze, kleine Blockhäuser bilden hier im Süden von München mit einigen zerstreuten Fabriken und Wohnhäusern mit viel Lagergerümpel das typische Vorstadtbild. Für die Kommune freilich auch ideale Schlupfwinkel für verbrecherische Anschläge.«*

Seit dem Reichstagsbrand vom 27. Februar 1933 und der darauffolgenden »Verordnung zum Schutz von Volk und Staat« wurde jede kommunistische und bald auch sozialdemokratische Aktivität rigoros unterdrückt. Schüsse wie die vom Valleyplatz waren nur noch Ausdruck von Hilflosigkeit.

Freikorps

Nach der Auflösung des kaiserlichen Heeres nach dem verlorenen Ersten Weltkrieg entstanden auf Betreiben der Obersten Heeresleitung aus Freiwilligen bestehende militärische Verbände. Häufig entsprang diese Freiwilligkeit allerdings einer kriegsbedingten sozialen und beruflichen Entwurzelung, boten die sogenannten »Freikorps« doch Verpflegung und Lebensinhalt. Die rund 100 Freikorps waren mehrheitlich republikfeindlich eingestellt, wurden jedoch seit Januar 1919 von der Regierung der Weimarer Republik mangels eigener bewaffneter Kräfte zur Bekämpfung kommunistischer Unruhen eingesetzt. Zu diesen Einsätzen gehörte auch die Niederschlagung der Münchner Räterepublik im April/Mai 1919. An der militärischen Aktion nahmen neben anderen die Freikorps Werdenfels, Epp sowie Oberland teil. Mit der Bildung der Reichswehr seit 1919 traten die meisten Freikorps geschlossen dem neuen Heer der Republik bei. Einige widersetzten sich jedoch dem Ende ihrer Eigenständigkeit. So nahm das Freikorps Oberland am 8./9. November 1923 maßgeblich am Hitler-Putsch in München teil. Auf das Konto ehemaliger Freikorpsmitglieder gingen etliche politisch motivierte Morde, etwa am ehemaligen Finanzminister Matthias Erzberger (26. August 1921) oder am Außenminister Walther Rathenau (24. Juni 1922).

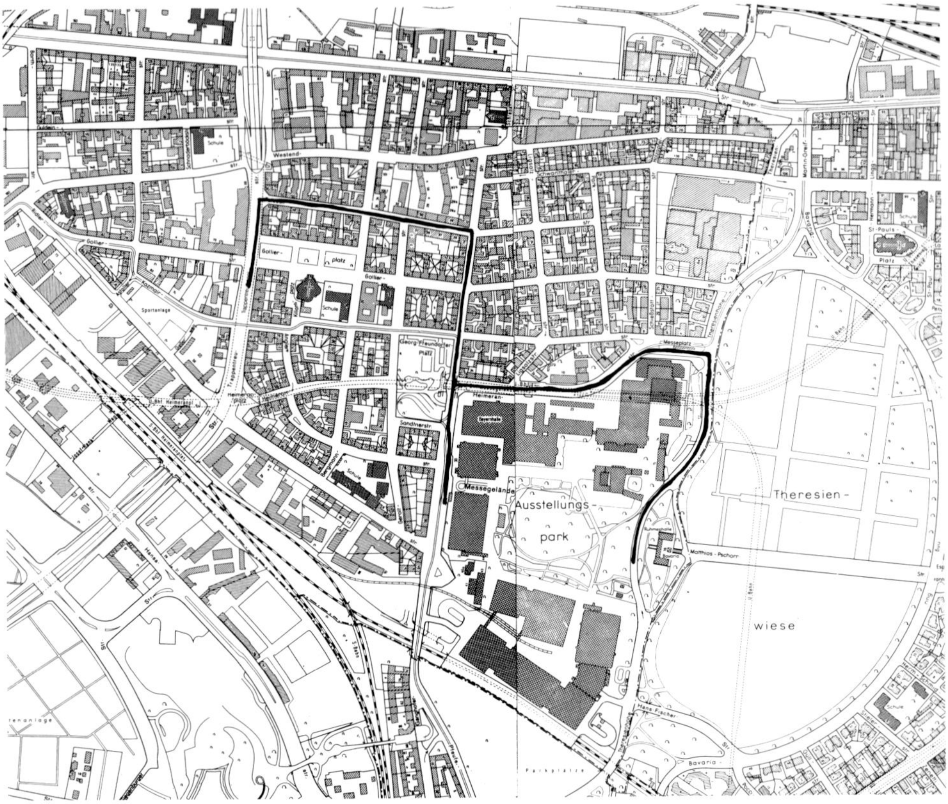
Ausstellungs-
park
Theresien-
wiese
Messegelände
Gollier-
platz
Westend-
Schule
Sportanlage

Westend

Theresienwiese und Bahnanlagen begrenzen das Westend, in den zwanziger Jahren ein typisches Arbeiterviertel mit einem dichten Netz von politischen, kulturellen und sportlichen Organisationen sozialistischer und kommunistischer Ausrichtung. Der Schriftsteller August Kühn hat das Stadtviertel in seinen Büchern »Westend-Geschichten«, »Zeit zum Aufstehen« und »Meine Mutter – 1907« beschrieben.

Theresienwiese

Die Theresienwiese war traditionsgemäß ein Versammlungsort der Sozialisten. Bereits am 2. Februar 1918 fand eine große Kundgebung gegen die offensichtlich politisch gewollte Verlängerung des Krieges statt. Am 7. November 1918 nahmen von hier die Revolution, der Sturz der Monarchie und die Proklamation des »Freistaates Bayern« ihren Ausgang. Am 16. Februar 1919 demonstrierten die Münchner Arbeiterparteien gegen den erstarkenden Rechtsradikalismus, dem die Kommunistenführer Karl Liebknecht und Rosa Luxemburg einen Monat vorher in Berlin zum Opfer gefallen waren. Die Redner postierten sich dabei auf den Stufen der Bavaria.

Demonstration am 16. Februar 1919 gegen die Ermordung Rosa Luxemburgs und Karl Liebknechts

Am 24. Juni 1922 wurde Reichsaußenminister Walther Rathenau in Berlin von Nationalsozialisten ermordet. SPD, freie Gewerkschaften, USPD und KPD riefen zu einer Kundgebung gegen den Terror von rechts und für die Republik auf, die am 27. Juni auf der Theresienwiese stattfand. Mehr als 100.000 Menschen demonstrierten ihren Willen, die Republik gegen den Nationalsozialismus und seine Hintermänner zu verteidigen. Eine für München typische Begleiterscheinung dieser stets friedlich verlaufenden Kundgebungen war ein starkes Polizeiaufgebot, das mit Straßensperren und blanken Säbeln provozierte.

Gustav Schiefer spricht zum 1. Mai 1931, hinter ihm Thomas Wimmer

Die Veranstaltungen der Gewerkschaften zum 1. Mai fanden seit 1922 unter starker Beteiligung auf der Theresienwiese statt. Am 26. April 1923 forderte die NSDAP die bayerische Regierung auf, gegen die Maikundgebung mit Waffengewalt vorzugehen, die *»Verführer der deutschen Arbeiterschaft«* hinter Schloß und Riegel zu setzen und sie wegen Landes- und Hochverrats anzuklagen. Notfalls werde man diese Aufgabe selbst übernehmen. Der Befehlshaber der bayerischen Reichswehr, General Otto von Lossow (→Ludwigstraße 14), hatte nämlich am selben Tag erklärt, daß die Reichswehr niemals rote Fahnen gegen nationale Verbände schützen werde. Während sich auf der Theresienwiese 40.000 Gewerkschafter einfanden, sammelten sich auf dem (→) Oberwiesenfeld die »Vaterländischen Verbände«, um gegen die »Roten« vorzugehen. Zu diesem Zweck hatte man sich aus

Reichswehrkasernen mit Waffen versorgt, ohne daß die Offiziere dagegen eingeschritten wären.
Die Auseinandersetzung zwischen Rechts und Links fand nicht statt, weil die Staatsregierung einen Putsch der Nationalsozialisten befürchtete und diese daher in Schach hielt. Die Maifeier auf der Theresienwiese konnte also friedlich wie geplant durchgeführt werden. Aber bereits 1924 wurde die Kundgebung auf dem Gelände verboten und mußte in Biersäle verlegt werden. Dasselbe geschah 1925, als sich die Polizeidirektion wegen einer Verordnung vom 14. 2. 1925 nicht in der Lage sah, die Kundgebung auf der Theresienwiese zu genehmigen.
Erst 1926 konnte die Maifeier wieder unter der Bavaria stattfinden. Im Jahresbericht 1926 der freien Gewerkschaften steht: *»Zu einer gewaltigen Kundgebung der Münchener Arbeiterschaft wurde die Maifeier. Um 11 Uhr 10 eröffnete die gewaltige Schar der Arbeitersänger, die auf der Freitreppe vor der Bavaria postiert waren, mit dem Festgesang »Krönt den Tag« die Maikundgebung des Münchener Proletariats. (...) Als der Redner zum Schlusse aufforderte, mit einzustimmen in das Hoch auf die internationale gewerkschaftlich organisierte Arbeiterklasse, durchbrauste ein vieltausendstimmiger Ruf den gewaltigen Festplatz. Das leuchtende Rot der Fahnen gab ein farbenprächtiges Bild.«*
1932 verbot die Polizei aus Sorge vor Krawallen, die sich gegen die Maikundgebung richten könnten, die Maifeier auf der Theresienwiese. Erst am 1. Mai 1933 fand sie wieder statt: Am »Tag der Deutschen Arbeit« ließen die nationalsozialistischen Machthaber demonstrieren, was sie unter *»Ein Volk, ein Reich, ein Führer«* verstanden: *»Die gewaltigste Heerschau Münchens, die ganze Bevölkerung marschiert. Arbeiter, Bauern und Soldaten auf dem Marsch. Nie feierte München den 1. Mai in dieser Einmütigkeit. Münchener Schutzmannschaft und Landespolizei marschierten mit der Arbeiterschaft«* (Völkischer Beobachter, 2. Mai 1933).

Messegelände

Auch das Messegelände mit seinen großen Ausstellungshallen hat seine politische Geschichte. Zwei Ereignisse aus den letzten Jahren der Weimarer Republik seien herausgegriffen. Eine der zahlreichen militaristischen Veranstaltungen in München war der »3. Reichskriegertag« des »Deutschen Reichskriegerbundes Kyffhäuser« am 20./21. Juli 1929, der auf dem heutigen Ausstellungsgelände ablief. Über den »Sinn« des Reichskriegertages war in der offiziellen Festschrift zu lesen: *«... zu zeigen, daß der Geist der alten Wehrmacht nicht erstorben ist, daß der Dienst am Vaterlande, der einst unser stolzes Heer beseelte, weitergeführt wird von*

Millionen. Von Millionen, die, unbeirrt durch den Hader der Klassen und Parteien, in Geschlossenheit fest und treu zu der Gesamtheit des deutschen Volkes in allen seinen Schichten stehen und mithelfen wollen an der Bildung einer gesunden und reinen Staatsauffassung.«

Am 30. Juni 1930 zogen die letzten französischen Besatzungstruppen aus dem Rheinland ab. Die französische und die deutsche Regierung erhofften sich dadurch eine politische Entspannung zwischen den beiden Staaten. Deutscherseits dankte man den französischen Behörden für den korrekten Abzug. Dies veranlaßte die NSDAP zu einem Aufschrei der Empörung. Von einer »Befreiung« des Rheinlandes könne in diesem Zusammenhang keine Rede sein. Die wirklichen Freiheitskämpfer seien Leute wie der Nationalsozialist Albert Leo Schlageter gewesen, der am 26. Mai 1923 nach einem Sabotageakt im Ruhrgebiet von französischen Soldaten erschossen worden war. Zur Illustrierung ihrer Ansichten veranstaltete die Partei am 10. Juli 1930 im Ausstellungspark ein »Riesenfeuerwerk«, das unter dem Motto »Der freie Rhein« stand.

Mit dem Läuten der Glocken des Ausstellungsturmes wurde das »Befreiungsfest« eröffnet, patriotische Konzerte sorgten für die dem Anlaß entsprechende Stimmung. Diese stieg durch ein Massensingen von populären Rheinliedern und mit dem Feuerwerk – dem bislang teuersten in Deutschland.

Ganghoferstraße 56

In den Jahren 1927-28 entstand der massige Wohnblock an der Ganghoferstraße zwischen Angler- und Ridlerstraße. Sein imposanter Innenhof ist sehenswert, auch wegen der dortigen Tiefgarage aus jener Zeit. Hier, am Rande des Arbeiterviertels Westends, wohnte der gehobene Mittelstand, der sich Automobile leisten konnte. Hausbesitzer war der Bauunternehmer Leonhard Moll, dessen Firma unter anderem den Dachstuhl der Synagoge an der (→) Reichenbachstraße 27 errichtete, aber auch 1938 am Abbruch der Hauptsynagoge an der (→) Herzog-Max-Straße 7 Geld verdiente. Inzwischen wurde eine Straße nach Leonhard Moll benannt.

Erhard Auer

Einer der Bewohner war Erhard Auer, der im dritten Stock der Ganghoferstraße 56 wohnte. 1874 in der Nähe von Passau geboren, wuchs der bald zum Waisen gewordene Junge in absoluter Armut auf. Um zu überleben, mußte er ab seinem zwölften Lebensjahr als Schafhüter arbeiten. Durch seinen Onkel, den SPD-Führer Ignaz Auer, kam Erhard mit den Sozialdemokraten in Kontakt. 1898 wurde er Privatsekretär des bayerischen SPD-Führers Georg von Vollmar, 1907 Abgeordneter des bayerischen Landtags. Er verkörperte den

typischen königlich-bayerischen Sozialdemokraten: monarchistisch, demokratisch, förderalistisch, antimarxistisch.
Von der Revolution im November 1918 (→ Theresienwiese) wurde er politisch mitgerissen. Er wollte den Thron der Wittelsbacher retten, schloß sich aber den Revolutionären um Kurt Eisner an, um deren Politik zu bremsen und um »Schlimmeres« zu verhindern. So wurde er am 8. November 1918 bayerischer Innenminister. Nach der Ermordung des von ihm gehaßten Eisner wurde er am 21. Februar 1919 als vermeintlich Hauptverantwortlicher im Landtag (→ Prannerstraße 8) lebensgefährlich verletzt. Der kommunistische Attentäter Alois Lindner glaubte, Auer sei der Verbindungsmann der Hintermänner des Eisner-Mörders Graf Arco (→ Kardinal-Faulhaber-Straße). Nach einem Jahr Pause kehrte Auer in die Politik zurück. 1920 wurde er zum Vizepräsidenten des bayerischen Landtages gewählt, seit dem Tod Georg von Vollmars im Jahr 1922 leitete er die bayerische SPD. Außerdem war er Chefredakteur der »Münchener Post« (→ Altheimer Eck 13).
Seit den Anfängen des Nationalsozialismus gehörte Auer zu dessen entschiedensten Gegnern. So war es nicht weiter verwunderlich, daß er am 9. Mai 1933 als 60jähriger SPD-Stadtrat von jungen SA-Männern aus dem Rathaus (→ Marienplatz) geprügelt und kurz darauf verhaftet wurde. Sein Zellengenosse im Polizeipräsidium (→ Ettstraße) war der Monarchist Erwein von Aretin (→ Sendlinger Straße 8), der in seinen Erinnerungen »Krone und Ketten« über Auer schreibt: *»Ich muß aufrichtig bekennen, daß ich in meinem ganzen Leben keinen handfesteren, jeder Phrase abholderen Patrioten kennengelernt habe. An der Person Ludwigs III. hing er mit einer Art aufrichtiger und unerschütterlicher Hinneigung, die noch den ganzen Tag nach der Revolutionsnacht durch Zeitgewinn hoffte, dem König den Thron zu retten. (...) Auers Wohnung, die schon von den Eisnerleuten ein paar Mal gründlich demoliert worden war, ferner beim Hitlerputsch 1923 liebevoll zerstört wurde, war auch jetzt wieder vollkommen demoliert. Auer klagte besonders über die Vernichtung einer Kiste voll unersetzbarer Dokumente über den Umsturz 1918, in der sich u.a. auch das Original der Eidesentbindung durch König Ludwig III. befand, die damals als Thronverzicht proklamiert wurde, ›Das können Sie mir glauben, daß mir die Unterschrift des Königs viel zu gut war, als daß ich sie dem Berliner Juden Eisner ausgehändigt hätte. Der bekam nur eine Abschrift!‹«*
Erhard Auer wurde nach einigen Wochen Haft entlassen. Er zog aus München weg und starb am 20. März 1945 während des Einmarsches der US-Armee in Giengen an der Brenz.

Kazmairstraße 44

»Neue Zeitung«
April 1929

Die Gastwirtschaft zur Ludwigsvorstadt (Kazmairstraße 44) war seit 1920 Sektionslokal der KPD-Westend. Die elende soziale Lage der meisten ArbeiterInnen und die grundsätzliche Ablehnung der Weimarer Republik seitens der KPD zeigten sich in den Plakaten, die in diesem Lokal zur Auswanderung nach Sowjetrußland aufriefen.

Die »Vereinigung Ansiedlung Ost« mit Sitz in Leipzig hatte im Mai 1919 von Lenin ein Siedlungsgebiet zugewiesen bekommen, das zu neun Zehnteln aus Wald und einem Zehntel aus Ackerflächen bestand. Nach der Ankunft von 3.000 deutschen Familien wollte die sowjetische Regierung den neuen Siedlern 50 Millionen Rubel zur Verfügung stellen und zinsfreien Kredit ohne Obergrenze gewähren – obwohl sich das Land in einem verheerenden Bürgerkrieg befand. Nicht nur Kolonisten waren begehrt, sondern vor allem Facharbeiter für die durch den Krieg verwaisten russischen Fabriken und für den geplanten Aufbau des Sozialismus. In Frage kamen natürlich nur sozialistisch denkende Menschen, die willens waren, anfängliche Entbehrungen und Schwierigkeiten im Interesse für das große Ziel auf sich zu nehmen. Über diesen Schwindel und über ihre Politik informierte die KPD-Sektion in der »Ludwigsvorstadt«.

Gollierstraße 38

Ein weiteres KPD-Lokal war die »Hohenburg« in der Gollierstraße 38/Ecke Ganghoferstraße, das auch als Wahllokal diente. Bei der Kommunalwahl am 7. Dezember 1924 beispielsweise erzielten die Parteien hier folgendes Ergebnis: SPD 400 Stimmen, BVP 362, KPD 290, Nationalsozialisten 75. Die Linksparteien erhielten also eine knappe Zwei-Drittel-Mehrheit, während im Münchner Gesamtergebnis die Rechtsparteien zwei Drittel der Stimmen auf sich vereinigen konnten (→ Marienplatz).

Eine für die KPD typische Agitationsform war die unangemeldete »Stoßdemonstration«. Das kommunistische »Bayerische Echo« meldete am 26. November 1932: *»… haben gestern Demonstrationen der Münchner Arbeiter, die in einer Stärke von 80-100 Mann auftraten, die Öffentlichkeit alarmiert. Ein Zug marschierte die Westendstraße entlang unter Absingen der »Internationale« und unter Sprechchören »Nie-*

der mit Hitler«, »Es lebe die Einheitsfront aller Unterdrückten«, »Weg mit der Konzentrationsregierung«, »Nieder mit den Lohnräubern«. Die Polizei erschien zu spät. Die Züge hatten sich bereits aufgelöst. Das aktive Auftreten der revolutionären Arbeiter hat in der Umgebung bei den Werktätigen ein lebhaftes Echo und eine Diskussion gegen die drohende Kanzlerschaft Hitlers ausgelöst.«

Am 17. Dezember 1932 meldete das »Bayerische Echo«: *»Zelle I Westend auf Landagitation. Vor kurzem fuhren einige Genossen mit Broschüren und Zeitungen ausgerüstet ins Patenschaftsgebiet Freiham. Es sind dort nur wenige Arbeiter beschäftigt, aber ihre Bezahlung ist noch viel weniger. Die Arbeitsmethoden gleichen dem dritten Reich. (...) Genossen, die kein Fahrrad hatten, machten im Zellengebiet Hausagitation.«*

Tulbeckstraße 42–44

Vorbei am Gebäude der ehemaligen Faßfabrik Drexler an der Tulbeckstraße 28, einer der großen Fabriken im Westend, führt der Weg zur inzwischen umgebauten Gaststätte »Genossenschaftsheim« (Tulbeckstraße 44). Eigentümerin der Wohnanlage war und ist die Baugenossenschaft München-West.

Das Genossenschaftsheim war einer der Treffpunkte des »Arbeiter-Radfahrerbundes Solidarität« im Westend. 1896 in Offenbach gegründet, förderte er den Radsport in der sozial benachteiligten Bevölkerungsmehrheit.

Im Jahr 1919 hatte der Bezirk München 1.500 Mitglieder, 1932 waren es bereits 4.300. Da die »Solidarität« »eine

Blumenkorso der Ortsgruppe Westend des Arbeiter-Radfahrerbundes »Solidarität« 1930 zum Reichs-Arbeitersporttag, Tulbeckstraße 44 (aus: »Alte Wirtschaften auf der Schwanthaler Höh' [III]«)

Sportorganisation mit sozialdemokratischer Weltanschauung« sei, wurde sie am 17. Mai 1934 endgültig verboten. Schon im Frühjahr 1933 war ihr Besitz zugunsten von NS-Organisationen enteignet worden.

»Solidarität – Arbeiter-Radfahrerbund«

In den zwanziger Jahren befand sich im zweiten Stock der Tulbeckstraße 42 die Geschäftsstelle des »Internationalen Bundes der proletarischen Freidenker für Bayern«; ihm angeschlossen war der »Freidenker-Sängerchor« und der »Freidenker-Feuerbestattungsverein«. Diese kommunistische, ständig von den Behörden verfolgte Vereinigung trat ein für die Weltlichkeit des Schulwesens, für die vollständige Trennung von Kirche und Staat und für die Abschaffung des sogenannten Gotteslästerungsparagraphen, mit dem jede kirchenkritische Äußerung unterbunden werden konnte. Auch das »Gesetz gegen Schmutz und Schund« stellte einen Maulkorb für viele fortschrittliche Gedanken dar, ebenso das »Gesetz zum Schutz Jugendlicher bei Lustbarkeiten«, mit dem gegen kommunistische Jugendveranstaltungen, an denen Frauen und Männer teilnahmen, vorgegangen wurde. Überhaupt richtete sich der Freidenkerbund »gegen die gesamte kirchliche und politische Reaktion« (Programm 1926). Bereits am 3. Mai 1932 wurden die proletarischen Freidenkerverbände per Notverordnung verboten.

Trappentreustraße 25

Im Jahr 1905 wurde der erste Münchener Arbeiter-Schachklub gegründet, dessen Zweigabteilung im Westend sich in der Gaststätte »St. Rupertus« in der Trappentreustraße 25 traf. Die Mitglieder sollten sich zur Arbeiterbewegung bekennen, den freien Gewerkschaften und der SPD oder KPD angehören und aus der Kirche ausgetreten sein. Schachspiel und Sozialismus gingen eine Verbindung ein, die Arbeiter-Schachspieler fühlten sich einer »Arbeiter-Schach-Internationalen« zugehörig, in deren Rahmen Städtekämpfe gegen Schachgenossen aus dem Ausland durchgeführt wurden. Beim »Bayerischen Fest der Arbeit« im Sommer 1932 fand im Dante-Stadion (→ Dantestraße 14) ein »lebendes Schach« statt, bei dem Menschen und Pferde die Figuren darstellten. Unter dem Motto »Schach dem Kapital« wurde der »Sieg der schaffenden Arbeit über den raffenden Kapitalismus« durchgespielt. Im März 1933 beschlagnahmte die Polizei Spiele und Fachbücher und löste den Arbeiter-Schachklub auf.

Der Hitler-Putsch

Vom Gasteig nach Berlin

Briefmarken, 1923

Innenpolitische Unruhen, wirtschaftliche Schwierigkeiten nach dem verlorenen Weltkrieg, die Besetzung des Ruhrgebietes durch französische und belgische Truppen sowie die völlige Entwertung der Reichsmark hatten die politischen Verhältnisse im Deutschen Reich bis zum Ende des Jahre 1923 zum Sieden gebracht.

Lion Feuchtwanger beschreibt dies sowie die Entwicklung in München in seinem Roman »Erfolg«: *»Die Berliner Regierung mußte den passiven Widerstand gegen die Ruhrbesetzung aufgeben. Ausnahmezustand über das ganze Reich wurde verhängt. Die Herren der Wirtschaft zwangen das Berliner Kabinett, gegen die in Sachsen und Thüringen verfassungsgemäß bestellten Arbeiterregierungen mit Waffengewalt vorzugehen. Reichswehr marschierte ein in Dresden, in Weimar, erklärte die sozialistischen Regierungen für abgesetzt, verjagte mit dem Bajonett die Minister aus ihren Ämtern. Einzelne Wirtschaftsführer, einzelne Militärs taten sich als Diktatoren auf. Überall in Deutschland war Gärung, Willkür, Wirrwarr, Elend. Der Dollarkurs kletterte in Ziffern, die für den Mann von der Straße leere Begriffe waren. Das Pfund Brot kostete Milliarden. In München die Wahrhaft Deutschen* [die Nationalsozialisten, d.V.] *triumphierten. Hatten sie nicht vorausgesagt, daß die Berliner Methoden das ganze Reich ins Chaos stürzen würden? Kutzner* [Hitler, d.V.] *blühte auf.«*

Im Freistaat Bayern bestand zu dieser Zeit eine Art Militärdiktatur. Generalstaatskommissar Gustav von Kahr (→ Maximilianstraße 39), der Kommandant des Reichswehrkreises VII, Otto Hermann von Lossow (→ Ludwigstraße 14) und der Kommandant der bayerischen Landespolizei, Hans von Seisser (→ Türkenstraße 17), führten ein von Berlin unabhängiges Regiment. Man widersetzte sich offen den Anordnungen der Reichsregierung, ohne irgendwelche Konsequenzen befürchten zu müssen. Die bayerische Staatsregierung strebte eine neue, von allem demokratischen Ballast befreite Monarchie an und bereitete den Staatsstreich vor.

Zur selben Zeit arbeiteten die NSDAP und andere, ihr geistig verwandte, völkische Verbände auf einen militärischen »Marsch nach Berlin« hin. Zum fünften Jahrestag des Thronverzichts Kaiser Wilhelms II. und der Proklamation der deutschen Republik durch den Sozialdemokraten Philipp Scheidemann am 9. November 1918 befanden sich rund 4.000 bewaffnete Nationalsozialisten in München, ungeduldig auf

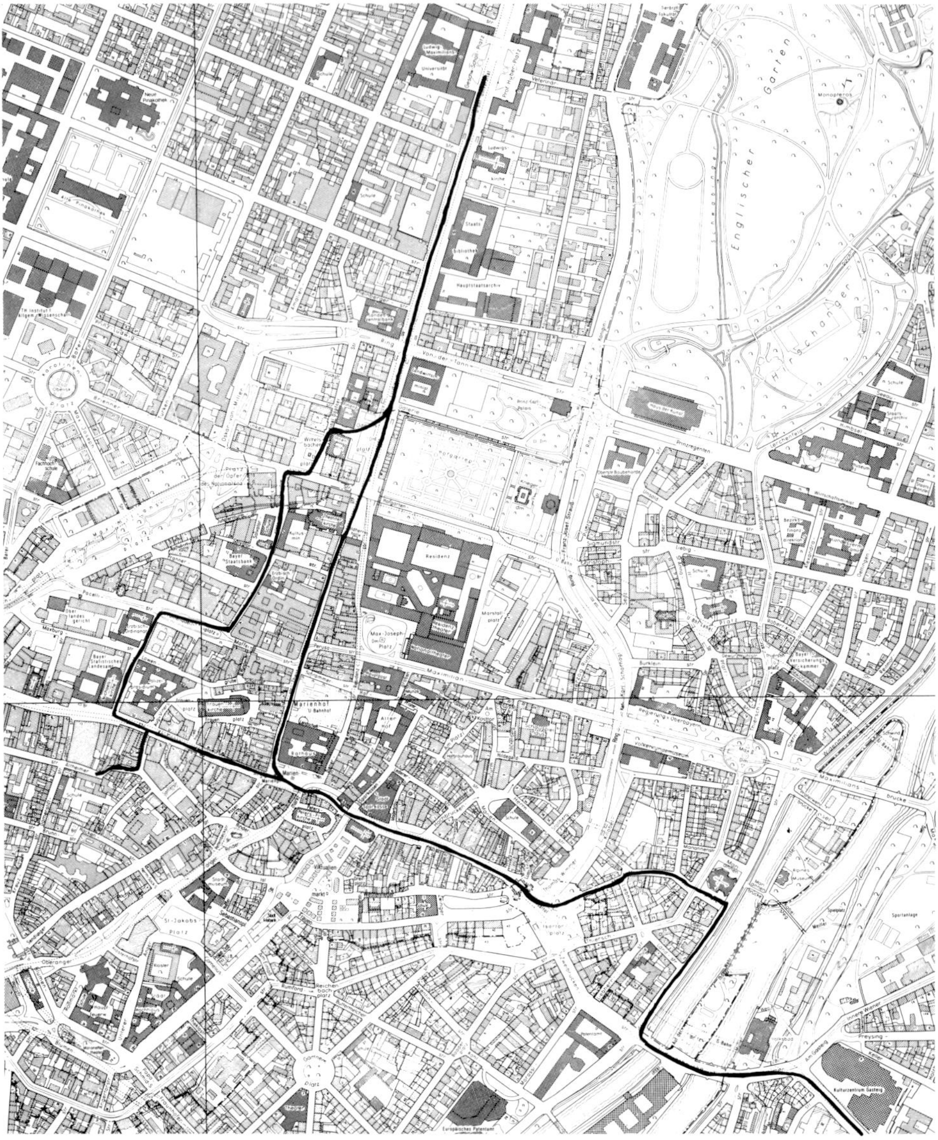

Englischer Garten
Monopteros
Haus der Kunst
Hofgarten
Residenz
Max-Joseph-Platz
Marienhof
Marstallplatz
Maximilian
Kulturzentrum Gasteig

den Tag der Abrechnung mit den »Novemberverbrechern« wartend. Die Frage war nur, wer den Wettlauf um die neue Macht gewinnen würde: von Kahr oder Hitler?

Rosenheimer Straße 29

Gustav von Kahr beraumte für den Abend des 8. November 1923 eine Großveranstaltung im Bürgerbräukeller (Rosenheimer Straße 29; heute GEMA und Hilton) an. Vor den geladenen 3.000 Persönlichkeiten des bayerischen öffentlichen Lebens wollte er unter dem Titel »Vom Volk zur Nation« die Ziele seiner Tätigkeit erläutern. Als er gegen 20.35 Uhr gerade »die sittliche Berechtigung der Diktatur« zu begründen begann, entstand an einem der hinteren Eingänge Unruhe. Hitler stürmte mit einer Pistole in der Hand an der Spitze eines bewaffneten »Stoßtrupps« in den Saal. Um sich im ausbrechenden Tumult Gehör zu verschaffen, feuerte er einen Schuß gegen die Saaldecke ab. Der verdutzte von Kahr mußte sich Hitlers Worte an die Versammlung anhören: *»Die nationale Revolution ist ausgebrochen. Der Saal ist von sechshundert Schwerbewaffneten besetzt. Die bayerische Regierung und die Reichsregierung sind abgesetzt, eine provisorische Reichsregierung wird gebildet, die Kasernen der Reichswehr und Landespolizei sind besetzt, Reichswehr und Landespolizei rücken bereits unter den Hakenkreuzfahnen heran.«* Diese Behauptungen entsprachen allerdings nicht der Wirklichkeit, wie sich sechzehn Stunden später herausstellen sollte. Aber sie beeindruckten die inzwischen festgenommenen Mitglieder der Staatsregierung so sehr, daß sie gezwungenermaßen das Spiel Hitlers mitmachten.
Die neue bayerische Regierung sollte folgendermaßen aussehen: Der ehemalige Münchner Polizeipräsident und damalige Oberlandesgerichtsrat Ernst Pöhner (→ Reitmorstraße 54, → Ettstraße) sollte als Ministerpräsident mit diktatorischen Vollmachten fungieren und von Kahr als Landesverweser anstelle der Wittelsbacher. Reichskanzler wollte Hitler selbst sein, General Erich Ludendorff (→ Karlstraße 10) sollte den »Oberbefehl über die nationale Armee« auf ihrem Marsch nach Berlin übernehmen, Hans Ritter von Seisser war als Polizeiminister vorgesehen.
Die drei wirklichen Herren Bayerns – Kahr, Lossow und Seisser – fuhren nach Abgabe ihres Ehrenwortes, mit Hitler gemeinsame Sache zu machen, zu ihren Amtssitzen und organisierten die bewaffnete Niederschlagung ihrer Konkurrenz.
»In der Stadt unterdes feierten die Wahrhaft Deutschen ihren leichten Sieg«, schreibt Feuchtwanger. *»Sie verhafteten anhand einer schwarzen Liste Parteifeinde aller Art, Abgeordnete und Stadträte der Linken, Juden in gehobener Stel-*

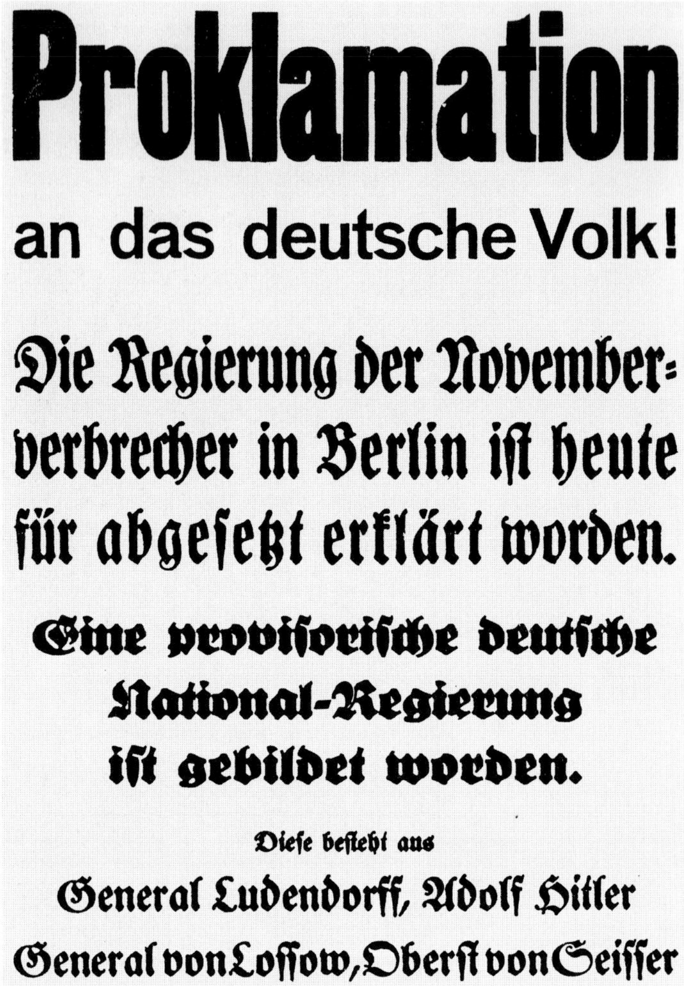

Proklamation

an das deutsche Volk!

Die Regierung der November-verbrecher in Berlin iſt heute für abgeſetzt erklärt worden.

Eine proviſoriſche deutſche National-Regierung iſt gebildet worden.

Dieſe beſteht aus

General Ludendorff, Adolf Hitler
General von Loſſow, Oberſt von Seiſſer

(aus: Fragen an die deutsche Geschichte. Katalog zur Historischen Ausstellung im Reichstagsgebäude in Berlin, Bonn 1991)

Hermann Göring, 1923

lung. Besonders Mißliebige wurden gröblich mißhandelt, bespuckt, ihrer Kleidung beraubt.« Viele von ihnen kamen als Geiseln in den Bürgerbräukeller, wo inzwischen die NS-Kampftruppen beim Bier saßen und die Nacht verbrachten.

Altheimer Eck 13

Um 23.00 Uhr überfiel die SA das Gebäude der sozialdemokratischen Zeitung »Münchener Post« am (→) Altheimer Eck 13. Hermann Göring befahl, die Einrichtungen der »Münchener Post« »von Grund auf zu zerstören«. So geschah es. Feuchtwanger dazu: *»Sie verwüsteten das Gebäude der verhaßten Linkszeitung, plünderten es aus, zerschlugen die Maschinen, die Setzkästen, schmissen johlend die Büsten der*

Die »Reichskriegsflagge« besetzt das Wehrkreiskommando. Die Reichskriegsflagge wird von Heinrich Himmler (im Vordergrund, mit Brille) gehalten.

Sozialistenführer zum Fenster hinaus.« Das Werk gelang so gründlich, daß die »Münchener Post« erst wieder am 27. November 1923 erscheinen konnte.

Ludwigstraße 14

Zur selben Zeit besetzten 186 Bewaffnete der Organisation »Reichskriegsflagge« das Wehrkreiskommando in der Ludwigstraße 14. Unter Führung von Ernst Röhm (→ Hohenzollernstraße 110) und Hermann Göring hielten etwa 400 Mann das Gebäude unter Kontrolle, von dem aus der Militärmarsch nach Berlin organisiert werden sollte.

Ettstraße

Bereits während der Nacht begann sich herauszukristallisieren, daß die bayerische Regierung zum Gegenschlag ausholen würde. Im Bürgerbräukeller bereitete man sich auf eine militärische Auseinandersetzung mit der Staatsmacht vor. Am Morgen des 9. November versuchte ein SA-»Stoßtrupp«, den als Ministerpräsidenten vorgesehenen Ernst Pöhner aus dem Polizeipräsidium an der Ettstraße zu befreien, da dieser in seinem ehemaligen Dienstgebäude inhaftiert worden war.

Marienplatz

Weil die Befreiung an der inzwischen aufmarschierten Landespolizei scheiterte, wandte sich die Abteilung dem Rathaus zu. Hier nahm man den 1. Bürgermeister, Eduard Schmid von

Festnahme der »sozialistischen und kommunistischen« Stadträte

Julius Streicher spricht auf dem Marienplatz, 9. November 1923

der SPD (→Jahnstraße 46), sowie alle anwesenden »sozialistischen und kommunistischen« Stadträte fest und verbrachte auch sie als Geiseln in den von nervöser Erwartung erfüllten Bürgerbräukeller.
Am Rathaus wurde von Rudolf Heß (→Löfftzstraße 3) die Hakenkreuzfahne aufgezogen, Julius Streicher, der Herausgeber des »Stürmers«, hielt auf dem Marienplatz von seinem Lastwagen herab einen flammende Rede. Der Platz war übervoll von begeisterten Massen. Die Trambahn konnte ihre Fahrt nicht mehr fortsetzen.

Rosenheimer Straße 29

Im Bürgerbräukeller hielt Hitler indessen die Zeit für reif, um loszuschlagen. Die Münchner Presse hatte sich beifällig über die Vorkommnisse geäußert, und die breite Öffentlichkeit schien auf Seiten der Putschisten zu stehen; seit dem Vortag konnte die NSDAP 287 Neuzugänge verzeichnen.
Um 11.30 Uhr gab Ludendorff den Befehl »Wir marschieren«. Rund 2.000 Bewaffnete stellten sich an der Rosenheimer Straße auf. In Zwölferreihen mit Hakenkreuz- und schwarzweiß-roten Fahnen, setzte sich der Zug in Bewegung, angeführt von Hitler, Ludendorff, Heß, Göring, Alfred Rosenberg (→Schellingstraße 39-41) und Karl Fiehler, dem späteren Münchner Oberbürgermeister.

Ludwigsbrücke

An der Ludwigsbrücke kam es zur ersten Konfrontation mit der Staatsmacht. Einige Polizisten waren aufgeboten worden, um den Putschisten den Weg zu versperren. Diese jedoch überrollten die Ordnungshüter, entwaffneten sie und brachten sie in den Bürgerbräukeller zu den anderen Geiseln.

Tal 38
Marienplatz

Der Zug, dem sich immer mehr begeisterte Menschen anschlossen, marschierte über den Isartorplatz vorbei am Sterneckerbräu im (→) Tal 38, dem »Heiligtum der Bewegung«, die hier am 1. September 1919 ihre erste Geschäftsstelle eingerichtet hatte. Zahlreiche Hakenkreuzfahnen, von den Bewohnern aus den Fenstern gehängt, säumten den Weg zum Marienplatz, wo sich eine große Menschenmenge anschloß.

Weinstraße
Perusastraße
Residenzstraße

Ziel des Marsches war das Wehrkreiskommando in der Ludwigstraße. Also bog man in die Weinstraße ein. Da der direkte Weg zum Odeonsplatz durch die Theatinerstraße von der Landespolizei abgesperrt worden war, mußten die Vaterländischen in die Perusastraße abbiegen und auf der Residenzstraße weiterziehen.

Odeonsplatz
Universität

Die Führungsgruppe der Putschisten stimmte zur Erbauung das Lied »O Deutschland hoch in Ehren« an. Auf dem Odeonsplatz hatte sich die geballte Staatsgewalt aufgestellt: bewaffnete Schützenketten und Berittene, ausgerüstet mit Maschinengewehren und einem Panzerwagen. Die Reichswehr hatte inzwischen ihr Wehrkreiskommando mit Spanischen Reitern, Stacheldraht und Minenwerfern abgeriegelt. Weiter nördlich wartete an der (→) Universität eine Unzahl rechtsradikaler Studenten darauf, daß die Absperrungen der Polizei und Reichswehr durchbrochen werden würden. Bereits Ende 1922 war unter den Studenten eine eigene SA-Hundertschaft aufgestellt worden, als deren Führer Rudolf Heß auftrat.

Wer auf dem Odeonsplatz den ersten Schuß abgab, ist nicht geklärt. Jedenfalls folgte ein einminütiger Schußwechsel, bei dem vier Polizisten und vierzehn Nationalsozialisten getötet wurden. Zwei weitere Putschisten starben bei einer Schießerei im Wehrkreiskommando.

In der allgemeinen Panik erlitt Göring eine Schußverletzung im Bein und wurde von Gesinnungsfreunden über die Grenze nach Österreich gebracht. Hitler behauptete später, er habe noch schnell ein Kind aus dem Schußfeld gerettet, bevor er verschwand. In Wirklichkeit hatte er sich bei einem Sturz den Arm verletzt und wurde von seinem Freund, Ernst Hanfstaengl (→ Widenmayerstraße 18), in dessen Haus in Uffing am Staffelsee versteckt.

Ludendorff schritt als einziger durch die Polizeiketten hindurch, zitierte den diensthabenden Offizier zu sich und ließ sich festnehmen.

Nachdem sich der »Marsch auf Berlin« zerschlagen hatte, handelte Röhm einen waffenlosen Abzug aus dem Wehrkreiskommando aus. Schweigend, mit ihren beiden Toten auf den Schultern, zog der Verband durch die Stadt, angeführt durch seinen Fahnenträger Heinrich Himmler (→ Marsplatz 1), und löste sich dann ebenfalls auf.

Die Regierung verbot die NSDAP und ihre Unterorganisationen, ihre Führer wurden, falls man ihrer habhaft werden konnte, verhaftet, Später wurde ihnen der Prozeß gemacht (→ Pappenheimstraße 14).

Feldherrnhalle

Am 9. November 1933 enthüllte Hitler – mittlerweile zum Reichskanzler aufgestiegen – ein »Mahnmal« für die »16 Blutzeugen der Bewegung«. Es stand in der Feldherrnhalle über der Residenzstraße. Sein Fundament existiert heute noch. Unterhalb dieses Mahnmals gedachte man auf einer Platte der vier getöteten Polizisten, so als seien sie im Kampf für den Nationalsozialismus gestorben. Beide Erinnerungsta-

feln wurden 1945 entfernt. Ihre Verankerungen lassen sich in der Mauer noch erkennen.
Rückblickend schreibt Oskar Maria Graf in seinem autobiographischen Buch: »Gelächter von außen« unter der Überschrift »Freut Euch, der Retter kreuzt auf« über den gescheiterten Putsch: *»Aus den dichten Gruppen schrie es vielfach: ›Pfui, Teufel! Der Verräter! Pfui! An die Wand mit Kahr!‹ Und in den Gesichtern war ein gefährlicher Zorn. Immer mehr von den langsam daherstapfenden Schutzleuten zurückgedrängt, zerteilte sich die dichte Masse in den Nebenstraßen, und fanatisch bellte es oft und oft auf: ›Rache für Hitler!‹ ›Nieder mit Kahr!‹«*
Die Nationalsozialisten haben den »Verrat« der bayerischen Staatsregierung nie vergessen. Gustav von Kahr wurde am 30. Juni 1934 ermordet.

1934

1943

1944

Literaturverzeichnis

Aicher, Florian/Drepper, Uwe (Hrsg.)
Robert Vorhoelzer – Ein Architektenleben. Die klassische Moderne der Post.
München 1990

Alckens, August
Die Denkmäler der Stadt München.
München 1936

Alckens, August
München in Erz und Stein. Gedenktafeln – Denkmäler – Gedenkbrunnen.
Mainburg 1973

Andersch, Alfred
Kirschen der Freiheit
Frankfurt 1952

Andersch, Alfred
Der Vater eines Mörders
Zürich 1980

Aretin, Erwein Freiherr von
Krone und Ketten. Erinnerungen eines bayerischen Edelmannes.
München 1955

Auer, Alois/Engasser, Gerald
Krauss-Maffei – Lebenslauf einer Münchner Fabrik und ihrer Belegschaft.
Kösching 1988

Bauer, Reinhard/Gerstenberg, Günther/Peschel, Wolfgang (Hrsg.)
Im Dunst aus Bier, Rauch und Volk. Arbeit und Leben in München von 1840 bis 1945. Ein Lesebuch
München, Zürich 1989

Bauer, Reinhard/Volland, Eva-Maria (Hrsg.)
München – Stadt der Frauen.
München 1991

Ben-Chorin, Schalom
Jugend an der Isar
München 1974

Ben-Chorin, Schalom
Das weiße Licht. Zehn Erzählungen.
Hamburg 1979

Brüning, Heinrich
Memoiren 1918-1934
Stuttgart 1970

Dertinger, Antje
Dazwischen liegt nur der Tod. Leben und Sterben der Sozialistin Antonie Pfülf.
Berlin 1984

Deuerlein, Ernst (Hrsg.)
Der Aufstieg der NSDAP in Augenzeugenberichten
München 1982

Fenske, Hans
Konservatismus und Rechtsradikalismus in Bayern nach 1918
Bad Homburg 1969

Fest, Joachim C.
Hitler
Frankfurt 1976

Feuchtwanger, Lion
Erfolg. Drei Jahre Geschichte einer Provinz
Frankfurt 1975

90 Jahre Gewerkschaft Metall in München 1891-1981
München 1981

Graf, Oskar Maria
Wir sind Gefangene
München 1978

Graf, Oskar Maria
Gelächter von außen. Aus meinem Leben 1918-1933.
München 1980

Graf, Oskar Maria
Der Abgrund
München 1976

Graf, Oskar Maria
Notizbuch des Provinzschriftstellers.
Basel 1932

Gritschneder, Otto
Bewährungsfrist für den Terroristen Adolf H.
München 1989

Hallgarten, Constanze
Als Pazifistin in Deutschland.
Stuttgart 1956

Hanfstaengl, Ernst
Zwischen Weißem und Braunem Haus. Erinnerungen eines politischen Außenseiters.
München 1970

Hanko, Helmut
Thomas Wimmer 1887-1964
München 1977

Hannover, Heinrich/Hannover-Drück, Elisabeth
Politische Justiz 1918-1933
Frankfurt 1966

Heiber, Helmut
Die Republik von Weimar
München 1966

Heim, Carlamaria
Josefa Halbinger. Jahrgang 1900.
München 1980

Herz, Rudolf/Bruns, Brigitte (Hrsg.)
Hof-Atelier Elvira 1887-1928. Ästheten, Emanzen, Aristokraten.
München 1985

Hildebrand, Irma
Bin halt ein zähes Luder. 15 Münchner Frauenportraits.
München 1990

Hitler, Adolf
Mein Kampf
München 1925/1927

Hitzer, Friedrich
Der Mord im Hofbräuhaus. Unbekanntes und Vergessenes aus der Bayerischen Räterepublik.
Frankfurt 1981

Hoegner, Wilhelm
Der schwierige Außenseiter. Erinnerungen eines Abgeordneten, Emigranten und Ministerpräsidenten.
München 1959

Hoegner, Wilhelm
Flucht vor Hitler. Erinnerungen an die Kapitulation der ersten deutschen Republik 1933.
München 1977

Hoegner, Wilhelm
Die verratene Republik 1919-1933.
München 1979

Hoffmann, Heinrich
Deutschlands Erwachen in Wort und Bild.
München 1924

Hümmert, Ludwig
Bayern. Vom Königreich zur Diktatur.
Pfaffenhofen 1979

Die Zwanziger Jahre in München. Katalog zur Ausstellung im Münchner Stadtmuseum.
München 1979

Kühn, August
Meine Mutter. 1907.
München 1986

Kühn, August
Westend-Geschichten. Biographisches aus einem Münchner Arbeiterviertel.
München 1972

Kühn, August
Zeit zum Aufstehen. Eine Familienchronik.
Frankfurt 1975

Lamm, Hans (Hrsg.)
Vergangene Tage. Jüdische Kultur in München.
München 1982

Empor zum Licht. Arbeitersänger und Arbeitersportler in München vor 1933. Beiträge zur Kulturgeschichte der Münchner Arbeiterbewegung.
München 1987

Mann, Klaus
Der Wendepunkt. Ein Lebensbericht.
Frankfurt 1963

Maser, Werner
Der Sturm auf die Republik. Frühgeschichte der NSDAP.
Stuttgart 1973

Miller, Alice
Am Anfang war Erziehung.
Frankfurt/Main 1980

Mönnich, Horst
BMW. Eine Jahrhundertgeschichte.
Düsseldorf/Wien 1983/1986

Müller, Karl Alexander von
Im Wandel einer Welt. Erinnerungen 1919-1932
München 1966

Richardi, Hans-Günter
Hitler und seine Hintermänner. Neue Fakten zur Frühgeschichte der NSDAP.
München 1991

Rosenberg, Arthur
Entstehung der Weimarer Republik
Frankfurt/Main 1961

Rosenberg, Arthur
Geschichte der Weimarer Republik
Frankfurt/Main 1961

Scheibmayr, Erich
Letzte Heimat. Persönlichkeiten in Münchner Friedhöfen 1784-1984
München 1984

Schmolze, Gerhard (Hrsg)
Revolution und Räterepublik in München 1918/19 in Augenzeugenberichten.
München 1978

Schwierz, Israel
Steinerne Zeugnisse jüdischen Lebens in Bayern.
München 1992

Skierka, Volker
Lion Feuchtwanger. Eine Biographie.
Berlin 1984

Sommer, Siegfried
Marile Kosemund. Ein Vorstadtstück.
München 1968

Sommer, Siegfried
Und keiner weint mir nach.
Wien/München 1953

Sontheimer, Kurt
Antidemokratisches Denken in der Weimarer Republik
München 1962

Spengler, Oswald
Der Untergang des Abendlandes.
München 1923

Steinborn, Peter
Grundlagen und Grundzüge der Münchner Kommunalpolitik in den Jahren der Weimarer Republik.
München 1968

Toller, Ernst
Eine Jugend in Deutschland.
Hamburg 1963

Ulrici, Rolf
Löwengrube. Die Grandauers und ihre Zeit 1897-1933
München 1989

Wilhelm, Hermann
Nationalsozialismus im Münchner Osten 1919-1945.
München 1980

Wolfe, Thomas
Geweb und Fels.
Hamburg 1953

Platz- und Straßennamen

Verzeichnis der Parteien, Personen, Verbände, Vereine, Zeitungen und Zeitschriften